人間佛教研究

二〇一六年

佛光山

目　錄

・結合「知識取向」與「實踐取向」的學術刊物
・銜接傳統與現代，落實佛學研究的新方向

《人間佛教研究》第十二期（2024）
Studies in Humanistic Buddhism, Issue 12(2024)，04-49

楊釗居士
「旭日三招」的管理心法

陳劍鍠*

摘要

　　楊釗先生所創辦的旭日集團以「創業、守業、人生」三大事做為企業的使命。他是位虔誠的佛教徒、熱心公益的企業家，每年捐贈許多款項給佛教團體，發展不同領域的佛教弘法事業。本文主要以他提出「輕重緊緩」、「隨機應變」、「事緩則圓」的「旭日三招」為研究對象，這是他自創的管理方法，裡面含有許多佛教的思想觀念。楊釗認為這是「智慧的入門」，具備此三招得以具有分析問題的能力、解決問題的能力和處世變通的能力。旭日三招是旭日集團得以立世的三大支柱，卓越的領導者必能創新管理思維，並且付之實踐，形成一套思想理論，旭日三招即是楊釗的重要管理思想理論。

關鍵詞：楊釗、旭日集團、管理、居士、旭日三招

---

*陳劍鍠：香港中文大學人間佛教研究中心主任。

一、前言

　　旭日集團董事長、創辦人楊釗先生，原名楊振鑫，1947年出生於廣東惠州，有兄弟姐妹十人，他排行第八。楊釗年輕時學習成績優異，愛好文學，喜歡閱讀古今中外名著，舉凡《三國演義》、《毛澤東選集》等，都在他心中留下深刻的印痕。成長時期日積月累的國學素養，及至長大成為一名赫赫有名的商人，在言談之間，古典名著如毛澤東、魯迅、陳雲、孔子、老莊、范仲淹，屈原等精彩名言，皆能脫口而出，旁徵博引的才學令人詫異不已。

　　1967年，「文化大革命」爆發，學子們失去進入大學的機會。徘徊在人生路口，楊釗最終下定決心──到香港去，在那裡追尋命運的答案。楊釗的發跡，來自他的虛心學習與堅持不懈，因為惜緣、惜福，楊釗以本身的努力和卓越才華，為自己開鑿一條順風順水的大道。他白手起家，從日薪六元的雜工做起，之後二十年間，以成衣為核心，包括針織、染整、設計、貿易、批發零售等業務的「製衣王國」，更向地產、金融等行業作多元化發展。直到1993年，旭日集團便已有八十多家公司，僱員一萬六千多人，僅在中國大陸十個省、市就建有十八家合資企業，僱員八千人，估計他的財產已達四億美元以上。

　　「創業、守業、人生」三大事是楊釗的人生使命。他總認為，創業之道在於勇、守業之道在於韌、人生之道在於誠。他將這一理論與體驗傳播出去，「在工作中學會工作，在生活中學會生活」。追求事業的成功，同時也是享受生活，享受「善其身，濟天下」的歡喜。

　　1985年3月，楊釗先生創辦《旭日之聲》報刊，每月一期，他在頭版專欄「把筆談心」，親筆寫出自己對事業與人生的感悟，短短幾百字與旭日員工分享，篇幅雖不長卻是他與旭日員工間無聲的交流。文章內容包括：如何工作？如何生活？如何創業？如何轉型？如何面對複雜多變的人生？稱之為「創業、守

《人間佛教研究》第十二期（2024）
Studies in Humanistic Buddhism, Issue 12(2024)，04-49

業、人生」。但更多的時候，楊釗先生以身教代替言教，他深切期望旭日集團具有「旭日」精神的核心價值。《旭日之聲》發刊的目的在於表達公司文化的言教，但最重要的，還是公司高層以身作則。後來結集成六冊，名為《創業守業人生》，本文即以此作品作為研究對象，探討楊釗提出的「旭日三招」的管理心法。

楊釗曾於1987年9月便寫了一篇名為〈旭日三招〉的文章，所謂「旭日三招」是楊釗的實踐管理心得，有記者在採訪他之後，指出這是楊釗自創的管理方法，[1]也可視為「自成一格的管理哲學」，[2]也是他的「成功之路的基石」。[3]任何卓越的領導者必能創新管理思維，並且付之實踐，形成一套思想理論。優秀的管理者可以有效帶領工作團隊，而卓越的領導者還能夠號召所有人員勇猛前進，創造新局。

然而，追求卓越不能只是口號，須讓想法落實，須能促進員工學習，提供機遇，服務客戶，行為誠信，為整個社會帶來正向的利益。

楊釗在他的便服及零售業的發展上執行「旭日三招」，再配合他提出的「人無我有，人有我優，人優我轉」的企業經營三步驟，以及按「計劃、落實、檢討」的管理三式技巧，來發展旭日集團的事業。楊釗將「旭日三招」、「企業經營三步驟」及「管理三式技巧」等三個心法，稱為「三三法則」。除了「三三法則」之外，他還指出：「三三法則在運用時，其關鍵點又有三項，即顧客導向、團隊精神和業績。」[4]

---

1 參閱作者不詳：〈楊釗自創旭日三招〉，《投資理財》（1997年第70期），收入楊釗：《創業‧守業‧人生》第二集（下卷），頁634-635。
2 參閱作者不詳：〈人優我轉——縱向業務結集〉，載《香港經濟日報》（1994年3月28日），收入楊釗：《創業‧守業‧人生》第一集，頁320-321。
3 參閱鄭群：〈序二〉，收入楊釗：《創業‧守業‧人生》第一集，頁1-4，尤其頁3。
4 參閱楊釗：〈三三法則〉，《創業‧守業‧人生》第二集（上卷），頁30-32，尤其頁30。

綜上所言，楊釗在企業經營上提供的見解給予我們許多啟發，值得探討，以供學界及企業界參酌。但由於篇幅所限，本文擬先對楊釗的「旭日三招」進行闡述探討，對於「企業經營三步驟」、「管理三式技巧」等議題，分述於另外篇章。以下先對「旭日三招」作出簡要介紹。

二、「旭日三招」的心法簡介

楊釗曾言：「作為一個成功的企業管理人，我們必須能在工作中運用自如地使用旭日三招：分輕重、隨機應變、事緩則圓。」[5]有關這旭日三招，楊釗認為是「智慧的入門」，即「具備分析問題的能力，解決問題的能力和處世變通的能力。」[6]不但如此，旭日三招還是「旭日集團得以立世的三大支柱。」[7]

智慧的圓滿須透過學習，達到熟能生巧，在工作的過程裡經由學習而獲得智慧；同樣的，生活亦須透過學習，才能幸福圓滿。旭日三招在分析問題、解決問題和處世變通等三個次第，形成立世的三大支柱。楊釗強調：「以現代的管理學提出要終身學習，只有終身學習，才能較為容易應付每天所遇到的不同新問題。在這過程中，『旭日三招』又為我們提供了很大的參考價值，那就是『分輕重緊緩，隨機應變和事緩則圓』。工作是複雜的，生命是艱難的。要學會工作和生活，其中一種有效的方法是：在工作中學會工作，在生活中學會生活。」[8]經歷過磨練的人才能夠有豐富的閱歷，提高自己各方面的能力。儘管每一個人都有個

5　楊釗：〈三三法則〉，《創業‧守業‧人生》第二集（上卷），頁 30-32，尤其頁 30。
6　楊釗：〈旭日精神之二〉，《創業‧守業‧人生》第一集，頁 7-10，尤其頁 10。
7　沙林：〈赤子情——記旭日集團董事長楊釗先生〉，載《文藝報》（1993 年 7 月 3 日），收入楊釗：《創業‧守業‧人生》第一集，頁 265-282，尤其頁 269。
8　楊釗：〈正確的思維方法之二〉，《創業‧守業‧人生》第二集（下卷），頁 507-510，尤其頁 509。

《人間佛教研究》第十二期（2024）
Studies in Humanistic Buddhism, Issue 12(2024)，04-49

別差異，但是只要找對方法，把自己的定位弄清楚，便能夠順利地解決問題。因而，就如楊釗所說：

> 在我們日常的生活中，不只要學會工作，也要學會如何生活。在處理問題中，要分清工作與生活，做人或做事。旭日文化中說：做事要認真，做人要隨便；分輕重，知緊緩；因人制宜、因地制宜、因時制宜，隨機應變，變不來則事緩則圓；不斷學習，不斷總結，不斷改善。十年如一日地學習與操練，總有一天會達到「工多藝熟」、「熟能生巧」的地步。這樣的人生。才有機會如意吉祥。[9]

這樣的心法與禪宗初祖達磨祖師在其著作所提出的「四行」有一定的相應，例如楊釗也曾說：「人生很多事情不合情理，令人想不通。由於已經發生了的事情是不能改變的，但是我們的心態是可以改變的；因此把不合理的事情，當成是磨練我們的東西吧；這樣我們就可以把壞事變成好事，化被動為主動。所以達摩祖師教導我們要以『四行』應付日常問題：『報冤行，隨緣行，無所求行，稱法行。』」[10]對於一位佛教徒的企業領袖，其內心必須凝聚隨順因緣的心理素質，因為隨順因緣即是與法界同體，其力量足以撼動宇宙。他的內心有極大的張力在平等心的法則下面對順、逆的不同境遇，並且一一給予解決、突破。他把他的企業當成修煉的道場，他在經營事業的當下即是在修菩薩道。因而，「在錯綜複雜環境之中，在形勢正在轉變之中，要一下子認清方向，抓住核心是不容易的，非要有高超的管理才能不可，這就看我們是否『先知先覺』者，是否『先天下之

9　楊釗：〈圓滿人生〉，《創業·守業·人生》第二集（下卷），頁413-417，尤其頁416-417。
10　楊釗：〈正確的思維方法之二〉，《創業·守業·人生》第二集（下卷），頁507-510，尤其頁509。

憂而憂」者，是否『生於憂患』者，是否在企業江湖中苦練成功者，如果分數不
是很高，是不能準確地抓位主要問題、分輕重、知緊緩、隨機應變、事緩則圓
的。」[11]這樣的心法，可以無遠弗屆，攻無不克。雖然修菩薩道的企業家已在路
上，但是菩薩的境界並不容易達到，仍有分數高低之判，在福慧雙修的歷程裡輾
轉增上，直至圓滿菩提心願。楊釗的「旭日三招」心法可以視為他個人的心法，
也可以視為菩薩道的修持方略，它是旭日集團產生良好品質的靈魂，亦是旭日集
團的生命源泉。

三、輕重緊緩

（一）輕重緊緩與問題所在

楊釗在〈旭日三招〉指出所謂的「分輕重」：

我們分析問題時要知道事情的重心，要知道問題之關鍵所在之處，然後
根據輕、重、緊、緩，分先後去解決問題。[12]

解決問題必先知道問題所在之處，還須明白問題的關鍵處。面對現實，研
究問題所在，實事求是地解決問題。他指出：「『實事求是』是分析問題的最佳
方法，只要『就事論事』、『對事不對人』，才能發現問題所在，並能了解問題
的起因。就像醫生看待病人，不管『貧富』、『貴賤』，是這種病就是這種病，

---

[11] 楊釗：〈鍛鍊的好機會〉，《創業・守業・人生》第二集・卷上，頁 283-295，尤其頁 284。
[12] 楊釗：〈旭日三招〉，《創業・守業・人生》第一集，頁 35-36，尤其頁 35。

《人間佛教研究》第十二期（2024）
Studies in Humanistic Buddhism, Issue 12(2024)，04-49

不會因身份的『不同而有改變』，這就是『實事求是』」。[13]在這個問題上，楊釗也看到關鍵處，認為「在現實的社會中，眾生往往不容易做到」，他引用佛經的「拔箭療毒」的故事作為譬喻，清楚指出眾生的無明，無法辨析出關鍵所在，此時身中毒箭的人應以救命為主要訴求，而不是先分析箭的製作材料，箭是長是短，以及製箭工匠的姓名、家庭背景等。更有甚者，還要先問為他除毒的醫師是姓什麼？字號是什麼？等等。[14]楊釗說：「此愚人堅持先弄清這些再拔箭醫治，殊不知等不到他弄清楚，便毒發身亡。」[15]可見，了解問題所在是首要之事，當我們了解問題所在之後，接續是解決問題，而最佳方法是「對症下藥」，他指出：

> 邪用正治、貪用戒治、憎用喜治、痴用智治、亂用定治、毒用慈治、曲用直治、虛用實治、險用平治、煩惱用菩提治、害用悲治、慳用捨治；尚有亂與定對、曲與直對、虛與實對、進與退對、生與滅對、水與火對、明與暗對、陰與陽對、動與靜對、清與濁對、凡與聖對、老與少對、大與小對、長與短對、多與少對。[16]

上述二十七個對治方法，從「邪」以「正」來對治，直到「多」以「少」對治，這樣的解決方法類似於《六祖壇經》在〈付囑第十〉裡提到的三十六對法。六祖慧能在《壇經》最後咐囑弟子門人法海、志誠、法達、神會、智常……

13　楊釗：〈實事求是（二）〉，《創業·守業·人生》第三集（下卷），頁 402-404，尤其頁 403。
14　參閱〔東晉〕僧伽提婆譯：《中阿含經》卷 60〈例品 4·箭喻經第十〉，《大正藏》第 1 冊，頁 804,a21-805,c8；或是〔東晉〕失譯人：《佛說箭喻經》，《大正藏》第 1 冊，頁 917,b13-918,b17。
15　楊釗：〈實事求是（二）〉，《創業·守業·人生》第三集（下卷），頁 402-404，尤其頁 403。
16　楊釗：〈實事求是（二）〉，《創業·守業·人生》第三集（下卷），頁 402-404，尤其頁 403-404。

等人，知道他們日後將要弘化一方，「各為一方師」，故教導他們如何說法，以「不失本宗」。六祖慧能要求弟子「說一切法，莫離自性」，其中有「自性起用十九對」[17]，留下長達二百二十四言的「自性真佛偈」，被視為《壇經》提綱契領之處。可見，楊釗洞悉《壇經》這裡強調的「即離兩邊，說一切法」、「出語盡雙」的中道內涵。

三十六對法，分別是「外境無情」五對，如「天／地、陰／陽、水／火……」等，主要在於描述外在自然現象。「法相語言」十二對，偏重於通過抽象概念來把握事物，如「有相／無相、有漏／無漏、色／空，動／靜，凡／聖……」等，「自性起用」十九對，主要在於對外界事物的取捨判斷，如「邪／正、癡／慧、愚／智、亂／定、實／虛、煩惱／菩提、常／無常、法身/色身……」。[18]這三十六對的教法要領，即：「出沒即離兩邊，說一切法，莫離自性。忽有人問汝法，出語盡雙，皆取對法，來去相因。究竟二法盡除，更無去處。」[19]

六祖慧能以對法來體現中道，掌握三十六對法便可以超越一切對待之法的境界，而不落兩邊之內。其實，使用「即離兩邊」或「出語盡雙」以達到中道的理想境界之前，是須有辯證法去除兩邊的矛盾。在香港中文大學執教多年的新儒家代表人物唐君毅先生（1909~1978）曾將這種方法稱為「正反相銷歸實之辯證法」[20]。同時否定兩個相互矛盾的概念，使人們從對這些矛盾概念的偏執中醒

---

[17] 〔元〕釋宗寶編：《六祖大師法寶壇經》卷1，云：「自性起用十九對：長與短對，邪與正對，癡與慧對，愚與智對，亂與定對，慈與毒對，戒與非對，直與曲對，實與虛對，險與平對，煩惱與菩提對，常與無常對，悲與害對，喜與瞋對，捨與慳對，進與退對，生與滅對，法身與色身對，化身與報身對；此是十九對也。」（〔元〕釋宗寶編：《六祖大師法寶壇經》卷1，《大正藏》第48冊，頁360,b15-20。）

[18] 〔元〕釋宗寶編：《六祖大師法寶壇經》卷1，《大正藏》第48冊，頁360,b9-20。

[19] 〔元〕釋宗寶編：《六祖大師法寶壇經》卷1，《大正藏》第48冊，頁360, a27-b1。

[20] 參閱唐君毅：《中西哲學與理想主義》，《唐君毅全集》第28卷（北京：九州出版社，2016年3月），頁313-314。

《人間佛教研究》第十二期（2024）
Studies in Humanistic Buddhism, Issue 12(2024)，04-49

悟，突破習慣性思維定勢而直契中道理體。[21]楊釗接著在上引文之後說：

> 來去相因，成中道義，我們人類只能生存在一定的溫度、光度、聲度，
> 才能健康；若太快、太光、太嘈都會受不了。社會的經濟、企業的發展
> 都必須適度，才能走在健康的軌道上。[22]

這是非常有智慧的體悟。凡事須依中道而行，尤其從六祖慧能的中道思想來看，他是建立在實踐的基礎上，而非以理論來闡述佛道與生命的關係，生存的可能性是在實踐的過程裡體現出來，「太快、太光、太嘈」皆是過猶不及，皆非中道。如同六祖慧能在《壇經》所舉出的教法，如果有人說「淨」，便應以「淨垢不二」來予以回應；有人說「聖」，即應以「凡聖不二」來予以回應；乃至於有人說「佛」，即應以「迷即佛眾生，悟即眾生佛」，這是「皆取對法，來去相因，究竟二法盡除，更無去處。」具體說即是要使人從執取的境界裡解脫出來。楊釗將此道理運用在社會經濟、企業發展上，進行如實地觀照，而提出有效的解決方案。

（二）輕重緊緩與解決方法

發現問題所在之後，接續便是提出解決問題的方案，但是，通常問題不會只是一個或是兩個，而是整串式地接續而來，楊釗說：

---

[21] 參閱石文山：〈佛教般若思想的心理治療意蘊〉，《心理學新探》2013 年第 33 卷，頁 200-204，尤其頁 203。

[22] 楊釗：〈實事求是（二）〉，《創業．守業．人生》第三集（下卷），頁 402-404，尤其頁 404。

如果問題太多，可以分輕、重、緊、緩去解決問題，把急而重要的事先
解決，繼而是重要的事情，再次是急而不重要的問題，最後是不急及不
重要的問題。如果沒有目標、沒有步驟，問題是不易被解決的。自己就
會被動，被困難和問題牽著鼻子走，既累又沒法搞好工作。只有通過反
省，才能明確目標，清楚步驟，然後集中力量把問題一個個解決。[23]

依據楊釗所提出「輕、重、緊、緩」的次第來解決問題，這個方法可以清楚
看出在緊急與不緊急、重要與不重要之間的取擇，獲得有效地解決問題。下圖所
示可以清楚面對問題的解決順序：

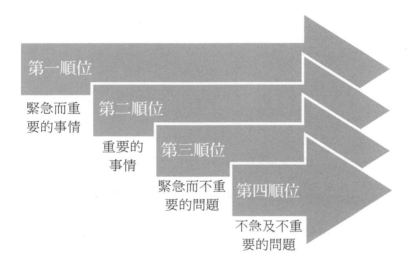

第一順位
緊急而重要的事情

第二順位
重要的事情

第三順位
緊急而不重要的問題

第四順位
不急及不重要的問題

楊釗提出在處理問題的先後次序，應該考量的是：

（一）重要並且緊急的問題。

（二）重要但不急的問題。

---

[23] 楊釗：〈反省〉，《創業‧守業‧人生》第二集（下卷），頁 267-469，尤其頁 468。

（三）緊急但不重要。

（四）不急及不重要。[24]

值得注意的是，楊釗的提法跟美國著名管理學家史蒂芬・理查茲・柯維（Stephen Richards Covey，1932~2012）提出的「四象限」法則相似，楊釗是否曾看過其書，不得而知。「四象限」法則是將工作按照重要和緊急兩個維度進行劃分，分為「既緊急又重要」、「重要但不緊急」、「緊急但不重要」、「既不緊急也不重要」四個象限。總之，事情要有輕重緩急之分，只有分清楚主次，才能在有限的時間內把工作做到最好。[25]史蒂芬・理查茲・柯維開發這個有效的四象限模型時間管理工具，能夠幫助管理人員對任務進行分類，並且對不同任務給出不同的處理建議。這個模型正是那些不知道如何安排自己工作的管理人員所需要的，[26]因而楊釗以此來教導公司同仁，尤其是擔任主管階層的管理者。

時間管理的四象限法則是通過重要性和緊急程度兩個維度把工作分為四個類別，簡化處理瑣碎的事情。把自己的時間和資源集中在那些重要的工作上面，只有這樣才能提升自己的工作績效。如果管理人員能夠把時間用在真正重要的工作上面，會大大提升他們的工作績效。管理人員可以根據工作的輕重緩急來協調分配下屬的工作、來決定自己擁有的資源的使用。管理人員完全可以通過這個工具讓整個團隊的工作都變得更為高效。[27]

但是，仍須注意的是，雖然時間管理的四象限模型和重要目標的判斷原則可以幫助管理人員設立合理的工作目標，但對於管理人員來說，這依然不是一件

---

[24] 楊釗：〈拳頭項目〉，《創業・守業・人生》第一集，頁 59-60，尤其頁 60。

[25] 參閱孫科炎：《華為專案管理法》（北京：機械工業出版社，2018 年 1 月重印版），第四章〈項目計劃〉，頁 60。

[26] 參閱白建、何紀斌、王佳強、王忠勝編著：《管理的本質：企業管理的 6 個關鍵方法論》（北京：機械工業出版社，2016 年 10 月），第二章〈目標管理〉，頁 84。

[27] 參閱白建、何紀斌、王佳強、王忠勝編著：《管理的本質：企業管理的 6 個關鍵方法論》，第二章〈目標管理〉，頁 86-87。

輕鬆的事情。在設立工作目標的時候，因為認識的差異、形勢的變化、人性的弱點，管理人員還是很容易犯各種各樣的錯誤的。[28]楊釗說：「但凡一般人，往往會被瑣碎、看似緊急、但不重要的事情纏身，弄得自己周身忙碌，但一年下來好像什麼東西也沒有辦成，這就是沒有分事情的輕重次序辦事，沒有緊抓拳頭項目的結果。」[29]

楊釗說：「分析問題一定要掌握問題的輕、重、緊、緩，這樣才不會令自己應做的不做，不重要的事又忙著去做。」[30]因而，他再次強調：「旭日三招之『分輕重』，其要點也在於抓大放小。企業管理人只能抓住大事、重要之事情不放，把小事甚至是不重要的急事放下，讓別人理、讓別人幹，天塌下來就讓它塌下來吧，管理人要學習說『不』。」[31]這是有所為，有所不為的精神，也是以「放下」來實踐輕重緩急之事。

解決問題的順序看似簡單易懂，但是操作起來須配合經濟、利益衝突等因素，才能作出適當的調適。例如1997年的亞洲金融風暴，從7月2日泰銖貶值，連鎖效應擴散，致使東南亞各國因經濟不景氣，開始席捲東亞大部分地區，甚至影響到全球經濟。楊釗曾對此事件有如下的體悟：

> 亞洲金融風暴傷害了無數人，如何在風暴中自保，不致在風暴中翻船乃至喪身失命呢？首先是忍耐、忍耐、再忍耐。在風暴中最重要是沉得住氣，千萬不要被忽然襲來的風暴嚇破了膽，形勢不一定會是想像中那麼壞；千萬不要放棄，因為放棄是人生最大的錯誤。想辦法暫時放下困

---

[28] 參閱白建、何紀斌、王佳強、王忠勝編著：《管理的本質：企業管理的6個關鍵方法論》，第二章〈目標管理〉，頁101。

[29] 楊釗：〈拳頭項目〉，《創業・守業・人生》第一集，頁59-60，尤其頁60。

[30] 楊釗：〈廠長風範〉，《創業・守業・人生》第二集（上卷），頁55-57，尤其頁57。

[31] 楊釗：〈忙裏偷閒〉，《創業・守業・人生》第二集（下卷），頁498-500，尤其頁499。

擾，集中精神做好每天的工作，做你應做的工作，暫時不要想得太多、太遠，應付好當天的工作，本星期的工作，以達到忍耐的效果。……隨著時間的過去，問題往往也會一個個地被解決的，不用焦急，花點時間分析一下問題所在，抓著重點，計劃一下，分輕、重、緩、急，逐個問題去應付；過了一段時間，你會發現走出困局，脫離險境。[32]

　　楊釗指出遇到困難如金融風暴，當前要務即須忍耐、忍耐、再忍耐。他曾經說：「忍、忍、忍，忍到無法可忍，再忍一次，將是解決問題的良方。」因為「對於災難，首先要鎮定，因為亂中容易出錯。要定先要忍，忍耐是令事件不會在災難中再犯錯的方法。」[33]就佛法的教導而言，忍耐可以截斷煩惱熱火之流，[34]而且，修行者「應勤修忍耐諸境；謂惡言毀辱、怨結毒害，不壞內心常安忍故。」[35]人如果不能忍耐則容易生氣，生氣便會帶來障礙，在同行者之間得不到稱讚，甚至會被輕視：「若生隔礙則不堪忍，由不忍耐便生瞋恚，以生瞋故為諸聖人之所呵責、一切同學而生毀呰、所不稱歎。」[36]佛教有許多經論教導如何修習忍耐（或是忍辱），遇到困難能夠忍耐違逆之境而不起瞋心，名之為安忍，忍耐是修行的力量。修練忍耐力是改造自己瞋恚的惡習，忍耐才能和氣致祥，產生做大事的魄力，世間最大、最強的力量是忍耐。

　　畢竟，忍耐是一道不容易學習的課題，楊釗說：「忍是很痛苦的、很難受

---

[32] 楊釗：〈逆境自衛術〉，《創業‧守業‧人生》第二集（上卷），頁 234-235，尤其頁 234。

[33] 楊釗：〈忍耐、專注、團結〉，《創業‧守業‧人生》第二集（上卷），頁 308-310，尤其頁 308-309。

[34] 參閱〔後漢〕安世高譯：《一切流攝守因經》卷 1，《大正藏》第 1 冊，頁 814,a2-12。

[35] 〔唐〕般若譯：《大方廣佛華嚴經》卷 31〈入不思議解脫境界普賢行願品〉，《大正藏》第 10 冊，頁 802, c28-29。

[36] 〔梁〕曼陀羅仙、僧伽婆羅譯：《大乘寶雲經》卷 5〈安樂行品 5〉，《大正藏》第 16 冊，頁 266, b17-20。

的，可行的方法是祈禱、持咒或閉關；醫治災難的最高明醫生是『忍耐力、自然力，時間』。只需相信這三位醫生，依靠忍耐力，隨著各方面的協商與處理，加上時間的沖洗，問題終會解決，不用太過擔心，擔心也無用。只有面對困難，實事求是，對症下藥，才能轉危為安。當然，說時容易做時難，但難不等於無法做到。有決心，有信心，許多災難都是可以妥善處理的。」[37]這跟上一節提及的「對症下藥」，正好前後呼應。

這次金融風暴的整個過程持續一、兩年，楊釗時時反省這個風暴的種種問題，思考如何因應風暴，以便讓旭日企業找出最好的解決方法，他在幾篇文章裡不斷地反省，[38]並且將旭日集團在世界各國的工廠、營銷點等業績作出對照說明。這其中對精神層面的鍛鍊、提升忍力來面對種種困難、提煉卓越領導等方面皆有深刻見解，例如他用反詰的語氣指出這次金融風暴「吹醒了我們的夢，吹醒了我們的幻覺，吹破了我們的泡沫經濟，令我們許多人打回原形。」[39]他對這次金融風暴歸納出五點，簡要說明如下：

傳統做法是腳踏實地、按步就班、以力賺錢，以知識、以經驗、以資金綜合因素賺錢。但近十年來，社會上流行以錢賺錢，誰借錢越多，誰就賺錢越多。懂得用銀行的錢，懂得借貸是一種新學問，是時髦。似乎只「借」就會發財，很少人會考慮要「還」的問題，風暴一來，資產貶值一半。

經濟不能無根，只靠炒樓、炒股票，只靠內部消費和通脹而令經濟增長，存

---

[37] 楊釗：〈忍耐、專注、團結〉，《創業‧守業‧人生》第二集（上卷），頁 308-310，尤其頁 309。

[38] 例如楊釗：〈金融風暴〉，《創業‧守業‧人生》第二集（上卷），頁 221-223；〈風暴的得與失〉，《創業‧守業‧人生》第二集（上卷），頁 224-227；〈解困處方〉，《創業‧守業‧人生》第二集（上卷），頁 228-230；〈逆境自衛術〉，《創業‧守業‧人生》第二集（上卷），頁 234-235；〈路遙知馬力〉，《創業‧守業‧人生》第二集（上卷），頁 236-246；〈穩紮穩打〉，《創業‧守業‧人生》第二集（上卷），頁 247-256；〈考驗〉，《創業‧守業‧人生》第二集（上卷），頁 257-259；〈福力還在〉，《創業‧守業‧人生》第二集（上卷），頁 260-271；〈鍛鍊的好機會〉，《創業‧守業‧人生》第二集（上卷），頁 283-295。上述各文，值得參閱。

[39] 楊釗：〈風暴的得與失〉，《創業‧守業‧人生》第二集（上卷），頁 224-227，尤其頁 225-226。

《人間佛教研究》第十二期（2024）
Studies in Humanistic Buddhism, Issue 12(2024)，04-49

在著一大問題，就是外匯。對於一個國家或地區，其方法就是貶值。我們的宗旨「量力而為，平衡發展」，堅持按人力和財力的多寡而決定發展速度，不能借貸過高，堅持金融、地產必須與工、貿、銷平衡地發展。

貨物和人的價值有一個極限，不可能無限制上升，各個地區最終會相對地平衡。以前交通資訊不發達，貨物及人才受供求決定價值，也就是「物以稀為貴」。今天資訊運輸發達，今天的缺口，明天很快就能補充，一個地區太貴，馬上會受消費者杯葛。因此，價值受鄰近地區競爭影響。

分散投資能減低風險。我們企業二十多年來實行地區多元化和行業多元化，這一多元化達致了「分散投資的策略和佈局」，這也是我們在金融風暴能「以得補失」達致總賬平衡的原因。

歸根到底，再一次證明我們的企業文化的作用，就是我們的事業，也是我們的人生。要學做事，先學做人。做人之道，責任很重要。由於我們要對家庭負責，對員工負責，責任令到我們不能太貪，不能好大喜功，不能與別人爭第一，時刻注意有甚麼潛伏的危機，要量力而行，按步就班。[40]

如果說這次亞洲金融風暴是一場經濟戰爭，一點也不為過。這次風暴的時間、範圍、傷害的程度也是歷史少見的。[41]時間：超過一年；範圍：東南亞國家；傷害程度：大部分人的財產價值只剩下一半或三分之一。股票價格只剩下50%至25%，房地產下跌三成至五成，從而引起經濟不景、旅遊業不景、零售業不景、飲食業不景。[42]這次的金融風暴打破了亞洲經濟急速發展的情況，使得亞

---

[40] 楊釗：〈風暴的得與失〉，《創業・守業・人生》第二集（上卷），頁 224-227，尤其頁 226-227。

[41] 參閱陳茂瑋、林建甫：〈亞洲金融危機成因之探討〉，《金融財務》第 1 期，1999 年，頁 69-87。本文的一個主要論點，認為是因美國將其自身經濟問題轉移成為世界性金融危機問題，此次亞洲金融風暴產生的問題之一是來自於此。

[42] 參閱楊釗：〈風暴的得與失〉，《創業・守業・人生》第二集（上卷），頁 224-227，尤其頁 225。另外，根據統計，東南亞國家和地區的外匯市場和股票市場劇烈動盪，以 1998 年 3 月底與 1997 年 7 月初的匯率比較，各國股市都縮水三分之一以上。各國貨幣對美元的匯率跌幅在 10%~70% 以上，受打擊最大的是泰銖、韓圓、印尼盾和馬來西亞令吉，分別貶值 39%、36%、72% 和 40%（參閱「亞洲金融風暴」，網站：wikiwand，網址：https://www.wikiwand.com/zh-tw/ 亞洲金融風暴，檢索日期：2023 年 2 月 3 日）。

洲各國的經濟遭受到嚴重的打擊，產生經濟衰退，有些國家因為社會動盪而陷入混亂。由於亞洲經濟在世界經濟中所佔的比例遠高於拉丁美洲和前蘇聯，而且，東亞經濟長期以來被視為成功資本主義發展的典範，因此東亞的危機相當程度上便是國際資本主義的危機，因而影響了俄羅斯和拉丁美洲的經濟。[43]

　　早在1996年，旭日集團成立22年（旭日集團成立於1974年），楊釗便曾引用孔子「三十而立」的說法，迎接第三個十年。他說：「孔子把人生的進程定為首先要學習，其次是能夠自立，企業的進程亦應如是，因為個人是企業的縮影，企業是個人的擴展。」[44]孔子曾說：「五十有五而志於學，三十而立，四十而不惑，五十而知天命，六十而耳順，七十而從心所欲，不踰矩。」[45]楊釗這裡的意思在於表達企業的成長跟人的成長也是一樣的，都有其週期，旭日集團前面的二十個年頭，具體表現出：一、由勞工密集型的企業發展成為技術密集型的企業；二、由勞工密集型的行業發展成為資金密集型的行業；三、原來的勞工密集型的製衣工廠由「人無我有」發展到「人有我優」的層次，明顯地超越了同行者，保持了較強的競爭能力；四、成功地建立起生產責任制和成本責任制。[46]可見，在風暴還未來臨之前，旭日集團在楊釗的卓越領導之下，已是步步開展出格局，創造出得以面對危機的大企業。有一個現象是，越是大企業、成功企業，危機意識往往越強；反過來，我們可以這樣認為：正是這些成功企業領導人的成熟和時時刻刻的憂患意識，開展出他們先知先覺的洞察力，使得他們的企業躲過或是闖過各種風險和劫難。不僅如此，一個卓越的領導人，還能把危機變成商機，

---

[43] 參閱吳玉山：《俄羅斯轉型 1992-1999：一個政治經濟學的分析》（臺北：五南圖書出版有限公司，2000年），第一章〈詮釋俄羅斯現象〉第二節〈東亞金融風暴的成因〉，頁 8-21。此文採用五個層次進行分析：一、「供需失調／景氣循環」，二、「制度不良」，三、「國家戰略互動」，四、「體系危機」，五、「文化缺陷」。

[44] 楊釗：〈鍛鍊的好機會〉，《創業・守業・人生》第二集（上卷），頁 180-188，尤其頁 180。

[45] 〈為政第二〉，《論語》，收入〔宋〕朱熹：《四書章句集注》（臺北：臺灣大學出版中心，2016年），頁 70-71。

[46] 參閱楊釗：〈鍛鍊的好機會〉，《創業・守業・人生》第二集（上卷），頁 180-188，尤其頁 182。

風險變成機遇。[47]

因而，旭日企業能於1997年初的415間零售店增加至12月底的568間。而且，中期業績報告零售總額比去年同期上升了24%，利潤增長如不計非經常的收入，則增長36%。另外，市場分散，基調穩固和健康，即使亞洲金融風暴也沒有造成大的影響。[48]

上述五點裡的前四點都是技術層面的問題，企業經營必須講求利潤，否則無法承擔各種支出及員工的薪酬，因而這些技術問題都很重要，為了確保企業能夠永續經營下去。但是，誰來運用、操作這些的經營、管理的技術？主體當然是企業的創始者，他的想法貫徹於自己建立的公司，而形成了所謂的「企業文化」，這即是上述第五點所陳述的。楊釗從創業開始便強調與人生成敗相結合，他結合了事業與人生，進行雙向交流的發展，曾說：「旭日文化不只是處世的北斗，同時也是做人的指南。」[49]可見，在面對問題與難關時，卓越領導力起著重要關鍵，能夠帶領企業邁向穩定的成長目標。

（三）輕重緊緩與卓越領導

楊釗在2000年仍不斷回憶、思考金融風暴的情景，指出當時有點令人不可理解，因為經過1997年亞洲金融風暴、1998年國際外匯炒家狙擊香港，香港受到前所未有的沖擊，1998年尾波及中國，整個亞洲社會四處著火，零售業大幅度滑坡。旭日集團在中國的零售業務也不例外，出現負增長，營業額與預算有很大距

---

[47] 參閱李震華：《簡化的力量》（上海：上海世紀出版有限公司，2012年9月），第七章〈危機管理〉，頁66-76，頁68。

[48] 參閱楊釗：〈上一台階〉，《創業·守業·人生》第二集（上卷），頁204-213，尤其頁204。

[49] 楊釗：〈企業文化〉，《創業·守業·人生》第二集（上卷），頁10-11，尤其頁10。

離，存貨大幅上升，進入了危險警戒線。在這危急關頭，集團管理局介入了中國零售業務，調動集團的一切力量，支援中國零售。於1999年，經過一年的奮戰、無數次會議、無數次激烈辯論、無數次表決、無數次跟蹤、無數次檢討、無數次修正，終於把問題控制住。同店鋪營業額再沒有滑坡，整體營業額也沒再大幅下降，核心顧客沒有大量外流，套用一句企業術語說是，「局勢控制住了」。[50]

所謂「同店鋪營業額沒有滑坡」的情況，是跟經營策略有關，這是值得注意與分析的。亞洲金融風暴雖然沒有直接衝擊旭日集團的主要市場，但其負面的影響使中國經濟增長放緩，消費意欲低下，出現通縮。零售業競爭更為劇烈，競爭對手不計成本地減價傾銷，導致旭日集團在中國之同店鋪銷售額出現負增長。為了減少存貨，保留充足的流動現金，旭日集團的中國零售部也被迫清理存貨，導致利潤明顯下降，遠離預期目標。幸運的是旭日集團的主要出口市場美國，其經濟平穩和健康；加上東南亞貨幣在金融風暴中大幅貶值，使得建設於這些區域的工廠生產成本下降，讓旭日集團的出口業務能夠增幅，比對去年同期上升31%，從而抵消零售業務利潤的下降。在金融風暴中，旭日集團採取進取和保守兼用的策略，即在地產銷方面採取進取的策略，而在零售和工貿方面則採取保守的策略。[51]

楊釗在面對金融風暴時，認為一個企業的真正實力如同「疾風知勁草，路遙知馬力」，很多公司都在金融風暴中受損，不是破財、虧本、業績倒退，便是

---

[50] 參閱楊釗：〈超先〉，《創業‧守業‧人生》第二集（上卷），頁48-50，尤其頁48。

[51] 參閱楊釗：〈路遙知馬力〉，《創業‧守業‧人生》第二集（上卷），頁236-246，尤其頁236-237。本文還從旭日集團的各種投資，說明受到亞洲金融風暴影響的營收情況，例如在各國的零售情況、工貿開拓國際市場情況、在世界各國的地產投資情況，以及在金融方面與投資界的合作等。另外，可以參閱楊釗：〈穩紮穩打〉，《創業‧守業‧人生》第二集（上卷），頁247-256；楊釗：〈福力還在〉，《創業‧守業‧人生》第二集（上卷），頁260-271；楊釗：〈鍛鍊的好機會〉，《創業‧守業‧人生》第二集（上卷），頁283-295。

裁員、減薪，甚至倒閉，少有逆流而上，或能保持業績的。[52]實則，面對危機生起的衝擊時，對一個企業而言，接下來應該做什麼事？或是少做什麼？把困難消除，讓衝擊減少，承擔的「成本」愈低，不管那是實際的業務營運成本、外生效應（externalities），還是社會成本，企業都應該先致力於消除這種衝擊的行動，化為「商機」。能夠消除衝擊、解決問題的行動，就會有利可圖，對此做出貢獻。[53]

楊釗在一篇名為〈鍛鍊的好機會〉裡，指出：

金融風暴使香港受到衝擊，繼而嚴重影響中國市場，本集團在中國的零售業務自然受到較大的影響。在這一個風風雨雨的時刻，是堅守崗位呢？還是逃避困難呢？是同舟共濟呢？還是袖手旁觀、隔岸觀火呢？是奮身救火？還是分清職責、待人求救才出動呢？在暴風雨中，是最好的鍛鍊機會，是最好的測試機會。我們可能自己認為是卓越的領導，自認為是忠於公司，自認為有聆聽內外聲音，自認是全員參與，自認是資料處理和分析得很好、自認是人力資源管理和發展不錯，在風暴中和善後工作中都無不一一受到考驗？[54]

企業在追求生存和發展的過程中，必會遇到許多困難和挑戰，為了不讓企業陷入困境，把握住機遇，必須具備卓越的風險（risk）和危機（crisis）的管理能力。「風險」指的是在特定環境下，在特定時間內，發生損失的可能性，也可

---

[52] 參閱楊釗：〈路遙知馬力〉，《創業・守業・人生》第二集（上卷），頁 236-246，尤其頁 236。

[53] 參閱〔美〕彼得・杜拉克（Peter F. Drucker）著、上田惇生（Atsuo Udea）編、張玉文、羅耀宗譯：《杜拉克精選：創新管理篇》（臺北：天下遠見出版有限公司，2007 年 6 月）第八章〈商業與技術〉，頁 138-160，尤其頁 155。

[54] 楊釗：〈鍛鍊的好機會〉，《創業・守業・人生》第二集（上卷），頁 283-295，尤其頁 284-285。

以說是期待的目標與實際出現的結果之間的差異。「危機」指的是突然發生或可能發生的事故、事件，將嚴重危害企業形象、利益，甚至企業生存。因而，企業應做好危機管理的規劃，危機發生時妥善溝通、協調，相關危機處理人員各司其職，按部就班有效應對。危機並不可怕，可怕的是沒有危機意識，以及應對危機的心態和方法。[55]例如他說：

> 這是一次重大的考驗，這是一次重大的考試，這次不是「演習」，是真真實實的「風暴」。旭日集團的每一份子在這次金融風暴的危難之中，在「抗災」第一線的，務必經得起考驗。[56]

> 1989年，由於集團實施了「再鞏固，再充實」的方針，致令本集團基礎更加紮實，制度及人們的思想都開始進入了健康的軌道。但是，在大氣候中，本年度發生了一些突發事件，這對每一個公司或每一個人來說，都是一個嚴峻的考驗。若處理不好，將嚴重地影響其業務和人生。可幸，由於本集團已建立起「群策群力」的制度和精神，加上運用每人在工作和生活中所鍛鍊出來的「智慧」和「靈活」，結果令集團能理智和客觀地應付了這些突發事件，沒有行差踏錯而安然度過。[57]

楊釗具有奮戰的精神，在危機出現時能夠帶領企業的員工群策群力，邁向建康而穩定的道路上。通常卓越領導的特質必然具有戰略導向，關注企業外部與內

---

[55] 參閱張博棟：〈用危機鍛煉企業實力〉，《請孔子當 CEO：好領導必上的 36 堂課》（北京：中國人民大學出版社，2016 年 7 月），頁 142-145。

[56] 楊釗：〈考驗〉，《創業・守業・人生》第二集（上卷），頁 257-259，尤其頁 258。

[57] 楊釗：〈智慧與靈活〉，《創業・守業・人生》第一集，頁 90-92，尤其頁 90。

部環境變化，能隨時調整企業資源和人力，使企業在協調中發展。這種管理機制不但需要敏銳的戰略眼光，也需要實現企業戰略的耐心和決心。[58]換言之，楊釗在面臨這次的金融風暴時，有明確的戰略，即實現目標的堅定信念、制勝方法和戰鬥藍圖。[59]而且，楊釗於此時刻對於旭日集團的世界各地經營項目，如零售方面的澳洲真維斯、中國真維斯，工貿方面的力佳洋行、香港旭日製衣廠和大進國際、栢健公司、菲律賓廠、孟加拉廠、印尼的明燈紡織廠、鎮安集團、爵栢廠；地產方面，中國、香港、美國紐約、三藩市、羅省、西雅圖、達拉斯、加拿大、新加坡等，[60]都有提及戰略性的運用，通過戰略能夠確定資源使用的最好方法。例如找出公司決定服務哪些客戶，銷售哪些產品或服務，以及公司在要哪裡競爭等，使企業進入穩健和可持續發展的狀態，做到穩中求變，穩中求進。[61]

　　這即是楊釗所提及的「穩紮穩打」、「集團領導」、「致力清理存貨」、「迅速展開穩住原店鋪生意的行動」、「撤換虧損店鋪」、「精簡分區管理架構」、「提升商品設計水平，使貨品更能迎合市場需求」、「全面檢討並落實執『購、銷、存貨預算』」、「改善善存貨機制」、「加強各級管理人員的市場意識」、「落實市場和顧客導向」、「快速精確的市場資訊」、「以變化對變化」、「互動式管理戰略」、「實行人、貨、店三調整」、「釐定薪酬機制」、「採購時實施款少量深、分季採購、快即追、慢即減」、「和定期覆核每一店鋪」、「局部流轉慢的貨品退倉」、「減少了人為的斷色斷碼展銷情況」、「建

58　參閱李震華：《簡化的力量》（上海：上海世紀出版有限公司，2012 年 9 月），第二章〈戰略〉，頁 12-23，尤其頁 15。

59　參閱李震華：《簡化的力量》，第二章〈戰略〉，頁 12-23，尤其頁 13。

60　參閱〈福力還在〉，《創業・守業・人生》第二集（上卷），頁 260-271，尤其頁 263-271；楊釗：〈路遙知馬力〉，《創業・守業・人生》第二集（上卷），頁 236-246，尤其頁 242-244；楊釗：〈穩紮穩打〉，《創業・守業・人生》第二集（上卷），頁 247-256，尤其頁 250-252；楊釗：〈鍛鍊的好機會〉，《創業・守業・人生》第二集（上卷），頁 283-295，尤其頁 286-295。

61　參閱李震華：《簡化的力量》，第二章〈戰略〉，頁 12-23，尤其頁 16。

立集團電腦部編程的內聯網電腦查詢存貨系統」、「靈活增減『超值店』」、「全新第四代裝修和『旗艦店』策略」、「購貨預算和銷貨分析軟件系統改善」、「改組調整策略」、「顧客導向」、「效果主義」、「集中兵力，解決主要問題」、「調整口岸架構和制度」、「採用平衡計分法」「龍頭店計劃」、「訂立『加倍小心』策略」……等。[62]

就此而觀，旭日集團於1999年全力奮戰，以挽回1997~1998年的衝擊所造成的損傷，他們有過無數的會議、激烈辯論、表決、跟蹤、檢討、修正等措施，實實在在地面對困境，楊釗特別指出：「『卓越企業』的領導人，在遇到『重大失誤』時，他們的思維往往是：『我們不要寄望聖誕節能脫困，而是面對現實，檢查不足，落實解決問題』。作為『卓越企業』的領導人，他們的思維往往是：『人生本來就是這樣，有時如意，有時失意，一路走來，每個人都經歷過不少失望、挫折及莫名其妙的失敗，每個人都可能生病，可能受傷』。」[63]又說：「面對不如意事情，『卓越企業』的領導人往往持正面的態度，而不是負面的態度，他們相信自己一定能戰勝失誤，同時，又勇敢地面對殘酷的現實。正面思維往往幫助我們不被逆境擊倒，反而變得更加堅強。」[64]可見，楊釗是位危機管理的佼

---

[62] 參閱楊釗：〈福力還在〉，《創業‧守業‧人生》第二集（上卷），頁260-271，尤其頁263-271；楊釗：〈鍛鍊的好機會〉，《創業‧守業‧人生》第二集（上卷），頁283-295，尤其頁286-295；楊釗：〈小心能駛萬年船〉，《創業‧守業‧人生》第二集（上卷），頁311-321，尤其頁313-321；楊釗：〈穩健前進〉，《創業‧守業‧人生》第二集（上卷），頁322-333，尤其頁325-333。

[63] 楊釗：〈量力而為〉，《創業‧守業‧人生》第三集（下卷），頁286-288，尤其頁287。按：這裡提及「我們不要寄望聖誕節脫困……」，其中「聖誕節」的典故來自於美國海軍上將史托克戴爾，他是在越戰期間被越共關入戰俘營的最高美國軍官，受到殘酷的折磨。參閱楊釗：〈面對現實〉，《創業‧守業‧人生》第三集（上卷），頁1-10，尤其頁6-9。另外，楊釗亦曾說：「『在困難時期，哪一種人通常無法堅持到最後？』研究個案告訴我們，『盲目樂天派，但又沒找到出路的人』。樂天派的人在困難時期會說：『聖誕節以前，我們會解決問題』，結果聖誕節來臨了，聖誕節過去了，問題依然存在。然後，他們又說：『復活節以前，我們一定會解決問題』，結果復活節也過去了，接下來，是感恩節，然後聖誕節又來臨了。最後，他因為心碎而失敗。」（楊釗：〈迎戰逆境〉，《創業‧守業‧人生》第三集（下卷），頁307-310，尤其頁309）這段話簡要而清楚地說出史托克戴爾的理念，楊釗時常提及這個典故來貫徹他的經營管理理念。

[64] 楊釗：〈量力而為〉，《創業‧守業‧人生》第三集（下卷），頁286-288，尤其頁287。

佼者，他帶領集團突破困難，他視危機為轉機，有效地利用危機來鍛鍊實力。楊釗說：「在這次風暴中不只是考驗每一間企業的智力、能力、毅力，也考驗每一間企業的福力。」[65]所言甚是。

楊釗到了2000年，還在反省金融風暴的問題，時時以此事件為前車之鑑，而不忘後事之師，他在〈福力還在〉這篇文章裡指出：「在這次金融風暴危機中，我們能走出困境，並恢復得較快，如果要評估最主要的因素，我們只能說是『福力還在』。」[66]這是以佛教的福報觀念，來解釋這次可以脫困的原因之一。他認為「福力」與脫困有相對關係，曾說：「1999年將是一個非常艱難的年頭，對於每一個企業、每一個員工都將是被考驗的一年。……要在暴風雨中安然渡過，除了上天的垂憐，菩薩的打救，還有一個方法，就是學會在暴風雨中航行。……本來，聰明的人往往能在風暴來臨之前預測將有風暴，告知大眾以作防風準備；但由於我們部分公司的福力不夠，未能做到先知先覺，所以在航行之中遇上風暴，這也未嘗不是好事，因令到我們認識『修福、積福、惜福』的重要。」[67]

再者，輕重緩急須與「下放權力」相互配合，這也是為了有效運時間，有效管理時間，楊釗說：「當我們身居領導位置，工作太忙、壓力太大就成為身體健康的大忌，必須學習解決太忙和壓力太大的方法。對付太忙的方法是妥善計畫。下放權力，分輕重緊緩處理問題，還要留有一些空餘時間。」[68]又說：「下

---

65 參閱楊釗：〈路遙知馬力〉，《創業‧守業‧人生》第二集（上卷），頁 236-246，尤其頁 236。

66 楊釗：〈福力還在〉，《創業‧守業‧人生》第二集（上卷），頁 260-271，尤其頁 260。

67 楊釗：〈在暴風雨中航行〉，《創業‧守業‧人生》第二集（上卷），頁 18-20，尤其頁 18。有關「福力」的果報問題，佛教經論時常出現，例如《佛本行集經》卷 34〈耶輸陀因緣品 38〉指出：「先世業種清淨，或福力強，成就彼因，或逐現報。」（〔隋〕闍那崛多譯：《佛本行集經》卷 34，《大正藏》第 3 冊，頁 814, b23-24）；《大般若波羅蜜多經（第 201 卷 - 第 400 卷）》卷 297〈難聞功德品 39〉云：「曾聞般若波羅蜜多，聞已受持、思惟、讀誦、為他演說、如教而行，或於此能問能答，由斯福力，今辦是事。」（〔唐〕釋玄奘譯：《大般若波羅蜜多經（第 201 卷 - 第 400 卷）》，《大正藏》第 6 冊，頁 509, c24-27）。

68 楊釗：〈注意健康〉，《創業‧守業‧人生》第二集（下卷），頁 514-516，尤其頁 515。

放權力，相信下屬，適當的授權是解決忙碌的最好辦法之一。時間是有限的，充分利用時間的辦法是分輕、重、緊、緩處理問題。」[69]然而，不可誤會，領導者只管大事，小事都不聞不問，這是極大的誤解，大、小事的執行仍然須要有適當的人，對適當的人便須要授權，楊釗在這方面也掌握的牢牢靠靠，他說：「下放權力。一個企業小事還是要辦的，不重要的事情還是要有人管的，但必須有人授權，才能負起責任。所以下放權力是必須的程序，只有把權力下放，責任也同時下放，這樣才能逐步培養團隊精神，才能鼓勵全員參與。」[70] 一位稱職而合格的領導者很清楚什麼時候該用什麼樣的方式做什麼事，這即是輕重緩急的抉擇，他會專心做最重要的事，不會把寶貴的時間浪費在芝麻小事上，並且全力以赴完成當下首重之事。[71]

四、隨機應變

旭日三招的第二招即「隨機應變」，所謂的「隨機應變」，是指：

> 按照不同的環境，不同的人，用不同的方法去處理問題。俗稱為「因人制宜，因地制宜，因時制宜。」[72]

解決問題的要旨在於因人制宜、因地制宜、因時制宜，這叫做「隨機應變」，[73]不能默守成規，必須全心應付外在環境的變化，楊釗說：「洞察先機，

---

[69] 楊釗：〈注意健康〉，《創業・守業・人生》第二集（下卷），頁 514-516，尤其頁 515-516。
[70] 楊釗：〈忙裏偷閒〉，《創業・守業・人生》第二集（下卷），頁 498-500，尤其頁 499。
[71] 參閱孫科炎：《華為項目管理法》（北京：機械工業出版社，2018 年 1 月重印版），頁 63-64。
[72] 楊釗：〈旭日三招〉，《創業・守業・人生》第一集，頁 35-36，尤其頁 35。
[73] 參閱楊釗：〈學習要訣〉，《創業・守業・人生》第一集，頁 213-214，尤其頁 213。

《人間佛教研究》第十二期（2024）
Studies in Humanistic Buddhism, Issue 12(2024)，04-49

隨機應變——聰明商人之所為。」[74]實為至理名言。任何企業都須具備對環境變化的反應能力，在面臨挑戰的第一時間可以快速做出準確決策，以及對於顧客關係的管理系統須保持資訊同步性的暢達。1997年對旭日集團來說，應該可以形容為「有驚無險」的一年，在製衣方面，由於中國貨輸運到美國的卡關事件，把旭日集團的計劃全部打亂。在此突變與惡劣的環境下，集團當局保持鎮定，按照實際的情形作出對策，楊釗說這樣面對方式及處理態度即是「隨機應變」。[75]

在「有驚無險」的情境下，策略連結內外各部門，形成隨機應變能力，這與高階主管領導風格有直接而密切的關係，楊釗在這個時節因緣仍然連結旭日集團的營運策略、不斷努力提升旭日集團的基礎建設與資訊科技（見上節所述），足見楊釗具有獨特、新穎的創意思維。在狀況需求方面，他克服了金融風暴的困境而突破限制，並在條件受限的情況下使用創意來排除萬難。創意之父埃利斯‧保羅‧托倫斯（Ellis P. Torrance）認為具有創意的人應該具備四大特質：（1）流暢性——對於任何問題都能夠源源不絕，提出各種解決的想法；（2）機動性與彈性——面對問題能隨機應變，從不同的角度去靈活思考與觀察；（3）完整性——對於創意的內涵能有詳盡的認知與瞭解，並且懂得如何去執行；（4）原創性——能想到人都沒想到的全新觀點，且獨一無二。[76]檢視楊釗的作略，確實具有上述四大特質。

其實，領導創意與「隨機應變」的關係密切，有創意即能靈活巧妙、展現智慧、善於應變，楊釗曾說：

智慧，是對事物有準確的分析能力，並知道應用甚麼方法能達到最佳的

---

[74] 楊釗：〈市場指南〉，《創業‧守業‧人生》第一集，頁 55-56，尤其頁 55。
[75] 參閱楊釗：〈有驚無險〉，《創業‧守業‧人生》第一集，頁 76-78，尤其頁 76。
[76] 轉引自羅文鴻：《企業高層領導管理對設計創新績效之影響：以華碩、太平洋自行車與奇想創造為例》（臺中：朝陽科技大學工業設計系碩士論文，2013 年 7 月），頁 12。

效果。靈活，是能按照不同的環境、不同的時間、不同的人物而採用不同的方法，但能達到同一目標。亦即是在「智慧」構思的方案下靈活執行，但不失本意。稱「靈活」亦名「隨機應變」也。[77]

活學活用，隨機應變。在企業江湖中，「法無定法」最重要的是效果，所以必須學會「執生」，也就是「對症下藥」。菩薩普渡眾生法門中，就有這一招，稱之為「方便」法門。[78]

　　企業為了永續經營，提升競爭優勢，必須有更多策略性的運用，如產品品質、供需彈性、顧客服務、經營轉變和創新營銷，達到降低風險，增加企業靈活性和改善企業效益的目的，這都須要在智慧的引導下靈活地執行方案，如同楊釗也曾說：「在整個周邊經濟持續下跌的不利環境影響下，我們將狠抓內部管理，向管理要效益。一方面以顧客服務為導向，隨機應變，滿足客人在產品質量與交期等方面的要求，達至最佳服務之效果，從而增強公司接單能力。」[79]

　　楊釗非常重視深層思考與智慧運用，而此智慧來自於對佛教的學習與體悟，楊釗指出：解決問題的重點在於「隨機應變」，俗稱為「執生」，也就是「因人制宜、因地制宜、因時制宜」。[80]廣東話的「執生」是指隨機應變、伺機行事，還有彌補、補救錯誤的意思。「執」就是「把持」，「生」就是「生機」，「執生」就是隨機應變、伺機行事的意思。[81]楊釗套用佛家的觀點「法無定法」，在面對關鍵時刻能夠施設種種方便法以解決問題。足見，隨機應變須有相當智慧才

---

[77] 楊釗：〈智慧與靈活〉，《創業・守業・人生》第一集，頁 90-92，尤其頁 90。

[78] 楊釗：〈在暴風雨中航行〉，《創業・守業・人生》第二集（上卷），頁 18-20，尤其頁 19-20。

[79] 楊釗：〈穩健前進〉，《創業・守業・人生》第二集（上卷），頁 322-333，尤其頁 327。

[80] 參閱楊釗：〈人才〉，《創業・守業・人生》第二集（上卷），頁 106-108，尤其頁 107。

[81] 參閱「新華網 NEWS・廣東話百科」，「執生」條，網址：http://big5.xinhuanet.com/gate/big5/m.xinhuanet.com/gd/2017-10/06/c_1121764896.htm，檢索日期：2023 年 1 月 20 日。

《人間佛教研究》第十二期（2024）
Studies in Humanistic Buddhism, Issue 12(2024)，*04-49*

能為企業創造價值，並提升生產力與經濟成長。

「法無定法」是高超智慧的表現，從智慧而開出方便法，星雲大師（1927~2023）曾說：「不應取著法相、非法相，因為，是佛法的有時候不是佛法，不是佛法的有時候卻是佛法，這不是哲學的辯證，而是要明白『法無定法』，生命才能有圓通無礙的智慧。」[82]「所謂『法無定法』，法如人的生命一樣，是活的，可以隨機應變；你把法定死了，死法又有什麼用呢？」[83]管理方法不拘定格，法無定法，如固定不變地使用一兩種管理方法便為了事，則為下下策，產生不了效益。世上沒有固定不變的管理方法，須隨時機因緣而善巧方便地運用之，[84]如同被譽為管理大師的麻省理工學院教授彼得・聖吉（Peter M. Senge）所云：「三流管理者學習管理知識，二流管理者學習管理技巧，一流管理者修煉管理心智。」[85]心智的訓練即是智慧獲取的重要途徑，也是一流管理者的必備條件。

楊釗把「隨機應變」、「執生」的觀點套用在佛家的觀點上，二者結合運用：

解決問題的方法在於「隨方解縛，假名三昧」。意思是根據當時實際的情形，而找出最好的解決辦法。這樣就是最高境界了。也即是說，解決問題

[82] 釋星雲：《金剛經講話①》，〈第六 真實信心世間稀有分〉，《星雲大師全集》，網址：http://books.masterhsingyun.org/ArticleDetail/artcle266，檢索日期：2023 年 1 月 20 日。

[83] 釋星雲：《佛法真義③》，〈沙彌十戒〉，《星雲大師全集》，網址：http://books.masterhsingyun.org/ArticleDetail/artcle9442，檢索日期：2023 年 1 月 20 日。

[84] 參閱陳劍鍠：〈星雲大師的管理思想及佛光淨土的創建〉，收入程恭讓、釋妙凡主編：《2014 星雲大師人間佛教理論實踐研究（上）》，高雄：佛光文化事業有限公司，2014 年 12 月，頁 234-277，尤其頁 237、256。

[85] 彼得・聖吉（Peter M. Senge）著、郭進隆、齊若蘭譯：《第五項修練：學習型組織的藝術與實務》（全新增訂版）（臺北：天下遠見出版公司，2010 年 4 月），頁 279。

的最高境界是「因人制宜、因地制宜、因時制宜」也就是「隨機應變」。[86]

在面對種種問題時，詳細考慮解決問題的各種可能，是掌握問題的解決要素。楊釗引用《六祖大師法寶壇經》所說「隨方解縛，假名三昧。」[87]來表述「隨機應變」的內涵。「因人制宜、因地制宜、因時制宜」是解決問題的最高境界，企業經常使用調查、分析、預測等手段來把握績效，並針對具體情況採取相應措施予以解決，盡可能不讓問題衝擊企業的經營活動。這即靈活運用，隨機應變的智慧展現，楊釗說：「克服執著的方法在於放下自我，克服愚癡的方法在於智慧。」[88]執著便會使人僵硬固化，《大般若波羅蜜多經》云：「如實知一切法相而不執著故，復名摩訶薩。」[89]在佛法的「如實知」是契合於真實之道理、教法，最關鍵處在於面對自己的執著，去除對色、受、想、行、識的執取，進而了解真相，向內、向外一併解決問題，而最終在於解決自己內心的問題，楊釗說：

> 世人還有一種迷失，在於外求、在於依賴。依賴父母、依賴家庭、依賴朋友、依賴社會，結果互相依賴，無以安寧。其實，解決問題的最佳方法在於靠自己。「佛在靈山莫遠求，靈山只在汝心頭，人人有個靈山塔，可向靈山塔下修。」[90]

一個人遇到困難而迷失時，想到的是別人的問題、外部環境因素？還是自身的原因，自己的不足。如果能夠反觀自身，找出問題的根源，才是解決問題的最

---

[86] 楊釗：〈愚癡與執著〉，《創業‧守業‧人生》第一集，頁 222-224，尤其頁 223。

[87] 〔元〕釋宗寶編：《六祖大師法寶壇經》，《大正藏》第 48 冊，頁 358c4-5。

[88] 楊釗：〈愚癡與執著〉，《創業‧守業‧人生》第一集，頁 222-224，尤其頁 222。

[89] 〔唐〕釋玄奘譯：《大般若波羅蜜多經（第 1 卷 - 第 200 卷）》卷 71，《大正藏》第 5 冊，頁 403c17-18。

[90] 楊釗：〈改善由自己做起〉，《創業‧守業‧人生》第二集（下卷），頁 445-447，尤其頁 447。

《人間佛教研究》第十二期（2024）
Studies in Humanistic Buddhism, Issue 12(2024)，04-49

佳方法。楊釗以佛法的教導來創造領導風格，佛家的教法是活生生的在每一個人的心中，禪宗四祖道信大師也曾說：「百千法門，同歸方寸，恒沙功德，總在心源。一切定門，一切慧門，一切行門，悉皆具足。神通妙用，並在汝心。」[91]解決問題的最佳方法已存在於自己心中，只看自己能否有足夠的智慧，隨機應變是須觀察自己的動機、審視心靈，有所克制地去讀自己的心，以提起正念、鎮定，而不執著於任何一法。

然而，有時遇到困難時，的確會有毫無頭緒的慌亂情況，因而必須訪師求道，跟有智慧的人請教，楊釗在這方面也提出看法，他說：

> 遇上「善知識」，能令自己修行一切「助道」之行為。親近「善知識」，能起「勇猛心」，能發「宏大願」，令自己能成長自立，挑起自己擔子、挑起家庭責任、家族責任、企業責任、社會責任。親近「善知識」，能夠學到克服困難的能力。到任何地方、任何行業，也可解決任何的問題，稱之為「方便法門」，也就是「隨機應變」；社會上稱之為「執生」。[92]

真正的聰明人，遇到事情第一反應不是抱怨或發怒，而是想辦法解決問題。解法的方法有很多種，這是必須透過學習，並且實地經驗後才能產生智慧。在佛法裡，智慧即是方便法門，因有智慧才能開展出善巧方便的救度方法，故在這方面的提煉可以透過與善知識的交往、學習而獲得「隨機應變」的能力。尤其重要的是，與善知識能夠升起我們的勇猛心、以發出宏大誓願，故能有擔當，承負起責任。

---

[91] 引自〔宋〕釋延壽：《宗鏡錄》，《大正藏》第 48 冊，頁 940a11-13。
[92] 楊釗：〈善知識〉，《創業‧守業‧人生》第三集（下卷），頁 397-398，尤其頁 398。

當然，事情談起來很容易，實行時往往很困難。因為「因人、因地、因時」解決問題，往往未能達到最好的經濟效益。因為條件未成熟時，而一定要解決時，往往得不償失。所以解決問題的另一招是「事緩則圓」。[93]

五、事緩則圓

旭日三招的第三招即「事緩則圓」，所謂「事緩則圓」，楊釗的見解是：

事緩則圓是指當條件未成熟之時，又或暫時想不到好的方法去解決問題時，不應該繼續去鑽牛角尖，非要馬上解決不可。應該把問題放一放，「時間是解決問題的催化劑」，隨著時間的轉變，人的思想也會轉變，條件轉變了，不能解決的問題也會變成能夠解決。俗稱為「水到渠成」。[94]

事緩則圓的第一個重點即是須要等待條件成熟，時候未到則不應鑽牛角尖；第二個重點則是時間問題，不急不徐讓時間來作為解決問題的催化劑。俗語說：「大事要靜，急事要緩，難事要變，爛事要遠。」是處理事情的智巧所在，這跟上文所提及的「法無定法」有相互呼應之處。星雲大師也曾說：「自然則順，矯枉過正，終將帶來弊患；……自然則成，隨順因緣，必能水到渠成。」[95]可見，楊釗的管理思想有極高的靈活性，也具有「逆向思維」的特質，化解一般的「慣

93　楊釗：〈愚癡與執著〉，《創業‧守業‧人生》第一集，頁 222-224，尤其頁 223-224。
94　楊釗：〈旭日三招〉，《創業‧守業‧人生》第一集，頁 35-36。
95　釋星雲：《佛光菜根譚②》，〈第 116 則〉，《星雲大師全集》，網址：http://books.masterhsingyun.org/ArticleDetail/artcle3454，檢索日期：2023/01/20。

性思維」，免得只見樹而不見林。以下從條件因緣與時間管理來分析楊釗「事緩則圓」的理念。

（一）事緩則圓與條件因緣

條件跟佛教所說的「緣」（condition）的意思相當，等待條件成熟即是等待因緣成熟；因緣如果尚未成熟便不能冒然行事，須要等待因緣。在等待的過程裡也須不斷地創造條件，締造善因善緣來轉化困難，解決問題。

等待時機可視為一種「懸置哲學」，對於不自明之物中止判斷，藉此達到不動心、免於憂慮和焦慮的狀態。[96]因而，不要固執於解決不了的問題，可以把問題記下來，讓潛意識和時間去解決它們。這就有點像踢足球，左路打不開，就試試右路，總之，儘量不要「鑽牛角尖」。如果沒有足夠的能力或資訊來完成工作，最好把它暫時擱置起來，以等待條件成熟。[97]楊釗說：「時勢和條件未成熟時，寧可把它擺一擺，先放在一旁，又或創造條件，待時機成熟時，自然『水到渠成』，問題便可迎刃而解。」[98]

對於「等待時機」的作法，楊釗於1991年提出「儲備力量，待機而發」的大方針，他說：「一方面，我們要保持集團已有的優勢和宗旨；另一方面，則要在人力和財力上加強儲備，等待時機，為本集團的擴展做好準備。」[99]等待時機即是為了創造條件，主動為自己創造條件是極積的行為。就因果的規律來看，能夠

---

[96] 參閱維基百科，「懸置」條，網址：https://zh.wikipedia.org/zh-tw/%E6%82%AC%E7%BD%AE，檢索日期：2023 年 2 月 20 日。

[97] 參閱丁雪峰：《輕管理實操：讓管理做減法的 4 個關鍵》（北京：機械工業出版社，2015 年 5 月），頁 95。

[98] 楊釗：〈愚癡與執著〉，《創業‧守業‧人生》第一集，頁 222-224，尤其頁 224。

[99] 楊釗：〈儲備力量‧待機而發〉，《創業‧守業‧人生》第一集，頁 98-99，尤其頁 99。

積極地創造人生，才是真正明白因緣果報法則的人。企業為了可持續發展，在任何部門都須不斷積累效能，完成合理的商業模式，因而要善於等待因緣以發現機遇，機遇來自於發展變化的過程中，機遇處處皆有，時時刻刻發生在我們身邊。眼光敏銳、有遠見卓識的領導，能夠洞察到各式各樣的機遇，並積極創造條件，將機遇轉變為現實。

再者，楊釗對於「創造條件」的作法，曾以他師父的教導指出：「『棒下無生忍，臨機不見師』，又使我不迷信教條，勇敢創新。」[100]棒喝是臨濟宗的教法，師父在適當時機讓學人透過棒打、喝斥之語等，去除雜想，現出純真面目。這種行棒施喝的指引須觀逗機緣，不是隨意亂來，故高明的師父會藉此幫助學生開悟，或是以此方法來勘驗學生是否真實開悟。唐末宋初的風穴延沼禪師（896-973）說：「棒下無生忍，臨機不讓師」，這裡的「讓」即是「見」。據說當時風穴禪師求法於汝州（河南省臨汝縣）南院慧顒禪師（860-952）時略顯自傲，自己已有相當見地，因而會見時希望先知道慧顒禪師是否是一位證道明師，才決定是否禮拜他，否則不願意拜見他。慧顒禪師當時便拿起棒子作勢要打他時，風穴禪師說如果我反過來奪杖打您，您別怪罪我不懂得尊師重道！[101]

可見，風穴禪師這種作略是不迷信教條主義，勇敢地在不顧一切而出擊，在有道與無道之間須見真章，不能信口雌黃，棒喝玄妙的運用，對於接引初機自有其意義。鼓勵創新、勇敢創新。禪的慧命即在於創新，楊釗是具有這種大膽勇敢的個性，他領導旭日集團，不斷地創新，具有遠見及勇於嘗試，他曾說：「卓越的企業管理人，必需的條件是『遠見和勇於嘗試』。『遠見』出創意，『嘗試』出效果。」[102]具有「遠見」的人，也必是不斷有創新思維的人，這是一體的兩

---

[100] 楊釗：〈悼師父〉，《創業‧守業‧人生》第一集，頁 242-243，尤其頁 242。

[101] 參閱〔明〕圓極居頂編：《續傳燈錄》卷 27，《大正藏》第 51 冊，頁 651b9-14。

[102] 楊釗：〈勇於嘗試〉，《創業‧守業‧人生》第二集（上卷），頁 43-45，尤其頁 44。

面。而且，在創新思維的提出後，接續的「嘗試」便是成功的試金石。換言之，在做好充分的準備之後，則勇往直前的去嘗試未知的領域！

　　楊釗說：「當然，在嘗試中一定會遇到失敗，甚至受傷，付出一定的代價；在這過程中也一定有爭議，有不同意見。這是正常現象，但不能因一二次的失敗而害怕再嘗試。」[103]創新的確有相當風險，故須有相對的配套措施，楊釗也全盤考慮到這些問題，他曾說：「鼓勵創新，建立培養『創意』的環境，大膽投資於『創意』，把『創新』納入成本之內，這將是成功企業應該認真考慮的事項。」[104]這裡的「納入成本」考量，表示無論參與者的員工是否在創新的歷程裡發展出成功的項目，或因失敗而遭遇到損失，這些都須由企業來承擔，如同杜拉克所言：「參與現有業務『創新』任務的人，也是在『冒險』，雇主分攤他們承受的風險才公平。萬一『創新』失敗，他們應該可以選擇重回舊工作崗位，領取原來的薪水。公司當然不應該因為他們失敗而獎勵他們，卻也不應該因為他們勇於嘗試而懲罰他們。」[105]楊釗在推動創新與面對挑戰時，均能正面的調動內部激勵與外部激勵的正向關係，增加組織的效能。

　　楊釗在處理問題、面對難關時，其解決的方式讓人感到是有悟境的引領，佛法裡對於開悟或覓得真如本性時，十分重視時節因緣，因緣是必須積累的，而且必須有步驟地前進，如信、解、行、證，或是聞、思、修等，都有一定的時節因緣，不可躐等，也不可懈怠。因而，等待不是拖延，也不是懈怠，而是為了更加卓越，楊釗說：「『面對現實』、『實事求是』，是『從優秀到卓越』的公司必

---

[103] 楊釗：〈勇於嘗試〉，《創業・守業・人生》第二集（上卷），頁 43-45，尤其頁 44。

[104] 楊釗：〈勇於嘗試〉，《創業・守業・人生》第二集（上卷），頁 43-45，尤其頁 45。

[105] 彼得・杜拉克（Peter F. Drucker）著、上田惇生（Atsuo Udea）編、張玉文、羅耀宗譯：《杜拉克精選：創新管理篇》（臺北：天下遠見出版有限公司，2007 年 6 月）第十一章〈創業管理〉，頁 190-219，尤其頁 212。

備的條件。」[106]所有「從優秀到卓越」的公司邁向卓越之路，都先從誠實面對眼前的殘酷現實開始。「今天我們找不到問題的答案，未必明天我們就找不到解決的方法。天是不會塌下來的。「事緩則圓」也是這個道理。」[107]楊釗以這樣的智慧來面對問題、處理問題，達到企業所訂的目標。這裡必須追問的是，楊釗的做法是重視目標導向，以重視績效結果為衡量標準？還是以培養員工，共同成長為標準？

二者是相互配合、相輔相成，因為楊釗所創的旭日集團很重視員工的成長、家庭生活、品德修練等問題（將另闢專章論述），因此楊釗不是唯結果論的人。但是他曾經以「事業心、決心、恆心」三心作為事業成功的重要條件，也是必要的先決條件，他說：「要辦事業，一定要有事業心，才能勇於承擔、勇於前進、勇於克服困難」，而且「事業心與決心，如果持之有恆，堅持到底，這種人，不只能創業，還能守業。」[108]人必須發願，若無願望，永遠都不能到達目標。相對的，公司也必須訂立計劃，樹立目標，否則難以達到理想效果。因而，楊釗又提出「立志、發願、計劃是做好事情的首要條件。」[109]我想這是旭日集團很重要的企業文化，此企業文化精神在推動變革、開展創新的過程裡，具有給予動力與持續力的作用。創新的重要資源在於員工，員工應被視為公司進取心、活力、創造力的來源，而不單是被控制和支配的成本而已。在環境多變而競爭激烈的商場，大多數企業主管在推動變革之際，對於策略（strategy）、結構（structure）、制度（system）等傳統的管理工具，具有強烈偏好。但是，哈佛商學院的 Christopeer A. Bartlett 認為：「公司可以透過結構重整、去除官僚層

---

[106] 楊釗：〈面對現實〉，《創業・守業・人生》第三集（上卷），頁 1-10，尤其頁 10。
[107] 楊釗：〈最偉大的醫生〉，《創業・守業・人生》第一集，頁 201-202，尤其頁 202。
[108] 楊釗：〈關心〉，《創業・守業・人生》第一集，頁 30-32，尤其頁 32。
[109] 楊釗：〈拳頭項目〉，《創業・守業・人生》第一集，頁 59-60，尤其頁 59。

級，以及裁員來提高單位的生產力。不過，除非企業文化也隨之改變，否則高生產力以持久。」[110]可見，在事緩則圓的智慧帶領之下，等待條件因緣的成熟則是智慧的呈顯。從智慧的角度而言，任何善業（事業）成就，需要眾緣和合的條件，在等待時創造條件，為集團本身的擴展做好準備。

（二）事緩則圓與時間管理

一個組織若要能繼續生存，必須不斷提升效能，而提升效能的重要方法即是在期限內完成既定的工作，所以時間管理及工作時間的投入對於組織績效便顯得很重要。近來管理學一再強調良好的時間管理與良好的工作表現有關，楊釗也有同樣的觀念，他說：「做事要訂立目標。規定時限，每月、每星期要完成多少數目，並且目標要高一點，時間要早一點。再次是坐言起行，每天緊緊記著要完成的目標，想辦法去完成，務必提早完成任務。」[111]

如何對待時間是一種哲學態度，如楊釗說：「『時間』是解決問題最有效的方法。道理在『事緩則圓』。當條件未成熟時，要解決問題往往很困難，並且效果不好。如果能把事情放一放，待人們的認識有所改變，人們的需要有所改變時，那麼條件便成熟了，棘手的問題卻會迎刃而解了。曰『水到渠成』也。」[112]實現時間管理的最佳門徑是「事緩則圓」，因為等待條件成熟即是時間管理的智慧所在。時間的規劃、運用與掌握，也領導者能力的表現。在各種管理裡，如目

---

[110] 參閱孫國青：《社會資本說的台灣產業印證：社會資本的形成、發展與維繫》（臺北：國立台灣大學國際企業學研究碩士論文，2000 年 6 月），頁 18。有關魏爾許（Welch）的說法，參閱 Christopeer A. Bartlett & Sumantra Ghoshal 著，薛迪安譯：《以人為本的企業》（The Individualized Corporation: A Fundamentally New Approach to Management）（臺北，智庫文化出版公司，1997 年）。

[111] 楊釗：〈多走一步〉，《創業‧守業‧人生》第二集（上卷），頁 15-17，尤其頁 16。

[112] 楊釗：〈最偉大的醫生〉，《創業‧守業‧人生》第一集，頁 199-200，尤其頁 200。

標管理、激勵管理、參與管理、形象管理、創造管理、戰略管理、專案管理、質
量控制管理、物流管理、人力資源開發與管理、自我管理、情緒管理⋯⋯等，都
與「時間管理」息息相關。能夠做到純熟而自在，即是管理哲學的靈魂處。

　　時間管理策略對工作生產力、工作壓力、創造力和溝通有著重要影響。[113]
羅柏・高飛（Rob Goffee）跟葛瑞絲・瓊斯（ Gareth Jones）認為因企業文化不
同，工作時間的投入會有所不同，例如圖利型與共有型文化的組織成員，長時間
的工作是一種常態性情況，共有型文化的成員甚至融合工作與生活，工作變成
了生活的一種方式。[114]但是，不論時間管理或時間投入，對於組織績效都會產生
一定的影響。[115]這些影響對於大企業的領導者也都有其相應的作法，例如楊釗便
說：「『時間管理』，其要點在於：一、積極培養助手，下放權力、下放雜務；
二、切實執行『計劃、落實、檢討』的最基本管理步驟；三、分輕、重、緊、緩
解決問題；四、務必每星期、每月留有足夠空餘時間，以作不時之需。」[116]

　　在時間管理上，有關「下放權力」才能有效同時進行重要業務的開展，領
導者才能遊刃有餘地面對各種挑戰與困難。尤其跨國企業的總部一定要下放權力
給各個事業單位，過去都是由總部掌控所有的資訊、意見、影響力。全球競爭對
手創新和模仿的速度加快，競爭優勢稍縱即逝，實質權力下放的作法將日趨重
要。[117]此外，權力下放必須搭配完全透明化的措施，總部才能了解地方的經營狀

[113] Ahlvers, C. A. : *An examination of time management perceptions of selected middle managers in salina,* Kansas State University (Doctoral dissertation), 1990. *Retrieved from ProQuest Dissertations and Theses Abstracts and Index.*
[114] Rob Goffee and Gareth Jones: *The character of a corporation: How your company's culture can make or break your business.* New York: Harper Business, 1998. pp.23-24.
[115] Alexander Hafner & Armin Stock: "Time Management Training and Perceived Control of Time at Work", *The Journal of Psychology*, 2010, 144 (5), 429-447.
[116] 楊釗：〈集中兵力解決主要問題〉，《創業・守業・人生》第二集（上卷），頁 272-282，尤其頁 273-274。
[117] 參閱陳莉芳：《全球面板廠之中小型面板的經營策略研究》（高雄：國立中山大學高階經營碩士學程在職專班碩士論文，2012 年 6 月），頁 116。

《人間佛教研究》第十二期（2024）
Studies in Humanistic Buddhism, Issue 12(2024)，04-49

況。總部必須擁有強而有力的決策能力，才能解決運作問題。總部的任務是募集資金、管理股東、推動轉型的併購，以及依照企業領導人的要求逐步併購，事業單位擁有經營業務的自主權，全球化必須學習全年無休的經營模式，身為新時代的領導人必須更勤快視察業務，了解市場的挑戰，培養宏觀的視野，必須簡單和明瞭的傳達意念，做好不同的時間管理，相信自己的直覺。[118]楊釗指出：

> 在思考問題時，我們問一問自己，一個月、一星期，有無好好地計劃一下，是否把工作排得滿滿的。如果一星期連一天都沒法子留作空檔或作後備之用，這就可以說計劃得不好。作為一個好的企業管理人，每星期至少有兩個半天至三個半天留作空閒，以作不時之需，又或作清理事務，作抽樣檢查，作計劃將來之用。若真的連兩個半天都沒法抽空，只能取消一些會議、一些活動。例如本來是每兩星期開一次的會議，可以改為每月開一次會；本來是每月開一次的會議，可以改為每兩個月開一次會議；本來每兩個月或三個月開一次的會議，可以改為每三月或六個月開一次會議。總之，一定要在每星期的時間中留空兩個至三個半天，以作不時之需，這稱之為「時間管理」。[119]

時間的規劃、運用與掌握亦是一種能力的表現，具有時間控管能力，準時完作工作的時間管理能力是一種很強的自我管理能力。與時間賽跑是工作活力的展現，例如參與活動主持會議，處理問題，分分秒秒的把握時間控管。此外，一個工作完成時限往往是提高效率的好辦法，它能避免將大量時間用於內在消耗上，

---

[118] 陳莉芳：《全球面板廠之中小型面板的經營策略研究》（高雄：國立中山大學高階經營碩士學程在職專班碩士論文，2012 年 6 月），頁 120。
[119] 楊釗：〈忙裏偷閒〉，《創業‧守業‧人生》第二集（下卷），頁 498-500，尤其頁 498。

時刻提醒你現在已經是該做事情的時候了。我們需要切實可行地給自己安排一個目標時限，確保按照計畫執行。[120]但是不能把時間壓縮得太緊，無法在勾容不迫地情境下有效地完成工作。

因此，必須要有時間限定，投入多少時間在工作上並不是最為重要，重要的是在這一段時間內能夠做多少工作，創造多少效益。就如同楊釗這裡所說的，作為一個領導者，時間的安排與掌控必須合情合理才能達到工作實效；必須有多餘的空閒時間來處理、應對緊急事件，不能夠把所有的時間都排滿。管理時間最有效的辦法就是不「浪費」時間，並且有效「投資」時間，這是領導者最應講求的要務之一。

六、結語

管理是一門藝術，可在寧靜中產生變革，它的種種措施如懸壺濟世、對症下藥的醫生，這與佛教認為佛陀是大醫王的說法一致。不過，從「法無定法」的智慧來說，管理方法同樣是不拘定格，假如一成不變地使用特定管理方法，則為下下策，產生不了良好的效益，恰如被譽為管理大師的彼得‧聖吉（Peter M. Senge）所云：「三流管理者學習管理知識，二流管理者學習管理技巧，一流管理者修煉管理心智。」[121]再參照星雲大師亦曾論及：「一等主管：關懷員工，尊重專業；二等主管：信任授權，人性管理；三等主管：官僚作風，氣勢凌人；劣等主管：疑心猜忌，不通人情。」[122]綜觀二者所言，實有異曲同工之妙，最終要

---

[120] 陳鐳：《OKR 目標與關鍵成果法——盛行於硅谷創新公司的目管理方法》（北京：機械工業出版社，2017 年 6 月 / 2018 重印），頁 85。（案：OKR 指 Objectives and Key Results）

[121] 〔美〕彼得‧聖吉（Peter M. Senge）著，郭進隆、齊若蘭譯：《第五項修練：學習型組織的藝術與實務（全新增訂版）》（臺北：天下遠見出版公司，2010 年），頁 279。

[122] 釋星雲：《人間佛教當代問題座談會③》，〈佛教對「應用管理」的看法〉，《星雲大師全集》，網址：http://books.masterhsingyun.org/ArticleDetail/artcle1796，檢索日期：2023 年 2 月 27 日。

《人間佛教研究》第十二期（2024）
Studies in Humanistic Buddhism, Issue 12(2024)，04-49

涉入心智修煉，講求人性管理，尊重專業。

佛教的修煉對象是「心」，經過修心內省，超脫世俗，獲證如實觀照的體驗。是故，管理眾人的善巧方便在於從「心」下手，如能巧妙運用，則與宗教上所強調的宗教戒律、宗教禮儀、宗教修行等一致，當企業主修煉達到一定程度時，必能從心地裡流露出或是轉換出適時、適地、適人、適物的管理制度。楊釗曾說：

> 事實上，在錯綜複雜環境之中，在形勢正在轉變之中，要一下子認清方向，抓住核心是不容易的，非要有高超的管理才能不可，這就看我們是否「先知先覺」者，是否「先天下之憂而憂」者，是否「生於憂患」者，是否在企業江湖中苦練成功者，如果分數不是很高，是不能準確地抓住主要問題、分輕重、知緊緩、隨機應變、事緩則圓的。[123]

世上沒有固定不變的管理方法，法無定法，須隨時機因緣而善巧運用。以此立場而觀，佛教管理心法的核心要義在於：「管理……就是在考驗自己心中有多少慈悲與智慧。……更重要的是，讓自己心裡有別人的存在，有大眾的利益，能夠將自己的心管理得慈悲柔和，將自己的心管理得人我一如，以真心誠意來待人，以謙虛平等來帶人，才算修滿『管理學』的學分。」[124]星雲大師這段警語，表明佛教自利利他的合理效益，佛教的管理心法究竟要傳達給管理者哪些訊息？這段話明白指點：管理者應有慈悲與智慧，以微妙清淨之語，化導利益一切眾生；行布施而不著於能施、所施之物、受施之人等，饒益有情廣行布施，為一切

---

[123] 楊釗：〈鍛鍊的好機會〉，《創業・守業・人生》第二集（上卷），頁283-295，尤其頁284。
[124] 釋星雲：《人間佛教當代問題座談會③》，〈佛教對「應用管理」的看法〉，《星雲大師全集》，網址：http://books.masterhsingyun.org/ArticleDetail/artcle1796，檢索日期：2023 年 2 月 27 日。

眾生起憐愍心，隨順眾生身、語、意三業，利益安樂。從人性的觀點出發，管理者不應再把人（被管理者）視為生產工具，提高工作效率，提升生產質量而已，而是應令其發揮所長，創造生命奇蹟。

綜觀楊釗所提出的「旭日三招」，充分展現「法無定法」的智慧，他能因時、因地、因人而靈活運用，能分析與診斷在複雜情況下所產生的心智能力。我們從中體會到管理不只是營運問題，更是人性問題，管理如果只是與收益劃上等號，便淪落為資方的工具、手段而已，這種古典式的管理思想已無法符應現今時代所強調的「人性需求」的潮流。足見，楊釗的管理心法所引出的管理思維，值得吾人借鑑，如同本文前言所述，楊釗的「旭日三招」再配合他提出的「人無我有，人有我優，人優我轉」的企業「經營三步驟」，以及按「計劃、落實、檢討」的「管理三式技巧」等稱為「三三法則」的三個心法，是值得繼續開展研究，逐一予以探討，以供學界及企業界參酌。

《人間佛教研究》第十二期（2024）
Studies in Humanistic Buddhism, Issue 12(2024)，04-49

【徵引及參考文獻】

一、古籍（依著、譯者年代排序）

〔後漢〕安世高譯：《一切流攝守因經》，《大正藏》第1冊。

〔東晉〕僧伽提婆譯：《中阿含經》，《大正藏》第1冊。

〔東晉〕失譯人：《佛說箭喻經》，《大正藏》第1冊。

〔梁〕曼陀羅仙、僧伽婆羅譯：《大乘寶雲經》《大正藏》第16冊。

〔隋〕闍那崛多譯《佛本行集經》，《大正藏》第3冊。

〔唐〕般若譯：《大方廣佛華嚴經》，《大正藏》第16冊。

〔唐〕釋玄奘譯：《大般若波羅蜜多經（第1卷-第200卷）》《大正藏》第5冊。

〔唐〕釋玄奘譯：《大般若波羅蜜多經（第201卷-第400卷）》，《大正藏》第6冊。

〔宋〕釋延壽：《宗鏡錄》，《大正藏》第48冊。

〔宋〕朱熹：《四書章句集注》，臺北：臺灣大學出版中心，2016年。

〔元〕釋宗寶編：《六祖大師法寶壇經》，《大正藏》第48冊。

〔明〕圓極居頂編：《續傳燈錄》，《大正藏》第51冊。

二、近人論著（依作者姓氏筆劃排序）

（一）專書

Christopeer A. Bartlett & Sumantra Ghoshal著，薛迪安譯：《以人為本的企業》（The Individualized Corporation: A Fundamentally New Approach to Management），臺北，智庫文化出版公司，1997年。

〔美〕彼得‧杜拉克（Peter F. Drucker）著、上田惇生（Atsuo Udea）編、張玉
　　文、羅耀宗譯：《杜拉克精選：創新管理篇》，臺北：天下遠見出版有限公
　　司，2007年6月。

〔美〕彼得‧聖吉（Peter M. Senge）著、郭進隆、齊若蘭譯：《第五項修練：
　　學習型組織的藝術與實務》（全新增訂版），臺北：天下遠見出版公司，
　　2010年4月。

丁雪峰：《輕管理實操：讓管理做減法的4個關鍵》，北京：機械工業出版社，
　　2015年5月。

白建、何紀斌、王佳強、王忠勝編著：《管理的本質：企業管理的6個關鍵方法
　　論》，北京：機械工業出版社， 2016年10月。

吳玉山：《俄羅斯轉型1992-1999：一個政治經濟學的分析》，臺北：五南圖書
　　出版有限公司，2000年。

李震華：《簡化的力量》，上海：上海世紀出版有限公司，2012年9月。

唐君毅：《中西哲學與理想主義》，《唐君毅全集》第28卷，北京：九州出版
　　社，2016年3月。

孫科炎：《華為項目管理法》，北京： 機械工業出版社，2018年1月重印版。

張博棟：《請孔子當CEO：好領導必上的36堂課》，北京：中國人民大學出版
　　社，2016年7月。

陳鐳：《OKR目標與關鍵成果法──盛行於硅谷創新公司的目管理方法》，北
　　京：機械工業出版社，2017年6月 / 2018重印。

楊釗：《創業‧守業‧人生》第一集，廣州：廣東人民出版社，1994年1月2010
　　年1月重印。

楊釗：《創業‧守業‧人生》第二集（上下卷），廣州：廣東人民出版社，2006
　　年8月。

楊釗：《創業・守業・人生》第三集（上下卷），香港：商務印書館（香港）有限公司，2019年4月。

（二）學位論文

孫國青：《社會資本說的台灣產業印證：社會資本的形成、發展與維繫》，臺北：國立台灣大學國際企業學研究碩士論文，2000年6月。

陳莉芳：《全球面板廠之中小型面板的經營策略研究》，高雄：國立中山大學高階經營碩士學程在職專班碩士論文，2012年6月。

羅文鴻：《企業高層領導管理對設計創新績效之影響：以華碩、太平洋自行車與奇想創造為例》，臺中：朝陽科技大學工業設計系碩士論文，2013年7月。

（三）期刊論文及專書論文

石文山：〈佛教般若思想的心理治療意蘊〉，《心理學新探》2013年第33卷，頁200-204。

陳茂瑋、林建甫：〈亞洲金融危機成因之探討〉，《金融財務》第1期，1999年，頁69-87。

陳劍鍠：〈星雲大師的管理思想及佛光淨土的創建〉，收入程恭讓、釋妙凡主編：《2014星雲大師人間佛教理論實踐研究（上）》，高雄：佛光文化事業有限公司，2014年12月，頁234-277。

三、西文論著

Ahlvers, C. A.：An examination of time management perceptions of selected middle managers in salina, Kansas State University (Doctoral dissertation), 1990. Retrieved from ProQuest Dissertations and Theses Abstracts and Index.

Alexander Hafner & Armin Stock: "Time Management Training and Perceived Control of Time at Work", The Journal of Psychology, 2010, 144(5), 429-447.

Rob Goffee and Gareth Jones: The character of a corporation: How your company's culture can make or break your business. New York: Harper Business, 1998.

四、網路資料

「亞洲金融風暴」，網站：wikiwand，網址：https://www.wikiwand.com/zh-tw/亞洲金融風暴，檢索日期，2023年2月3日。

「新華網NEWS‧廣東話百科」，「執生」條，網址：http://big5.xinhuanet.com/gate/big5/m.xinhuanet.com/gd/2017-10/06/c_1121764896.htm，檢索日期：2023年1月20日。

維基百科，「懸置」條，網址：https://zh.wikipedia.org/zh-tw/%E6%82%AC%E7%BD%AE，檢索日期：2023年02月20日。

釋星雲：《佛光菜根譚②》，〈第116則〉，《星雲大師全集》，網址：http://books.masterhsingyun.org/ArticleDetail/artcle3454，檢索日期：2023年01月20日。

釋星雲：《佛法真義③》，〈沙彌十戒〉，《星雲大師全集》，網址：http://books.masterhsingyun.org/ArticleDetail/artcle9442，檢索日期：2023年1月20日。

釋星雲：《金剛經講話①》，〈第六 真實信心世間稀有分〉，《星雲大師全集》，網址：http://books.masterhsingyun.org/ArticleDetail/artcle266，檢索日期：2023年1月20日。

釋星雲：《人間佛教當代問題座談會③》，〈佛教對「應用管理」的看法〉，《星雲大師全集》，網址：http://books.masterhsingyun.org/ArticleDetail/artcle1796，檢索日期：2023年2月27日。

《人間佛教研究》第十二期（2024）
Studies in Humanistic Buddhism, Issue 12(2024)，04-49

The Management Mind Method of "Three Techniques of the Glorious Sun" by Lay Buddhist Yang Zhao.

CHEN, Chien Huang[*]

Abstract

Glorious Sun Group (GSG,旭日集團) was established by Mr. Yang Zhao with a mission of "Entrepreneurship, Preservation, and Life". As a devoted Buddhist and philanthropic entrepreneur, he strives to make positive contributions to society.

This paper primarily examines the "Three Techniques of the Glorious Sun" proposed by him, namely "Recognizing the Significance of Matters," "Adapting to Changing Circumstances," and "Achieving Objectives without Haste." These are his self-developed management techniques that incorporate numerous Buddhist ideas and concepts.

Yang Zhao believes that these three steps serve as the "gateway to wisdom," enabling individuals to analyze and solve problems while remaining adaptable in a constantly evolving world. Exceptional leaders must possess the ability to innovate

---

[*] **CHEN, Chien Huang,** Centre for the Study of Humanistic Buddhism, The Chinese University of Hong Kong.

management practices and implement them into a comprehensive theoretical framework, with the "Three Techniques of the Glorious Sun" serving as an essential component of Yang Zhao's management philosophy.

Keywords: Yang Zhao, Glorious Sun Group, Management, Lay Buddhist,Three Techniques of the Glorious Sun

《人間佛教研究》第十二期（2024）
Studies in Humanistic Buddhism, Issue 12(2024)，50-71

「人類中心主義」與「非人類中心主義」對生態環保的影響——以基督教、佛教為中心*

何方耀*

摘要

「人類中心主義」與「非人類中心主義」是處理人與自然關係的兩種觀念，一般認為基督教所蘊含的人與自然觀即「人類中心主義」，即人類與自然是主客關係，人類乃是自然萬物的主人和管理者，自然必須服從人類的利益；而佛教教理教義所蘊含的乃是「非人類中心主義」，即人類與自然乃是同體共生、平等不二的整體，人類並非自然的管理者更非自然萬物的主人。在現代環保運動興起之後，學界認為「人類中心主義」乃是人類掠奪自然的思想基礎，而佛教的「非人類中心主義」則在當代的環保運動中有著重要的正面意義。佛教的「非人類中心主義」大致包括緣起論、空性觀、眾生平等觀、依正不二觀、無情有性論、悲智雙運觀等主要內容。雖然學界的共識是「非人類中心論」較「人類中心論」更有利於生態環保，

---

* 本論文為 2016 年度中國國家社會科學基金一般項目《海上絲綢之路與嶺南佛教的傳播與發展》（批準號：16BZJ1830）的階段性研究成果；也是 2019 年中國國家社科基金重大項目《「一帶一路」佛教交流史》（批準號：19ZDA239）子課題《海上絲綢之路佛教交流與中華佛教主體性的發展》的階段性成果。
* 何方耀：華南農業大學宗教與文化交流研究中心主任。

但現實卻是「人類中心主我」在人類思想史上更為根深蒂固，在當今社會擁有更大的影響力。究其原因，大致有如下數端：「人類中心主義」順從了人的直觀感覺；人類知識智力的飛速發展強化了「人類中心主義」觀念；「人類中心主義」滿足了人類眼前利益從優選擇的習慣。就純粹的理論視角而言，基督教「人類中心主義」觀念更加直白易懂，容易為人接受實踐，佛教的「非人類中心主義」則需要更多理論推演，難以為社會大眾理解、奉行，這也從側面說明名相繁雜，義理高深的佛教在當下的弘傳中必須與時俱進，化繁為簡，才能讓當代高壓力、快節奏下的芸芸眾生容易親近佛法並幫助他們緩解乃至消除生活的煩憂和痛苦。

關鍵詞：人類中心主義、非人類中心主義、生態環保、依正不二

《人間佛教研究》第十二期（2024）
Studies in Humanistic Buddhism, Issue 12(2024)，50-71

一、前言

　　關於宗教與生態環保關係的討論在二十世紀下半葉便已開始，而關於佛教與生態關係的研討至少在二十世紀九〇年代初便在國際學術界如火如荼地開展起來，而在中國大陸，在1990年代末也形成了一次高潮。[1]所以，關於宗教或者佛教與生態環保問題的討論可以說已是老生常談，學術界已經進行多方位、多層次的研究，取得眾多的學術成果，出版眾多的學術專著，也在眾多刊物上發表為數眾多的學術論文。然而，綜觀已經發表的學術論著，論及佛教或基督教教理教義與生態環保關係的成果多，總結其對現代生態環保實踐操作層面的論著少，而分析、探討佛教或基督教生態環保思想對當下生態環保實踐產生作用的文章更少，至於分析其對當下生態環保危機帶來實際效用的論著更是少之又少，即使是同一篇文章，在論述理論層面的問題時洋洋灑灑，旁徵博引，論證豐富而翔實，而在分析實踐效果時則往往語焉不詳，一筆帶過。這正好說明關於宗教與生態環保問題的探討雖然成果眾多，但並非沒有進一步探討的餘地，在新冠疫情橫掃全球的今天，人與環境的關係更是有重新審視反省的必要，人類是否就是我們這個星球的主人，是否應該以人的尺度和眼光來衡量一切、審視一切進而予取予奪，消滅人類所厭惡的東西、保護人類所喜歡的東西？是否應對所有人類覺得有害的微生物或細菌、病毒趕盡殺絕？因此，在當前語境下如何將優秀的宗教生態倫理運用落實於當下生態環保實踐方面更是有巨大的探討空間。本文則嘗試從「人類中心主義」與「非人類中心主義」這兩個基督教和佛教差異最為顯著的觀念出發進一步討論其對生態環保的影響以及對當下環保實踐的作用。

---

[1]　參見釋惟善：《中國佛教環保理念——與實踐研究概述》，《法音》2011 年第 3 期（2011 年 3 月），頁 8-13。

二、「人類中心主義」與「非人類中心主義」問題的由來

對於當下方興未艾的生態環保運動，如果說要找一個比較確切的開端的話，那麼1972年羅馬俱樂部有關生態環境的第一份研究報告《增長的極限》的發表可以說是一個認可度較高的關鍵節點，[2]該報告書給當時正陶醉於高增長、高消費「黃金時代」的西方發達國家敲響了第一聲警鐘，使人們日益深刻地認識到，產業革命以來的經濟增長模式所宣導的「人類征服自然」以最大限度獲得並滿足人類所需的生產生活資料的理論，其後果使人與自然處於尖銳的矛盾之中，並不斷地受到自然的報復，這條傳統工業化的道路日益顯示其給人類生存帶來的深刻危機，從而掀起了世界性的環境保護熱潮。吸引了無數有識之士關注生態危機和環保問題，該書也因備受關注而被譯成各種文字一版再版。由此，在西方學術界開始了生態問題的研究，形成了較為系統的生態學（Ecology），在社會上也形成了環保運動（environment movement），環境保護（environment protection）也成為一個使用頻率極高的詞彙。可以說，當代生態環保運動是由以基督教為主體信仰的西方世界（即歐美發達國家）率先發起的。

生態環保意識的覺醒是人們對當代的生產生活方式反思和審視的結果，發現人類自近代工業文明以來，將自然視為人類予取予奪的征服物的思想觀念，以及為滿足人類的物質需求而不斷增加生產能力以利用、支配自然的生產方式造成巨大危害性，為了尋找支撐這種生產生活方式的思想源頭，學者們開始將目光轉向西方文化的核心基督教，認為基督教所宣導的「人類中心主義」是這種思想觀念和生產生活方式的最早源頭，可以說對「人類中心主義」尋根探源、分析批判，

2　參見〔美〕鄧尼斯・米都斯（Denis meadows）等著，李寶恒譯：《增長的極限》（長春：吉林人民出版社，1997 年出版）。

《人間佛教研究》第十二期（2024）
Studies in Humanistic Buddhism, Issue 12(2024)，50-71

是基督教世界的自我審視和反思的結果。

　　此後，為了探尋和發掘改善生態環境問題的思想資源，學界也開始研究其他傳統宗教相關的教理教義，特別是對佛教和基督教進行了對比研究，雖然在許多問題上分歧明顯，但在基督教所宣導的乃「人類中心主義」、佛教所宣導為「非人類中心主義」問題上，則基本上達成共識。[3]並認為「人類中心主義」的觀念必須得到矯正，必須將其他生物和物種放到同人類一樣重要的位置，從而使人類賴以生存的家園——地球的生態得以維持平衡和健康發展，而佛教所宣導的「非人類中心主義」也許正是「人類中心主義」及其所造成的危機的一劑有效的解藥。[4]這樣基督教的「人類中心主義」與佛教的「非人類中心主義」便正式進入學者們的研究視野，並從生態環保的角度對其進行了較為全面的對比研究。

三、基督教「人類中心主義」和佛教「非人類中心主義」概念的界定

　　學界對基督教「人類中心主義」的認識雖小有出入，但大體一致，認為「在亞伯拉罕一系的宗教（猶太教、基督教和伊斯蘭教）中，神在本質上優於人類，是其受造物的創造者。同樣地，唯一依據神的形象所造的人類，在本質上優於動物與其他受造物（而且這種優越性是不可改變的）。」[5]即在基督教的觀念裡，

---

[3]　參見瑪莉・塔克（Mary Evelyn Tucher），鄧肯・威廉斯（Duncan Ryuken Williams）編，林朝威、黃國清、謝美霜譯：《佛教與生態學——佛教的環境理論與環保實踐（Buddhism and Ecology：The Interconnection of Dharma and deeds）》（臺北：法鼓文化事業股份有限公司，2010 年出版）。

[4]　參見莉妲・葛維斯（Rin M.Gross）：〈佛教對於人口、消費與環境等議題所能提供的資源〉；史帝芬・洛克菲勒（Steven C.Rochefeller）：〈佛教、全球倫理與地球憲章〉；亞倫・史彭伯格（Alan Sponberg）：〈綠色佛教與慈悲的等級〉。三文均收入瑪莉・塔克（Mary Evelyn Tucher），鄧肯・威廉斯（Duncan Ryuken Williams）編，林朝威、黃國清、謝美霜譯：《佛教與生態學——佛教的環境理論與環保實踐（Buddhism and Ecology: The Interconnection of Dharma and deeds）》，頁 361-381；頁 383-406；頁 435-460。

[5]　亞倫・史彭伯格（Alan Sponberg）：〈綠色佛教與慈悲的等級〉，收入瑪莉・塔克（Mary Evelyn Tucher），鄧肯・威廉斯（Duncan Ryuken Williams）編，林朝威、黃國清、謝美霜譯：《佛教與生態學——佛教的環境理論與環保實踐（Buddhism and Ecology: The Interconnection of Dharma and deeds）》，頁 435-460。

人類及其所生存的世界（包括地球和整個宇宙）基本是呈金字塔形的，最頂尖為上帝（The God），其下為其所創造的世界，依次為人類、動物、植物、天地等無機世界，即除了神之外（神與其被造物之間實際存在不可跨越的鴻溝），人類處於生物世界最中心最頂端的位置，並且被上帝授命為管理者的角色。[6]因為人在所有生物中是唯一由神以自己的形象創造並且賦予靈魂的動物，[7]所以，人類無論在肉體（Flesh）還是在靈體（Soul）上都要高於任何物種。當然，人類對上帝所賦予之管理萬物的權力並非總是能正確運用，自從人類的始祖違背上帝的戒命偷吃智慧果之後，人類受內心貪欲的驅使，多次濫用管理權力，上帝也多次予以矯正甚至懲罰，最為極端的懲罰就是用大洪水毀滅整個人類，與僅存的諾亞一家重新立約。但無論人神之間的舊契約還是新契約（Covenant），其內容雖然有所變化，但只要人類遵守上帝的約，人類管理各種生物的權利就會一直存在，也就是說，人類在自然界是一個特殊的角色，是處於中心位置的管理者，所以，學者們將這種視人類為擁有支配管理萬物的權力、處於特殊位置的觀念稱之為「人類中心主義」。事實上，「人類中心主義」的觀念並非基督教所獨有，古希臘哲學「人是萬物的尺度」的觀念，中國儒家「人乃萬物之靈」的思想，乃至馬克思主義政治經濟學中將生產力定義為人類征服自然、改造自然以獲取生產生活資料的能力的概念都或多或少是「人類中心主義」的一種形態。

　　至於佛教的「非人類中心主義」也非佛教所獨有的話語概念，而是後世學者

---

[6]　聖經表述如下：神說：「我們要照著我們的形象，按著我們的樣式造人，使他們管理海裡的魚，空中的鳥，地上的牲畜，和全地，地上所爬行的一切昆蟲。」神就賜福給他們，又對他們說：「要生養眾多，遍滿地面，治理這地，也要管理海裡的魚、空中的鳥、和地上的各樣行動活物。」見和合本（The Chinese Union version,1919.）《聖經‧舊約‧創世紀》，1：27-31。另參見《聖經‧舊約‧創世紀‧第一章》，第 21-31 節，網址：https://www.expecthim.com/genesis-1.html。

[7]　《聖經‧舊約‧創世紀》記載：「耶和華神用地上的塵土造人，將生氣吹在他鼻孔裡，他就成了有靈的活人，名叫亞當。」見和合本《聖經‧舊約‧創世紀》，2：7。另參見《聖經‧舊約‧創世紀‧第二章》，第 7 節，網址：https://www.expecthim.com/genesis-1.html。即人類的「靈」來自上帝吹進他鼻孔的「生氣」。

《人間佛教研究》第十二期（2024）
Studies in Humanistic Buddhism, Issue 12(2024)，50-71

們的概括歸納。關於佛教「非人類中心主義」的主要內涵，不同的學者有不同的概括，但大致而言，包括如下幾個方面：

第一、緣起論。緣起（pratītya-samutpāda）是佛教哲學的基礎，其中心思想即宇宙間任何事物都是由各種自身瞬息萬變的不同因素組合而成的，沒有獨立不變的自體可尋，一切事物實際都是一種關係的組合，離開關係或者離開關係網中的任何一個要素，事物就將不復存在或演化為他種事物。佛典中將這中關係比喻為一束相互支撐而豎立的蘆葦，其中每一根都起著支撐作用，抽掉任何一根豎立的蘆葦束就會傾斜甚至倒塌，即「隨去一緣即一切不成」[8]。原始佛教將這種關係表述為「此有故彼有，此生故彼生。……此無故彼無，此滅故彼滅。」[9]即從整體上看，任何事物（包括整個生物體系）都處在彼此依存的關係網中，以對方的生滅變化為自己生滅變化的基礎，整個生物界也是如此，沒有什麼東西是中心和頂端，人類也只是巨大的關係網中的一環而已。

第二、無我論或空性觀。無我也就是空性，它是緣起論的進一步推演和歸納，無我（Anātman），即任何事物都是因緣和合的暫時組合，沒有獨立不變的自體，因此，從本質上講是無我和空的；空（Śūnya），即虛幻不實，指一切事物都是因緣聚合，剎那生滅，沒有獨立不變的實體。大乘佛教不僅主張「人（Pudgala）無我」，也主張「法（Dharma）無我」，即萬事萬物，包括佛法本身也是因緣和合之體，當體即空，佛典所謂「眾因緣生法，我說即是無，亦為是假名，亦是中道義。未曾有一法，不從因緣生，是故一切法，無不是空者。」[10]被稱為萬物之靈的人類也是由「五蘊」假合而成，沒有永恆不變的自體，與其他生物沒有根本區別。

---

[8] 〔唐〕釋法藏述：《華嚴一乘教義分齊章》第 4 卷，大正藏第 45 冊，頁 502。
[9] 〔劉宋〕求那跋陀羅譯：《雜阿含經》第 10 卷，大正藏第 2 冊，頁 66c。
[10] 龍樹菩薩造，梵志青目釋，〔姚秦〕鳩摩羅什譯：《中論·觀四諦品》，大正藏第 30 冊，頁 33b。

　　第三、眾生平等觀。基於緣起和空性的觀念，一切生命體都是五蘊和合而成的臨時組合體，並沒有獨立不變的自體，就其緣起性空的一面看是平等不二的；其次，佛教主張生命體有六種形態，就生命體構成和所處位置來看，分為三善道（天、人、阿修羅）和三惡道（畜牲、餓鬼、地獄）；就修持佛法、覺悟成佛的條件和機遇而言，生而為人道具有最大的優勢，故云「佛法難聞，人身難得」。所以從表面上看，六道眾生是有等差的，並非平等的，但六道眾生不是固定不變的，是可以相互升降轉化（輪迴）和互換滲透的，即每種生命體都有可能生於六道中的任何一道，包括生於人道，通過修行而覺悟成佛。[11]因此，就生命轉換的機遇和成佛的可能性上講也是平等不二的，人類並沒有特別之處。

　　第四、依正不二觀。「依正不二」中的「依正」是指眾生的「依報」和「正報」兩種果報。[12]「依報」是眾生身心所依止的一切環境和條件，如天空氣象、山川大地、江河湖海、房屋、衣食、物種族群等自然和社會環境，都屬於眾生共同業力所感的果報；「正報」指眾生的身心，由眾生過去所造（不共）業力而感得的果報正體。眾生的內在身心（正報）與外在環境（依報）雖然屬於兩種不同類別的果報，但二者卻不可截然分離，而是「二而不二」的關係，即所謂「依正不二」。[13]用現代語言表述，即是生命個體與其生存環境密切相關、同一體性。這是佛家處理主觀世界與客觀世界關係、人與自然關係的基本立場。[14]意即人類

[11] 亞倫·史彭伯格：（Alan Sponberg）〈綠色佛教與慈悲的等級〉，收入瑪莉·塔克（Mary Evelyn Tucher），鄧肯·威廉斯（Duncan Ryuken Williams）編，林朝威、黃國清、謝美霜譯：《佛教與生態學——佛教的環境理論與環保實踐（Buddhism and Ecology: The Interconnection of Dharma and deeds）》，頁 435-460。

[12] 即《宗鏡錄》所謂「依正不二門者，已證遮那，一體不二。良由無始，一念三千，以三千中，生陰二千為正，國土一千屬依。依正既居一心，一心豈分能、所，雖無能、所，依正宛然。」載〔宋〕釋延壽集：《宗鏡錄》，大正藏第 48 冊，頁 496。

[13] 關於「依正不二」與「無情有性」的理論論述，可參見龔曉康：〈「無情有性」與「眾生平等」——佛教與當代生態倫理學的比較研究〉，《自然辯證法研究》，2003 年第 8 期（2003 年 8 月），頁 76-78。

[14] 佛日：〈佛法依正不二論的現代意義〉，《法音》1995 年第 2 期（1995 年 2 月），頁 4-9。

《人間佛教研究》第十二期（2024）
Studies in Humanistic Buddhism, Issue 12(2024)，50-71

主體和其生存於其中的自然和社會環境，包括其他生物都是人類自身的（共同）業力的顯現，隨著業力的變化而變化，人類與其他眾生都受業力的支配，一體不二，沒有主客的區別。

第五、無情有性論。中國的大乘佛教不僅主張眾生平等，眾生皆有佛性，同時還提出「無情有性」論，即沒有情感的植物和無機物也具有佛性。從理論上講，「無情有性」是「依正不二」觀的邏輯延伸和理論演繹，既然主體（正報）與客體（依報）是一體不二的，作為主體的人類，人人都具佛性，作為客體的自然界所有事物也必然具有佛性，即荊溪湛然（711~782）所謂「真佛體在一切法」，「我及眾生皆有此性故名佛性，其性遍造、遍變、遍攝。世人不了大教之體，唯云無情，不云有性，是故須云無情有性。」[15]大乘將萬法皆視為佛法的體現，故佛性具有普遍性，統攝（遍造、遍變、遍攝）萬物，因此「無情有性」，即沒有感性生命的植物和山河大都都有佛性。就此而論，不僅生物，所有植物甚至無機物都與人類（在佛性上）平等。[16]

第六、悲智雙運觀。慈悲與智慧是佛教各宗所共同認同並堅持之修持理論和方法，被譽為車之兩輪、鳥之雙翼，欲離苦得樂，趣向涅槃，缺一不可。就佛法的概念而言，予眾生樂謂之慈，拔眾生苦謂之悲。即給予別人歡樂，解除別人痛苦。佛教之所以強調慈悲是修行進道的必由之路，是因為慈悲是破除無明我執的最有效的方法，修行者只有在幫助別人的過程中才能放下以自我利益為中心的執著和貪欲，從而明白緣起性空的真相。所以，宣導「無緣大慈，同體大悲」，體悟到所有生命與我們人類都是一體的，興衰與共，對任何生命形式都必須平等相

---

15 〔唐〕釋湛然述：《金剛錍》，《大正藏》第 46 冊，頁 784c。

16 關於「無情有性」的環保意義，可參見路易士・藍卡斯特（Lews Lancaster）《佛教與生態：集體文化與知覺》，收入瑪莉・塔克（Mary Evelyn Tucher），鄧肯・威廉斯（Duncan Ryuken Williams）編，林朝威、黃國清、謝美霜譯：《佛教與生態學——佛教的環境理論與環保實踐（Buddhism and Ecology: The Interconnection of Dharmaand deeds）》，頁 44-58。

待，拔苦予樂。[17]

　　總體而言，在整個生命網絡中，佛教並沒有將人類放在特殊或中心的位置，在生命的價值上，佛教雖然強調「人生難得」，那也只是就佛法的修持而言，生而為人在聞道修持上更具優勢而已，並不是人類在生命價值上高於其他生命形態，而且，緣起性空和依正不二的理論更是強調生命與環境實際是一個有機的不可分割的整體，人類在整個生命網絡中僅僅是其中的一環而已，任何一環出現問題都將影響包括人類自身在內的整個生態系統正常發展。

四、「人類中心主義」的影響力

　　從上面的分析而言，似乎佛教的「非人類中心主義」更合乎現代生態環保的理念，更應將其作為一種寶貴的思想資源加以開發利用。國內外學者已經對此進行了廣泛深入的研究，[18]並達成了初步的共識，本著略人所詳，詳人所略的原則，本文不再對此加以論述，而是要對這兩觀念對生態環保的影響力或者說對人類在處理環境問題的實際作用略加討論。

　　誠然，基督教的基本教義宣導的是「人類中心主義」，正如前文所述，但「人類中心主義」並非基督教所獨有，亦非基督教所首創。眾所周知，基督教本

---

[17] 參見莉姐‧葛維斯（Rin M Gross）《佛教對於人口、消費與環境等議題所能提供的資料》；亞倫‧史彭伯格（Alan Sponberg）《綠色佛教與慈悲的等級》，二文收入瑪莉‧塔克（Mary Evelyn Tucher），鄧肯‧威廉斯（Duncan Ryuken Williams）編，林朝威、黃國清、謝美霜譯：《佛教與生態學——佛教的環境理論與環保實踐（Buddhism and Ecology: The Interconnection of Dharma and deeds）》，頁366-367和頁435-460；魏德東〈佛教的生態觀〉，《中國社會科學》1999年第5期（1999年9月），頁105-117、頁206。

[18] 參見陳紅兵：《佛教生態哲學研究》，收入覺醒、賴永海主編：《覺群佛學博士文庫》（北京：宗教文化出版社，2011年；瑪莉‧塔克（Mary Evelyn Tucher），鄧肯‧威廉斯（Duncan Ryuken Williams）編，林朝威、黃國清、謝美霜等譯：《佛教與生態學——佛教的環境理論與環保實踐（Buddhism and Ecology: The Interconnection of Dharma and deeds）》。

《人間佛教研究》第十二期（2024）
Studies in Humanistic Buddhism, Issue 12(2024)，50-71

身有兩個重要的文化來源：一個為希伯萊文化，一個乃希臘文化。即通常所說的「兩希文化」，兩希臘文化宣導的也是人類中心主義，希臘人「人是萬物的尺度」，就表明衡量一切的標準應該以人類的利益和標準為轉移。後來，十五~十六世紀以反基督教神本主義面目出現的「文藝復興」運動和十八世紀高楊理性旗幟的「啟蒙運動」，其實所弘揚的也是「人類中心主義」。「文藝復興」宣導的「人文主義」就是要擺脫神的控制，恢復人的尊嚴，理性主義則是反對神性標準，以人的理性作為審判一切的標準，可以說是「人是萬物的尺度」的升級版，推崇的也是人類中心主義。

在許多西方學者眼中，東方文化宣導的是人類與自然的協調相處，西方文化推崇的是與自然的分離。[19]其實，古代中國的儒家文化基本也持人類中心主義的立場，雖然儒家推崇「天人合一」，強調人類不能對自然進行過度的掠奪，[20]但仍然視人類為萬物的主體，所謂人乃萬物之靈，人雖不能違背天道，但也要控制自然天道以為人類所用，荀子所謂「大天而思之，孰與物畜而制之，從天而頌之，孰與制天命而用之。」[21]儒家主張協調人與自然的關係，愛護自然環境也是為了人類能擁有更好的生存條件，所以，天地之間人才是最為寶貴的，也是一種形式的人類中心觀念。

在人類漫長的歷史歲月中，這種人類中心主義並未顯現出它巨大的危害性，只是到了近代，隨著人類生產力水準的提高，特別是當代科學技術的突飛猛進，

---

[19] 參見懷特（Lynn White.Jr.），"The Historical Roots of Our Ecologic Crisis（生態危機的歷史根源）"，Science 155（1967），pp.1203-1207. 重印於 Machina Ex Deo:Essays on the Dynamism of Western Culture(Cambrighe, Mass.: MIT Press,1968),dmu 75-94.

[20] 如孟子主張「數罟不入洿池，魚鱉不可勝食也；斧斤以時入山林，材木不可勝用也。」見《孟子‧梁惠王章句》，載楊伯峻：《孟子譯注》（北京：中華書局，2006年），頁5。

[21] 〔清〕王先謙撰，沈嘯寰、王星賢點校：《荀子集解》（北京：中華書局，1988年），頁715。

人類擁有了前所未有的支配自然和改造自然的能力，高生產、高消費的生產模式對自然環境帶來了前所未有的破壞，人類面臨日益惡化的生存環境，這種「人類中心主義」的思想觀念才受到反思和批判。然而，儘管羅馬俱樂部1972年發表的調研報告《增長的極限》振聾發聵，引人注目，並一再修訂再版；儘管國際環保組織（如綠色和平組織）四處活動，奔走呼號；儘管學者們對「人類中心主義」反思批判，對「非人類中心主義」推崇備至，呼籲人類放棄對自然資源的掠奪式開發。然而，幾十年過去了，似乎收效甚微。「人類中心主義」依然故我，生態環境問題持續惡化，可見「人類中心主義」的思想觀念根深蒂固，影響廣泛，擁有其頑強的生命力和廣泛的群眾基礎，而「非人類中心主義」則曲高和寡，應者寥寥。其原因究竟何在？

五、「人類中心主義」強大影響力的原因分析

正如上文所述，「人類中心主義」並非基督教所獨有，在各種不同的文化中都有它的身影和各種變種，但基督教信仰及其文化無疑是當今世界最有影響力的思想文化，就其25億的信仰人數（包括Christianity的所有宗派）而言沒有哪個宗教可與之比擬。[22]因此，探討其宣導的「人類中心主義」之所以具有強大影響力的原因，對改變人類的觀念習俗，改善人類的生態觀念，特別是行為習慣有著特別重大的意義。

「人類中心主義」有著悠久的歷史，也有著廣泛影響，即使到了當代人類不斷反思其侷限性和危害時，它仍然有著廣泛的影響和頑強的生命力，許多人、包

---

[22] 據 2018 年的最新統計，2018 年世界總人口約 75 億，全球基督宗教（Christianity）的信仰者約 25 億，占世界人口的三分之一。穆斯林約 18 億；佛教約 5.6 億，印度都約 10 億。（哥頓康威爾神學院 Todd M.Johnson、Gina A.Zurlo、Albert W.Hickman 及 Peter F.Crossing 製作，網站名稱：2018 全球基督教狀況（Status of Global Christianity 2018，網址：www.worldmeters.info/world-population/#region，檢索日期：2019 年 3 月 14 日。）

《人間佛教研究》第十二期（2024）
Studies in Humanistic Buddhism, Issue 12(2024)，*50-71*

括許多團體和集團雖然在理性上也認可「人類中心主義」的侷限和危害，但在實際行動中奉行的仍然是「人類中心主義」或者其變種的國家中心主義或集團中心主義。之所以如此，在作者看來主要有如下四個方面的原因。

（一）「人類中心主義」順從了人的直觀感覺

首先，「人類中心主義」從空間方位感上符合人類的直觀感覺。每一種有觀感能力的動物都是從自己所處的空間位置由近及遠地觀察其周圍的世界的，在其眼中自己便自然成了所能觀察到的世界的中心。人類自從有了主客意識之後，便不斷地觀察自己周圍的世界，包括山河大地、日月星辰，周圍的動物植物，自己便將自己定位為世界的中心。古代中國人認為自己是世界的中心，四周都是蠻夷戎狄所生存的蠻荒之地，形成中央加四裔的文化地理方位觀；古希臘人也認為自己為文明世界，周圍都是「蠻族（Barbarian）」世界；同樣，羅馬人也認為自己是文明的中心，周邊乃蠻族所居之地，這些地方的價值就是等著羅馬人去征服；古代印度人也認為自己是世界的中心，所謂的五印度有一個中印度，被稱為「中國（Madhyadeśa）」，被視為世界的中心，周邊乃被稱之為「邊地」的偏遠之地。[23]

其次，從價值觀上符合人類的生存需要。人類要生存就要從周圍環境中獲得自己所需的生活資料，自然就將周圍的山川河流、動物植物等生態環境視為自己

---

[23] 「中國」一詞，在求法僧所撰之文獻中有時指中印度，有時指整個印度。古代印度人將五印之中央部分稱為 Madhyadeśa，即「中國」之意。中國僧人有時沿習印度人這一用法，以「中國」指中印度，有時又以「中國」指整個印度。參見王邦維：〈「洛州無影」：〈南海寄歸內法傳〉中一條記載的最新考察〉，日本京都：紀念京都大學人文科學研究所建所 75 周年「中國宗教文獻研究國際學術研討會」，2004 年 11 月 18 至 21 日，頁 29-35），此文後經作者修改後，更名為王邦雄：〈再說「洛州無影」〉，收入榮新江主編：《唐研究》第 10 卷（北京：北京大學出版社，2004 年出版），頁 377-382；另參見 B.C.Law," Historical Geography of Ancient India"，Delhi:Ess Ess Publications,1976, pp.11-15.

索取生活資料的客體，人類是主體，作為環境的客體，其主要價值就是提供人類生存所必須的物質資料，是人類需要控制、利用的物件。

因此，根據人類的生活經驗，從空間感和價值觀上「人類中心主義」符合人類最初級的認知和判斷。

（二）人類知識智力的飛速發展強化了「人類中心主義」觀念

人類作為一種在身體構造上並不具有優勢的物種，沒有猛獸那樣的尖牙利爪，沒有鳥類一般的飛行羽翼，沒有魚類一樣的游水技能，卻能夠在與萬物的競爭的過程中脫穎而出，能夠控制、利用所有動植物和自然資源，登上生物食物鏈的頂端，一直是一個讓人類迷惑不已也驕傲不已的現象，在所有物種中人類獨具優勢，人乃萬物之靈，遂成最為普遍的認識，而「人類中心主義」與這種認識不謀而合，故特別容易被接受、認同。

（三）近代生產力飛速提高與「人類中心主義」相互促進

到了近代，在「文藝復興」和「啟蒙運動」的浪潮中，基督教的神本思想，神性觀念被衝擊甚至顛覆，這兩場對後世產生革命性影響的思想文化運動中所高揚的「人文主義」和「理性主義」，也是一種「人類中心主義」，只不過是一種世俗性的「人類中心主義」，人與自然環境乃主客關係，自然是人類征服的客觀環境，人類征服自然的能力就是生產力。隨著人類技術的進步，由工業革命帶來的生產力水準的飛躍式提高，人類與其他物種的距離進一步拉大，乃至成為能夠決定其他物種生存或毀滅的超強力量，人類乃是地球主人的觀念更是變得牢不可破，征服自然、改造自然，提高人類的生產能力和生活水準成了人類各個集團、

《人間佛教研究》第十二期（2024）
Studies in Humanistic Buddhism, Issue 12(2024)，50-71

各個國家正當合理的追求目標，「人類中心主義」與以科學技術為主的生產力互為依託，相互促進，直到人們遭到自然的報復，生態環境被嚴重破壞以至影響人類的繼續發展和生存，才開始反思這各種主客二分的人類中心觀念。

（四）「人類中心主義」滿足了人類眼前利益從優選擇的習慣

趨利避害是人類與其他物種所共同具有的生存本能或普遍規律。而「人類中心主義」則將人類的利益放在了最重要、最中心位置，其他物種乃至整個生態環境都只是為滿足人類利益而存在的客體，它們的生存狀態、生死存亡在人類利益面前微不足道，這樣的觀念為人類對自然的予取予奪活動提供了最為方便理論依據。即使到了現代，人類的部分精英認識到「人類中心主義」所帶來的危害，認識到這種主客二分法、視自然為征服對象的觀念對人類可持續發展以及人類長遠利益的巨大威脅，但利益往往會戰勝理智。通常情況下在長遠利益和眼前利益、整體利益和局部利益發生衝突的時候人們往往會選擇眼前利益和局部利益，特別是當這種利益涉及到集團和國家的利益時，眼前利益和局部利益往往得到從優選擇。這也就是為什麼生態環保運動推進了半個多世紀，理論研討也取得了基本共識，「人類中心主義」仍然是人類社會的基本生活為指南，生態環保仍然舉步維艱的原因所在。

六、餘論

學界從生態環保的角度對基督教和佛教進行比較研究已進行了三十多年，對兩者的異同之處進行了較為全面的梳理，其中，「人類中心主義」和「非人類中心義」這兩個對比強烈的觀念特別引起學者們的注意，對兩個概念進行的對比

研究其成果也非常豐富，「非人類中心主義」更合乎現代生態環保的立場似乎已成為學界的共識。就純粹的理論視角而言，基督教「人類中心主義」觀念更加直白易懂，只要承認上帝創世的概念，人類乃自然萬物的管理者和中心地位的結論便曉然明白，無須太多的理論分析和邏輯推演；而佛教的「非人類中心主義」則需要從緣起的宇宙觀、空性的本質觀、「依正不二」的本體論、眾生平等的生命價值論以及慈智雙運的修行觀來理解這一複雜的理論體系，如果說「人類中心主義」只需要感覺、知覺、表象等初級的思維形式就可以理解接受的話，「非人類中心主義」則需要概念、判斷、推理等複雜的邏輯推理和深入的理論建構才能理解把握。從學理上看佛教的「非人類中心主義」更具哲學深度和理論價值，然而，現實的事實卻是「人類中心主義」具有更為廣大的受眾，更為廣泛的影響力，更容易為成為人們實際行動的指南，即使是認識到了其侷限性和危害性也依然如故，充分說明理論正確在現實利益面前的蒼白無力，生態環保從理論正確到行動到位還有著漫長艱難旅途等待人們去跋涉。這也從側面說明佛教這一套更為博大精深的理論體系雖然對有理論和學理探索精神的人而言具有較大的吸引力，但對普羅大眾而言卻常常成為深入法海的障礙，佛教的弘法利生活動必須與時俱進，化繁為簡，像星雲大師那樣將佛教龐雜難入的修持體系深入淺出地表述為「三好四給」這樣便於記憶、操作、宣講的事數，才能將佛法的「甘露」遍灑人間，讓當代高壓力、高節奏下的芸芸眾生容易親近佛法並在般若智慧的觀照下緩解乃至消除生活的煩憂和痛苦。

《人間佛教研究》第十二期（2024）
Studies in Humanistic Buddhism, Issue 12(2024)，50-71

【徵引及參考文獻】

一、古籍

〔姚秦〕鳩摩羅什譯，龍樹菩薩造，梵志青目釋：《中論》，《大正藏》第30
　　冊。

〔劉宋〕求那跋陀羅譯：《雜阿含經》，《大正藏》第2冊。

〔唐〕釋法藏述：《華嚴一乘教義分齊章》，《大正藏》第45冊。

〔唐〕釋湛然述：《金剛錍》，《大正藏》第46冊。

〔唐〕釋義淨著，王邦維校注：《南海寄歸內法傳》，北京：中華書局，1995
　　年。

〔宋〕釋延壽集：《宗鏡錄》，《大正藏》第48冊。

〔清〕王先謙撰，沈嘯寰、王星賢點校：《荀子集解》，北京：中華書局，1988
　　年。

二、近人論著

（一）專書

《聖經‧舊約全書和合本》（The Chinese Union Version）。

〔美〕鄧尼斯‧米都斯（Denis meadows）等著，李寶恒譯：《增長的極限》，
　　吉林人民出版社，1997年。

陳紅兵：《佛教生態哲學研究》，收入覺醒、賴永海主編：《覺群佛學博士文
　　庫》，北京：宗教文化出版社，2011年。

楊伯峻：《孟子譯注》，北京：中華書局，2006年。

瑪莉・塔克（Mary Evelyn Tucher），鄧肯・威廉斯（Duncan Ryuken Williams）編，林朝威、黃國清、謝美霜譯：《佛教與生態學——佛教的環境理論與環保實踐（Buddhism and Ecology: The Interconnection of Dharma and deeds）》，臺北：法鼓文化事業股份有限公司，2010年。

榮新江主編：《唐研究》第10卷，北京：北京大學出版社，2004年。

（二）期刊及會議論文

王邦維：〈「洛州無影」：〈南海寄歸內法傳〉中一條記載的最新考察〉，日本京都：紀念京都大學人文科學研究所建所75周年「中國宗教文獻研究國際學術研討會」，2004年11月18至21日，頁29-35。

佛日：〈佛法依正不二論的現代意義〉，《法音》1995年第2期，1995年2月，頁4-9。

魏德東〈佛教的生態觀〉，《中國社會科學》1999年第5期，1999年9月，頁105-117、頁206。

釋惟善：〈中國佛教環保理念——與實踐研究概述〉，《法音》2011年第3期，2011年3月，頁8-13。

龔曉康：〈「無情有性」與「眾生平等」——佛教與當代生態倫理學的比較研究〉，《自然辯證法研究》，2003年第8期，2003年8月，頁76-78。

三、西文論著

B.C.Law, "Historical Geography of Ancient India"，Delhi:Ess Ess Publications, 1976, pp.11-15。

Machina Ex Deo, "Essays on the Dynamism of Western Culture. Cambrighe"，

Mass.: MIT Press, 1968, dmu 75-94。

四、網路資料

哥頓康威爾神學院 Todd M.Johnson、Gina A.Zurlo、Albert W.Hickman及 Peter F.Crossing製作，網站名稱：2018全球基督教狀況（Status of Global Christianity 2018），網址：www.worldmeters.info/world-population/#region，檢索日期：2019年3月14日。

「人類中心主義」與「非人類中心主義」對生態環保的影響 ——以基督教、佛教為中心

《人間佛教研究》第十二期（2024）
Studies in Humanistic Buddhism, Issue 12(2024)，50-71

On the Influence of Anthropocentrism and nonanthropocentrism upon environmental protection

He Fang yao[*]

Abstract

Anthropocentrism and Nonanthropocentrism are two concept dealing with relationship of man and nature. Generally speaking, Christianity prefer to anthropocentrism witch regard the relationship of man and nature as subject and object, that means man is the manager and master of nature and nature must subject to man; while, Buddhism prefer to nonanthropocentrism witch regard man and nature as coexistence and an equal totality and mankind is not the manager and master of nature. Buddhist nonanthropocentrism include following viewpoints: conditioned genesis, emptiness, all creature be equal, Yizhengbuer (Regarded man and environment as a whole), the Buddha-nature and sadness mentally two-way. After the rising of modern environmental movement, most people in academic circle agree that anthropocentrism is

---

[*] **He Fang yao,** Research Center of Religious and Cultural Exchange, South China Agricultural University.

harmful to and the nonanthropocentrism is good for environmental movement, but in fact, anthropocentrism rooted deeply in the history of human's thought and has more powerful influence in modern society today. Of the reason that anthropocentrism being more powerful influence include: been more in line with the intuitive feeling; been enforced by the raped development of human's intelligence; satisfy the habit of immediate interests first. Theoretical perspectively, the Christain anthropocentrism is easier to understand and be accepted to carry out than nonanthropocentrism of Buddhism which needs more theoretical deduction and is not easy to be accepted to carry out. All these means that Buddhism with complicated names and appearances and profound theory must be simplified and keep pace with the times in the process of preaching in nowadays society, otherwise Buddhism can't help the people under the high pressure and fast pace in the modern society to relieve and eliminate the suffer and annoyance in their life.

Keywords: Anthropocentrism, Nonanthropocentrism, Environment protection, Yizhengbuer (Regarded man and environment as a whole)

《人間佛教研究》第十二期（2024）
Studies in Humanistic Buddhism, Issue 12(2024)，72-99

構建企業家精神：
探索宗教的影響機制

朱曉武[*]

摘要

　　企業家精神是當今企業管理研究的熱點問題，宗教信仰如何影響企業家精神的機制尚不清楚。本文以福耀玻璃創始人曹德旺先生為案例，基於現有的企業家精神理論，通過對曹德旺早年經歷分析，引入佛教哲學的相關理論，對現有的企業家精神理論進行重構，提出企業家精神理論模型。企業家精神是價值觀、願望和信心的心理秩序，早年經歷對企業家樹立正確的價值觀很重要。宗教（如佛教）引導人向自心求解，積極面對世事。在面對挫折和選擇時，宗教有助於引導企業家從「無我」進入心流狀態，重建心理秩序。本研究把宗教信仰納入到企業家精神的研究之中，構建企業家精神影響決策的路徑，闡明宗教對企業家精神的影響機制，為人間佛教與企業管理融合奠定理論基礎。未來可以通過對更多企業家的案例研究，進一步檢驗和修正。

關鍵詞：企業家精神、早年經歷、宗教、佛教

---

[*]　朱曉武：中國政法大學商學院教授。

一、引言

　　企業家精神是當今企業管理研究的熱點，但宗教信仰如何影響企業家精神的機制尚不清楚。隨著財富的增長，越來越多的企業家不僅關注企業績效，具有宗教信仰的企業家積極捐贈公益慈善事業，成為一種新的社會現象，例如美國石油大王洛克菲勒（John Davison Rockefeller，1839~1937）、日本企業家稻盛和夫（1932~）、順豐快遞創始人王衛（1970~）、福耀玻璃創始人曹德旺（1946~）等。為何企業家一方面熱衷於「賺錢」，另一方面卻積極「捐錢」？支持企業家捐贈行為的宗教信仰與企業家精神之間是否有關？大多數研究關注企業家早年經歷對企業家精神的影響，發現企業家早年經歷與成年後的決策行為之間有著緊密關係，例如早期經歷對其管理公司的資本結構、合併決策、企業股票波動率等多方面的有著顯著影響[1]，由早期經歷形成的企業家管理風格在很大程度上可以解釋公司資本結構、投資、薪酬和披露政策的變化[2]。但較少研究關注宗教信仰對企業家行為的影響。

　　本文基於現有的企業家精神理論，探索早年經歷、宗教信仰與企業家精神的關係，通過對企業家早年經歷分析，引入佛教哲學的相關理論，對現有的企業家精神理論進行重構。以福耀玻璃的創始人曹德旺先生（1946~）為案例，深度分析企業家「賺錢」與「捐錢」的內在邏輯，探索企業家精神驅動決策行為的機制。

[1]　Schoar, A, Zuo, L. "Shaped by booms and busts: How the economy impacts CEO careers and management styles," *The Review of Financial Studies 30*/4(2017), pp.1425-1456.

[2]　Graham, J R, Harvey, C R, Puri, M., "Managerial attitudes and corporate actions," *Journal of Financial Economics109*/1(2013), pp. 103-121.

二、企業家精神的文獻回顧

2017年9月25日中共中央、國務院印發〈關於營造企業家健康成長環境弘揚優秀企業家精神更好發揮企業家作用的意見〉（以下簡稱〈意見〉），「營造依法保護企業家合法權益的法治環境、促進企業家公平競爭誠信經營的市場環境、尊重和激勵企業家幹事創業的社會氛圍，引導企業家愛國敬業、遵紀守法、創業創新、服務社會，調動廣大企業家積極性、主動性、創造性，發揮企業家作用」。[3]〈意見〉引起社會各界的廣泛關注，具有重大的歷史和現實意義。管理學大師彼得‧德魯克（Peter Ferdinand Drucker，1909~2005）指出：隨著從「管理型經濟」轉變為「創業型經濟」，企業唯有重視創新與企業家精神,才能再創輝煌[4]。企業家精神有其共性和相對穩定的內涵，如創新發展、敢於擔當、誠信守約、履行責任、艱苦奮鬥、樂觀、自信、創新、不斷挑戰、敢於冒險……，這些積極的形容詞都是對企業家精神的高度凝練。但是這些概念化的形容詞，並不足以支撐企業家構建明確的企業家精神，應該辯證地看待企業家精神，在積極與消極、樂觀與悲觀、創新和盲動等諸多對立的行為之間尋求平衡，研究者和實踐者不應當過分關注特質本身，而應將注意力轉移至其對創業行為和過程的影響邏輯。[5]此外，探索企業家精神與組織績效的關係成為學術界關注的另外一個重點，例如社會資本和公司企業家精神與績效的關係，[6]企業家精神與經濟增長的

---

3 中共中央、國務院：〈關於營造企業家健康成長環境弘揚優秀企業家精神更好發揮企業家作用的意見〉，網站名稱：中國政府網，網址：http://www.gov.cn/zhengce/2017-09/25/content_5227473.htm，發布日期：2017 年 9 月 25 日。

4 〔美〕彼得‧德魯克（Peter Ferdinand Drucke）：《創新和企業家精神》（北京：企業管理出版社，1989 年）。

5 劉依冉、張玉利：〈企業家精神辯證觀〉，《企業管理》2015 年第 3 期（2015 年 3 月），頁 44-46。

6 蔣春燕、趙曙明：〈社會資本和公司企業家精神與績效的關係：組織學習的中介作用——江蘇與廣東新興企業的實證研究〉，《管理世界》2006 年第 10 期（2006 年 10 月），頁 90-99、171-172。

關係，[7]企業家精神與新產品創新績效的關係。[8]這些研究大多是驗證企業家精神的積極正向作用，但很少有研究直接對企業家精神本身的理論構建展開研究。

國外部分研究開始探索企業家精神的形成過程，這對於「弘揚優秀企業家精神」有重要的意義。CEO早年生活中的災難和企業風險決策之間存在U型關係，與那些沒有經歷過致命災難的CEO相比，中等（極端）程度的致命災難經歷的CEO會持有更少（更多）的現金，宣布更多（更少）的併購，更不願意（更願意）以股權形式收購，更願意（更不願意）宣布不相關收購；與過度的冒險行為相一致，具有中度致命災難經驗的首席執行官的收購會帶來更糟糕的回報。與沒有災難經驗的CEO相比，中等的災難首席執行官管理的公司也表現出更高的波動性，而具有極端災難經驗的CEO們則再次顯示出相反的模式。[9]固然這些早期的經歷對企業家的決策行為產生影響，但對這些現象沒有一致的理論解釋。Henrich等通過對市場、宗教、社群規模以及公平和懲罰的演化進行大規模調查研究，發現宗教信仰對個人的行為也會產生重要的影響，影響個人的公平演化。[10]企業家在獲得財富的同時，通過公益捐贈，促進社會公平。石油大王洛克菲勒在有生之年捐贈了近20億美元，範圍覆蓋了哈佛大學、洛克菲勒大學、紐約現代藝術博物館等。洛克菲勒是一位虔誠的基督教浸禮會信徒，他的生活完全是按照《聖經》教導去做的，「不是要受人服侍，乃是要服侍人」，賺錢是上帝賦予他

7　李杏：〈企業家精神對中國經濟增長的作用研究——基於 SYS-GMM 的實證研究〉，《科研管理》2011 年第 1 期（2011 年 1 月），頁 97-104。

8　俞仁智、何潔芳、劉志迎：〈基於組織層面的公司企業家精神與新產品創新績效——環境不確定性的調節效應〉，《管理評論》2015 年第 9 期（2015 年 9 月），頁 85-94。

9　Bernile, G, Bhagwat, V, Rau, P R., "What Doesn't Kill You Will Only Make You More Risk Loving: Early Life Disasters and CEO Behavior," *The Journal of Finance 72*/1(2017), pp. 167-206.

10　Henrich, J, Ensminger, J, Mcelreath, R, Barr, A, Barrett, C, Bolyanatz, A, Cardenas, J C, Gurven, M, Gwako, E, Henrich, N., "Markets, Religion, Community Size, and the Evolution of Fairness and Punishment," *Science* 327/5972(2010),pp. 1480-1484.

的使命，他帶著要服務於社會的任務努力掙錢，最終的榮耀歸於父神。洛克菲勒教育他的兒子們：「洛克菲勒家族的財富屬於上帝，我們只不過是管家」。這表明宗教信仰和早年經歷同時影響企業家精神。

三、企業家精神的研究設計與方法

本文研究早年經歷和宗教信仰對企業家精神的影響機制，採取案例研究的方法。案例研究有助於深度挖掘現象背後的原因，並構建完整的解釋邏輯。[11]作為一種經驗性研究方法，案例研究能夠較好地解釋「怎麼樣」和「為什麼」的問題，[12]可以清晰展現企業家精神的形成過程，從而識別因果關係。

本文選擇福耀玻璃的創始人曹德旺先生作為案例。曹德旺先生是中國改革開放四十年的親歷者，他1976年到鄉鎮企業做玻璃，1983年通過承包工廠盈利，1987年與他人合資組建福耀集團，目前是世界上第一大汽車玻璃製造商。曹德旺篤信佛教，從1983年第一次捐款至今，累計個人捐款超過120億元人民幣；2021年5月4日由曹德旺創辦的河仁慈善基金會計劃出資100億元，投入籌建「福耀科技大學」，致力於培養應用型、技術技能型人才。曹德旺1946年出生在上海，在福建省東部沿海福州市轄縣福清高山鎮長大。福建地緣靠海，自古就有乘舟出洋、經商謀生的傳統，所以福建人的性格裡有天生的冒險精神；福建的傳統文化氛圍濃厚，福建人喜好品茶、重視家族、尊崇儒釋道。源自中原的傳統文化與濱海之地相結合，形成了理性豁達、敢於冒險的福建精神——

11　Siggelkow, N., "Persuasion with Case Studies," The Academy of Management Journal, 50/1(2007), pp.20-24.
12　Yin, R K., Case Study Research: Design and Methods (Sage Publications, 2009).

「愛國愛鄉、海納百川、樂善好施、敢拼會贏」。福建自古名人輩出，有思想家李贄（1527~1602）、民族英雄鄭成功（1624~1662）、開眼看世界第一人林則徐（1785~1850）、中國西學第一人嚴復（1854~1921）、中國近代海軍之父沈葆楨（1820~1879）、國學大師林語堂（1895~1976）、華僑領袖陳嘉庚（1874~1961）。在宗教信仰方面，福建有悠久的佛教文化歷史，現有寺院3396座，佛學院兩所，即福建佛學院、閩南佛學院[13]。閩南佛學院由太虛大師（1890~1947）於1925年創辦，培養出大批佛學精英。自上世紀二十世紀以來，福建佛教高僧輩出，成為近現代佛教復興的重要因素。曹德旺一家四代信佛，秉持「敬天愛人」的企業家精神，為本研究提供了典型的案例。

案例研究涉及的數據主要來源於曹德旺先生的自傳《心若菩提》[14]，以及各類媒體對他的採訪、福耀玻璃的上市公司年報等。通過對各個渠道資料的全面分析和整理，採取語義分析等方法展開理論分析，主要分析過程採取數據縮減、數據陳列、結論和驗證這三個階段。首先，通過數據縮減和數據陳列，對曹德旺先生的自傳《心若菩提》進行內部分析，界定曹德旺先生的宗教信仰和早年經歷兩個主要變量。然後通過對比其宗教信仰和早年經歷與最終行為之間的相互關係，發現其中的關聯。最後，把從案例中的發現與前期的理論進行比較，提出若干研究命題。

---

13 宗教基礎信息查詢系統，網站名稱：國家宗教事務局，網址：http://www.sara.gov.cn/zjhdcsjbxx/index.jhtml，查詢日期：2022 年 3 月 22 日。
14 曹德旺：《心若菩提》（北京：人民出版社，2017 年）。

《人間佛教研究》第十二期（2024）
Studies in Humanistic Buddhism, Issue 12(2024)，72-99

四、企業家精神的理論模型

Hambrick和Mason提出高階理論（Upper Echelons Theory），研究高層管理團隊的構成及其與為公司戰略選擇之間的關係。[15]高階理論關注的是公司高管團隊，但CEO或者企業家對高管團隊有著重要的影響，比如馬雲對阿里巴巴、李彥宏對百度、王衛對順豐快遞的影響。在高階理論的基礎上，本文主要從企業家個人特質的角度，研究其早年經歷、宗教信仰等對後期企業行為的影響。通過構建一個新的理論模型（如圖1）來研究企業家精神。企業家精神主要分為心理因素和可觀測的經驗兩個維度，心理因素主要包括價值觀，認知模型（進行認知的過程模型，包括包括感知與注意、知識表示、記憶與學習、語言、問題求解和推理），認知類型（個體在理解、貯存和利用信息過程中的獨特方式）和個性。可觀測的經驗主要包括年齡，教育背景，早年經歷和宗教信仰。可觀測的經驗可能影響心理因素，並與心理因素同時影響企業家洞察力。個體的有限理性導致受限的洞察力，進而產生選擇認知，並解釋自我選擇，詮釋現實並進行戰略選擇，最終產生組織績效。

---

[15] Hambrick, D C, Mason, P A., "Upper echelons: The organization as a reflection of its top managers," *Academy of Management Review* 9/2 (1984), pp. 193-206.

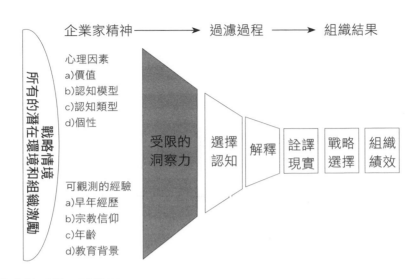

圖1 企業家精神的理論模型

　　宗教信仰是影響個人行為的重要因素。曹德旺先生的早年經歷和佛教信仰給他巨大的影響。在曹德旺的辦公室裡，最醒目的位置擺放著一本巨大的《金剛經》；另一本同樣大小的《金剛經》，放在他家中門廳中央。曹德旺說：「⋯⋯如果只能帶走一樣東西，便是《金剛經》。」[16]以往的研究只是把宗教信仰作為單一變量，而未能仔細分析這一變量內部結構和邏輯。宗教可以從四個方面來研究，即歷史、文學、神學和哲學。方立天教授給出了一個人生論、心性論、宇宙論、認識論和修持論的中國佛教哲學體系。[17]從曹德旺對《金剛經》的態度，可以發現他尤為重視佛教的智慧，因此本文的分析角度著重從佛教哲學的角度展開分析。

---

[16] 鳳凰財經出品：〈福耀曹德旺談慈善，施恩圖報非君子，只會帶走金剛經〉，網站名稱：騰訊視頻 https://v.qq.com/x/page/e03584mwy3n.html，發布日期：2016 年 12 月 22 日。
[17] 方立天：《中國佛教哲學要義》（北京：中國人民大學出版社，2002 年）。

五、案例分析

（一）曹德旺的價值觀：心若菩提

曹德旺的自傳題名為《心若菩提》，「菩提」一詞是梵文「Bodhi」的音譯，意譯覺、智、知、道，乃斷絕世間煩惱而成就涅槃智慧。[18]「心」的梵語是質多（citta），意為「集起」，也就是積集種種善業和不善業的「習氣」所在，這種習氣也就是佛教哲學中唯識學中談到的「種子」，受到六塵（色、聲、香、味、觸、法）影響，遺留下來的習氣種子集聚在心中。唯識學把「心」稱為「阿賴耶識」（藏識）。心的種子又是從六識的外境而來，心與「識」密不可分，這個「識」就是認知模型，通過眼、耳、鼻、舌、身、意來產生分別，前五種（眼、耳、鼻、舌、身）是生理的物質層面，最後「依意生識」，不同人的認知類型差異主要是源於「意」，意屬於心理層面。識從意生，最後積集成為「心」。從外而內，是從識到心；從內而外是意驅動識。這種心、意和識的不斷交流，形成人類精神活動。

曹德旺以《心若菩提》為題的自傳，表明他對佛教哲學的理解。曹德旺說：「人生如戲，戲如人生。我用四十年時間創業，白手起家，從零開始，創立了一家深具影響力的製造業跨國集團並譽滿全球。探究成因，唯有一條哲理：一曰入戲；二曰入角。入戲者，依願也；如角者，靠信也」。[19]「人生如戲」，源於《金剛經》：「一切有為法，如夢幻泡影」[20]，這是「空」觀。現實之中，「戲

---

[18] 佛光山資訊中心製作，網站名稱：佛光大辭典，網址：https://www.fgs.org.tw/fgs_book/fgs_drser.aspx。

[19] 曹德旺：《心若菩提》，（北京：人民出版社，2017年）。

[20] 〔後秦〕鳩摩羅什譯：《金剛般若波羅蜜經》，《大正藏》第8冊，頁752b。

如人生」。這就是《心經》所說「色不異空，空不異色」[21]，五蘊與空都無二。這種超然的看待世界的認知模型，破除我執，人生即是無常。所以曹德旺價值觀的根本點在於「無我」。但為何要「入戲、入角」。入戲，是依個人的大願，發菩提之心，自覺覺他。而菩提心又能以地藏菩薩的精神做為註解：「我不入地獄，誰入地獄？眾生度盡，方證菩提。地獄不空，誓不成佛」。在人生的每一段歷程，曹德旺都是盡全力而為，積極工作，努力為周圍創造更好的環境。入角，靠「信」也，這裡「信」是信心，即面對所有的困難都有信心克服，這是宗教賦予人類的巨大價值。曹德旺說：「企業家培養自信，一要學會敬天，二要學會愛人。有一種自強不息的精神，再加上一個非常高的境界——追求報國為民的理念」。[22]在人類生存的整個過程中，相對於周圍的環境、地球和宇宙，人類是何等渺小。在惶惶不可終日的生活中，如果沒有生存下去的信心，沒有面對環境挑戰的勇氣，人類早就消亡了。因此無數的聖賢大德從數千年前就開始思考人類自身。Mihaly Csikszentmihaly從積極心理學的角度提出「心流」，為重建心理秩序提供了一種理論和方法。[23]心流理論認為「幸福」是你全身心地投入一件事情，達到忘我的程度，並由此獲得心理秩序的狀態。這種心理秩序外顯的狀態就是人在做某些事情時，進入全神貫注的狀態；從內在感受來說，人在這種狀態下甚至感覺不到時間的存在，似乎這一刻就是生命的全部。當處於心理秩序的最優體驗時，會感到無比欣喜，具有掌控力，可以控制自己的行為並主宰自己的命運，有一種被一股洪流引領的感覺。在曹德旺看來，這種心理秩序就是「入戲、入角」，敬天愛人，報國為民。Mihaly Csikszentmihaly在構建心流理論時，大量地

21　〔唐〕釋玄奘譯：《般若波羅蜜多心經》，《大正藏》第 8 冊，頁 848c。
22　〈曹德旺：125 億財富，對我來說不過是贅肉〉，網站名稱：《中外管理》訪談網絡資料，網址：https://xueqiu.com/6410129477/134782448，發布日期：2019 年 10 月 29 日。
23　Csikszentmihalyi, M., Flow: the psychology of optimal experience (New York: Harper & Row, 1990)

《人間佛教研究》第十二期（2024）
Studies in Humanistic Buddhism, Issue 12(2024)，72-99

借鑒了佛教中的修證方法，如禪修、瑜伽等都是構建心理秩序的方法。佛教主張通過聞思修，體悟苦、集、滅、道四條人生真理，修習正見、正思維、正語、正業、正命、正精進、正念、正定八正道，去除雜染無序，獲得清淨的心理秩序，「智者於苦樂，不動如虛空」[24]。由此得到命題1。

命題1：企業家精神是價值觀、願望和信心的心理秩序，曹德旺表現出來的是無我、發願菩薩行、自信和勇氣。

（二）曹德旺的早年經歷

曹德旺早年的正式學校教育僅為小學和初中一年級（14歲輟學），小學成績從一年級到六年級，他的成績從來都是3分到4分之間（5分制），沒有拿過5分。曹德旺讀書和識字是靠《新華字典》和《辭海》自學讀書，其餘的教育源於父母和生活勞作。

曹德旺的父親很早就給他講授人生哲理、經商的經歷或者當學徒的故事。他父親在日本人開設的布店當學徒，第一年煮飯、煮菜、挑水、倒馬桶、吃剩飯，到了晚上就是對著鏡子練習走路、微笑、鞠躬和說話的口型；第二年帶著店裡的貨擔到鄉下銷售，邊走邊叫賣。第三年學習怎麼站在櫃台內，接待客人，進貨出貨。三年一到，店老闆就告訴他父親：「我交給你的，你已經都學會了，現在你可以離開我的店，去開自己的店了。」曹德旺很早就能理解父親的這段學徒生活，並正確理解「苦其心志，勞其筋骨」的道理，他的父親所表現出來的「沒有任何抱怨」，也正是「入戲」。從佛教的角度來看，就是六波羅蜜的「忍辱」。

---

[24] 〔唐〕菩提流志譯：《大寶積經》，《大正藏》第 11 冊，頁 624b。

曹德旺的父親說：「男人有沒有本事，並不是看讀了讀了多少書，關鍵是看做了什麼事，怎麼做事。做事要用心，有多少心就能辦多少事。用心、真心、愛心、決心、專心、恆心、耐心、憐憫心……」。[25]曹德旺的母親勤勞而樸實，儘管住在農村，但家裡一塵不染，衣服破了，縫補在內；儘管一天只有兩頓飯的口糧，但還是告訴孩子「要抬起頭來微笑，不要說肚子餓，要有骨氣、有志氣……天下沒有人會同情你的貧窮，也沒有人為你解決；要擺脫貧窮，只有靠你自己的努力和拼搏……做人最重要的是人格的完整，取得他人的信任……被爸爸打，哭是可以的，但千萬不要和爸爸頂嘴，也不能還手或逃跑。即使被冤枉，也不能，因為打你的人是你的親爸爸。」[26]曹德旺的正式學校教育雖然短暫，但是他的父母言傳身教，賦予曹德旺的價值觀和認知方式，也就是依意生識、藏識於心，忍辱、精進，自強不息。他感嘆少年放牛的經歷：「放牛的日子，與後來相比，並不算苦，也不算累，但體驗了成人世界的險惡與底層百姓受欺凌的滋味，這樣的人情冷暖，也成為我後來處世的經驗。」[27]而後跟他隨父親一起販賣煙絲，每趟騎行100公里進貨30斤；或販賣水果，凌晨2點起床，騎車到福清縣城，載著300多斤重的水果回高山，一天專3元的利潤。曹德旺的父親做煙絲生意，不到一年就被當地工商局抓了，煙絲和自行車都被收了。曹德旺認識到越是社會最底層，其競爭越是野蠻生長。煙絲和水果生意，給曹德旺帶來認知模式的改變，即通過營銷可以獲得獲得跨區域的套利（當時被稱為「投機倒把」）。因此曹德旺產生外出闖天下的決心，但必須遵紀守法，做法律法規許可的事情。在改革開放初期，這種認知模式對後期曹德旺創辦企業至關重要。由此得到命題2。

---

25 曹德旺：《心若菩提》，頁 1-2。
26 曹德旺：《心若菩提》，頁 8-9、13。
27 曹德旺：《心若菩提》，頁 16。

《人間佛教研究》第十二期（2024）
Studies in Humanistic Buddhism, Issue 12(2024)，*72-99*

命題2：早年經歷對企業家樹立正確的價值觀很重要，其中父母的人生態度直接影響企業家。

（三）面對挫折的行動

企業家早年面對挫折的行動與心理秩序有直接關係。曹德旺做白木耳生意，第一次挫折是他的白木耳生意被沒收，包括3000元白木耳和村民的賒賬，這對早期的曹德旺來說是一次重大虧損，可以說是傾家蕩產都賠不起（按照當時的物價水平，2000元可以蓋一棟房子）。曹德旺說：「我必須獨自承擔並獨自解決問題」。於是他挨家挨戶上門說明白木耳被扣的經過，並承諾貨款一分不少。

第二次挫折是1970年曹德旺到福清新水庫建設第6號工程做義務工，民工營房著火，所有的營房、修理所、食堂一切都被大火燒光，且被冤枉為放火的人。僥倖他被目擊者證明清白，午夜才被放回去。村民們亂成一團，板車也壞了，無法開工。曹德旺主動要求修車。經歷了白木耳被扣，來工地被火燒，「無我」的價值觀開始發揮作用。曹德旺說：「既然天要亡我，那在亡我之前，先幫他們度過難關。」[28]整整28天，曹德旺沒有離開修車棚一步，沒有剪過頭髮，沒有掛過鬍子，沒有洗過臉，沒有刷過牙，全身心投入到修車，甚至到了最後領賠償款和救濟金的時候也忘了去領，曹德旺覺得這種「忘我」的境界是最美好的經歷。

在曹德旺遭遇挫折、萬念俱灰的情境下，他通過修車進入心流狀態，重建心理秩序。中國傳統文化中儒家的內聖外王、道家的道法自然、佛教的覺悟人生都是幫助世人進入心流狀態，重建心理秩序，「忘我勝仙佛」。在進入心流狀態即

---

[28] 曹德旺：《心若菩提》，頁33。

是「專注於所作的事，根本沒有心思來關心自我」。「心流」可以理解為佛教哲學中關注每一個念頭，念念相續構成了心流。在進入心流狀態的那一刻，「理」與「事」，「體」與「相」，達到中道的狀態。這就是「一切即一，一即一切，去來自由，心體無滯」[29]，我即是世界，我即是萬物，也就是「無我」，「無我相，無人相，無眾生相，無壽者相」[30]。Mihaly Csikszentmihaly提出達到心流的「念念相續」需要五個條件：（1）清晰的目標；（2）較為清楚的行動準則；（3）有立即回饋，讓人清楚自己在做什麼（完成每一步驟後，能夠立刻判斷自己是否有所改進）；（4）當事人對所做的事具備高技巧，同時面臨高挑戰；（5）當事人盡全力接受挑戰。[31]從這五個條件來看，曹德旺在面對挫折的時候，從「無我」出發，有清晰的目標——修好板車，在摸索中掌握修車的方法，立刻回饋知道把車修好了，修車對曹德旺來說有一定的技巧和挑戰，而且此刻曹德旺別無選擇只能全力接受挑戰。曹德旺面對挫折的行動，進一步強化了他的價值觀，並為日後解決諸多企業經營中的難題奠定了基礎。由此可以得到命題3。

命題3：面對挫折時，企業家精神是從「無我」進入心流狀態，重建心理秩序。

（四）曹德旺的宗教信仰活動

在前文分析曹德旺價值觀的過程中，其宗教信仰是以隱性的形式體現。曹德旺顯性形式的宗教信仰活動有四次石竹山問道。石竹山坐落在福清市西郊10公里處，山上有勝景石竹寺、獅子岩等128處，現為福建省十大風景區之一。石竹寺

---

[29] 〔元〕釋宗寶編：《六祖大師法寶壇經》，《大正藏》第48冊，頁350a。
[30] 〔後秦〕鳩摩羅什譯：《金剛般若波羅蜜經》，《大正藏》第8冊，頁750b。
[31] Csikszentmihalyi, M., Flow : the psychology of optimal experience (New York: Harper & Row, 1990)。

《人間佛教研究》第十二期（2024）
Studies in Humanistic Buddhism, Issue 12(2024)，72-99

有兩大特色，一是以道教為主，道釋儒三教長期共存、和睦相處；二是民間夢文化活動歷久不衰。石竹山祈夢、抽籤等是一種典型的宗教信仰活動。

1980年曹德旺第一次石竹山問道。因為他想去香港投奔親戚，但妻子陳鳳英不同意，甚至以死相脅。去香港機會難得，但妻子的生命也很寶貴，因此他左右為難，是否要去香港發展？老和尚開示：「依籤所言，你若去香港將會家破人亡。不要離開，留在這裡。」1984年初，曹德旺因承包工廠獲得成功，但他的幾個承包合伙人卻要分錢走人。於是他第二次石竹山問道：「是否可以離開高山玻璃廠？」他到石竹山抽的一籤，籤上說：「中原群鹿可追尋，不問東方問何方；回首過來日又午，寒蟬唧唧笑空歸。」他請老和尚解籤，老和尚說：「這是好籤啊，讓您不要離開玻璃廠。中原逐鹿可追尋，逐鹿中原是大英雄做的大事業，說明您做的是大事業，應該去追尋。不問東方問何方，就是說您不在現在的地方做又要去哪裡做？回首過來日又午，寒蟬唧唧笑空歸。您已近中年，就算再有本事如果像蟬一樣到處鳴叫，到了冬天也是空忙一場。」老和尚一番點撥，曹德旺最終選擇留在玻璃廠。後來高山鎮的鎮長和書記找到他談承包工廠的事，雙方商議多次後，由承包改為合資，曹德旺成為合資方個人股東中佔比最大的股東。原來的那些承包合伙人則分錢退出了，錯失玻璃廠後期發展的機遇。[32]

1987年春，曹德旺負責興建一個合資汽車玻璃廠，廠址澤擇定位於石竹山下的宏路棋山村。他第三次到石竹山問道：「將工廠遷到宏路好不好？」。求得一籤：「一生勤奮好學，練就十八般武藝，今日潮來忙解攬，東西南北任君行。」老和尚解籤說，「您時運到了，可以隨心所欲，想做就做。您看您從小苦練，到現在，已經擁有了十八般的武藝，您大展身手的時候到了。從現在起，無論您去

---

[32] 曹德旺：《心若菩提》，頁 87-88、92。

哪兒做什麼，您都能去都能做。您的運氣到了，今天從我這裡出去後，您再也不要到這裡來求問想做什麼事了。」曹德旺從那以後不再上山去問投資辦廠的事。

1989年曹德旺看了弘一法師的傳記，產生了巨大的思想共鳴。他進行深刻的自我反思，雖然企業做的很好，但自己每天必須工作16小時，每個月滿勤，得到的不過是三餐果腹。於是他萌生效法李叔同，走出家之路的想法。於是曹德旺第四次赴石竹山問道，老和尚開示：「您今生有佛根，卻無佛緣。靜下心，好好地去把企業辦好，別動這個念了」。從此，他安心工作再也不提出家的事。[33]

曹德旺認為這四次石竹山問道對其人生發展很重要。佛教的目的就是「轉迷成悟」和「離苦得樂」。人人皆有佛性，因此每個人的自性都是俱足一切清靜法性，所以求佛應該反求諸己，切莫心外求法。佛陀遍訪印度所有修道的高人，都無法解決生死問題，最後佛陀在菩提樹下，向內觀照，入甚深禪定，方得大徹大悟，見性成佛。曹德旺四次石竹山問道，其答案本已經藏於其內心。其中第一次、第二次和第四次問道本質是相同的，即都是在當下修行，隨順眾生。第三次問道，是順勢而為，謀求更大的發展。隨著一次次問道，曹德旺入世做企業的決心也愈加堅定。

命題4：企業家的修行就是入世，佛教引導人向自心尋求解決，積極面對世事。

（五）曹德旺的感情觀

每個人都必須面對感情問題，這是企業家精神的組成部分之一。一個成功

---

[33] 曹德旺：《心若菩提》，頁 163-164。

《人間佛教研究》第十二期（2024）
Studies in Humanistic Buddhism, Issue 12(2024)，72-99

男人的背後總有一個默默支持他的女人。但當下幾乎所有的文學、影視作品都在渲染事業成功與家庭的對立，例如男人在事業上成功就會很快拋棄自己的「原配夫人」。曹德旺與陳鳳英是結髮夫妻，結婚前兩人連面都沒有見過，僅僅看過一張很小的黑白照片。1969年曹德旺的母親生病，家裡生活艱苦，所以家人希望曹德旺先結婚，找個老婆照顧母親，於是曹德旺就結婚了。上世紀七〇年代末八〇年代初，曹德旺遇到一份真正的感情，曹德旺說：「那個時候，我愛上了一個女人，她是我的女朋友，那是真正的相愛。我們都很投入，彼此覺得找到了一生的知音」。曹德旺坦言，想離婚跟這個女朋友在一起，並寫信給自己的結髮妻子說明此事。[34]

曹德旺如何選擇？一個是自己的結髮妻子，與自己同甘共苦；另一個是紅顏知己，有刻骨銘心的感情和共同語言，且能支持自己的事業。曹德旺親自調研過100個中國家庭，他發現「沒有一個家庭是絕對幸福的家庭」。他進一步思考其原因在於「兩個人來自不同的家庭，有著不同的教育，這樣就會形成各自不同的觀念，談戀愛的時候可能是求同存異，一旦真正生活到一起，就會有很多問題。」[35]這正是佛教哲學中的四聖諦「苦集滅道」，「苦」是客觀存在的，曹德旺認為世界上不會有絕對幸福的家庭和絕對完美的婚姻。那麼「離苦」的方法是什麼？讓自己的「心」不執著於婚姻和家庭，而是去創造偉大的事業。在佛教智慧的指引下，曹德旺明白了一個道理：「男人也許會愛上妻子以外的女人，也許會刻骨銘心，但這都不是讓他放棄家庭、放棄妻子的理由。一個有擔當的男人是

---

[34] 〈曹德旺自述感情史〉，網址：http://www.360doc.com/content/20/0211/17/33476383_891303736.shtml，發布日期：2020 年 2 月 11 日。
[35] 同上。

讓愛他的女人為他自豪而不是為他痛苦、為他哭！」[36]想清楚了這些問題，曹德旺就專心去辦玻璃廠，把所有的精力放在這個事業上，把所有的財產都記在妻子的名下。曹德旺說：「我的所有財產，我的公司都是她（妻子陳鳳英）的名字，我要讓她覺得安心，這輩子有依靠。我們雖然沒有那些激情如火的海誓山盟，但是我們畢竟是從年輕到白髮，中間所有的悲傷和快樂都是連在一起的，這是一種血脈相連的感情，沒有經歷過的人體會不到。許多人為了做事業，經常要處理家庭和工作的矛盾，可是對於我來說，這個矛盾根本不存在。」[37]

在面臨婚姻和家庭選擇的問題時，每種選擇都有其合理的理由。曹德旺發現絕對的幸福並不存在，從佛教的角度來說，這就是「無常」。一切事物都是因緣所生，都有生住異滅。曹德旺的感情觀與其對佛教哲學的認識有內在聯繫，他不糾結於那些變化無常的「理由」，而是直接了悟婚姻和家庭的本質，作出了正確的選擇。綜觀全世界的企業成功人士，在處理感情、婚姻和家庭問題時，鮮有如曹德旺這樣處理的福德圓滿。

命題5：企業家精神正是在認識了婚姻和家庭的本質之後，全身心對事業的投入。

六、討論與總結

通過對曹德旺的價值觀、早年教育經歷、面對挫折的行動、宗教信仰活動和感情觀的分析，依據本文給出的企業家精神的理論模型（如圖1），可以進行如下的邏輯推導。

---

[36] 〈曹德旺自述感情史〉，網址：http://www.360doc.com/content/20/0211/17/33476383_891303736.shtml，發布日期：2020 年 2 月 11 日。
[37] 同上。

《人間佛教研究》第十二期（2024）
Studies in Humanistic Buddhism, Issue 12(2024)，72-99

　　企業家的價值觀始於早年教育經歷，通過在工作和生活中的歷練，逐步清晰和強化。在此過程之中，佛教信仰為曹德旺確立認知的模式，並幫助他遇到困難時向自心求解。信仰的關鍵在於「信」，在諸多的選擇中，單憑有限理性和受限的洞察力，往往無法做出選擇，此刻「信」就顯得非常重要。在一些情況下，「信」也是一種篤定和堅持，例如Intel的前CEO安迪・葛洛夫（Andy Grove，1936~2016）秉持「只有偏執狂才能生存」。早年經歷影響價值觀的形成，宗教信仰也在一定程度上影響價值觀。在面臨事業挫折、家庭婚姻等現實問題時，宗教信仰和價值觀共同發生作用，這些問題的處理結果進一步強化宗教信仰。企業家精神在影響決策的過程中，由受限的洞察力和選擇認知進行過濾。宗教信仰影響選擇認知，並依據相關的邏輯來解釋問題和詮釋現實，企業家最終做出戰略選擇。宗教信仰影響企業家的公益捐贈行為。由此得到圖2的企業家精神影響決策行為的路徑圖。

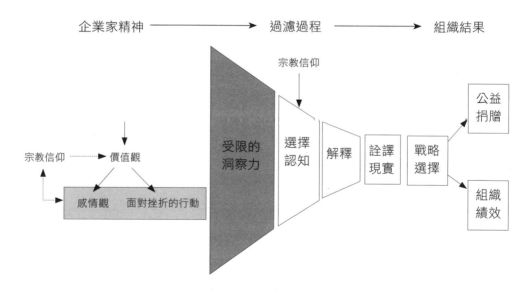

圖2　企業家精神影響決策的路徑圖

通過對曹德旺的案例分析，把圖1的企業家精神理論模型，進一步細化為圖2企業家精神影響決策的路徑圖。從曹德旺的行為來看，佛教信仰使曹德旺具有積極向上的人生態度，同時佛教哲學給予曹德旺分析事物的獨特視角，認識一切從「苦」開始，現實的「苦」讓人有解脫、「到彼岸」的動機。曹德旺的早年生活艱辛，多次受到挫折，但他並不消極、怨天尤人，而是靠自己努力拚搏，不斷「忍辱」、「精進」。在初期創業選擇中，經過他販賣白木耳被沒收事件，他明確了有所為有所不為，遵紀守法，這就是「持戒」。在具體處事中，他以「禪定」的心態，專注於當下的每個念頭，哪怕是修車這麼瑣碎的事情，都傾注自己全部身心，進入心流的狀態，重建心理秩序。曹德旺創造了財富之後，首先想到的就是「布施」，曹德旺說：「我認為我自己那個錢沒有用，拿著是『贅肉』，能夠切很多肉出去，一我很高興，因為我有那個能力，二我能夠經受起這一陣一陣的痛。」[38]通過布施，修共業，構建個體與社會的關係。不斷持戒修行，成就「般若智慧」，影響價值觀和決策行為。曹德旺處理婚姻和家庭問題時，所展現的正是般若智慧，最終他的事業和家庭福德圓滿。

印順法師在《般若經講記》中把《金剛經》分為二道、五菩提。二道，即般若道和方便道。五菩提分別是發心菩提、伏心菩提、明心菩提、出到菩提、究竟菩提。[39]從二道五菩提的視角來分析曹德旺的案例，對個人和企業的發展均有啟發。

個人規劃的五個階段：第一個階段，年輕時志於學，三十而立，「發心」建立價值觀；第二階段，「降伏其心」，實現自我成長和完善，達到四十不惑；

---

[38] 〈曹德旺獨家專訪〉，網站名稱：經濟參考網，http://www.jjckb.cn/2019-11/10/c_138544064.htm?from=singlemessage，發布日期：2019 年 11 月 10 日。

[39] 釋印順：《般若經講記》，《印順法師佛學著作集‧第 1 冊》，收入中華電子佛典協會編輯：《CBETA 電子佛典 2018》，頁 16a~17a。

第三階段是「明心」見性，如六祖慧能大師悟到四句偈「菩提本無樹，明鏡亦非台，本來無一物，何處惹塵埃」[40]，而後在獵人隊中磨練十五年；第四階段是「出到」，為社會奉獻自己的智慧和力量，敬天愛人，報國為民，普度眾生，通過這個過程逐步體悟緣起和無我；第五階段是隨順眾生，善巧方便，達到「究竟」。

企業發展的五個階段：第一，企業創始人要「發心」，設定企業的願景與使命，並配置相關的技術、專利或者商業模式。第二，在經歷過初創期之後，企業會面臨多種困難或者機遇，此時選擇就尤為重要，管理最重要的任務即是「選擇」，面對誘人的機會，有所為而有所不為，這就是企業多元化與專業化的選擇，最終企業的選擇就是要「伏心」，降伏諸多短期的妄念（可能有較多的盈利機會），選擇長遠的規劃。第三，「明心」，即是再次反思自己的初心是否能堅持？思考企業願景和發展規劃的相互適配，最終明確創辦企業的意義，此時企業已經進入了一個新的階段，不是為自己生存，而是承擔某種責任和使命。第四，「出到」任何企業發展到一定的階段，一定與社會形成互動，企業本身就是緣起，與社會有千絲萬縷的關聯，因此企業肩負著社會責任，小處而言是與股東、員工的關係，大處而言是與全社會都有關聯，參與公益事業並承擔社會責任是企業的必然選擇。第五，「究竟」，即達到真正的基業常青。

通過曹德旺的個案研究，本文總結企業家精神的構建機制：企業家精神是價值觀、願望和信心的心理秩序，早年經歷對企業家樹立正確的價值觀很重要。佛教引導人明心見性、悟道歸元、自我觀照、反求諸己。積極面對挫折，從「無我」進入心流狀態，重建心理秩序。本文把宗教信仰納入到企業家精神的研究之

---

[40] 〔元〕釋宗寶編：《六祖大師法寶壇經》，《大正藏》第 48 冊，頁 348c。

中，構建企業家精神影響決策行為的路徑，闡明宗教對企業家精神的影響機制，為人間佛教與企業管理融合奠定理論基礎。未來的研究可以通過對更多企業家進行案例研究，進一步檢驗和修正。

《人間佛教研究》第十二期（2024）
Studies in Humanistic Buddhism, Issue 12(2024)，72-99

【徵引及參考文獻】

一、古籍

〔後秦〕鳩摩羅什譯：《金剛般若波羅蜜經》，《大正藏》第8冊。

〔唐〕釋玄奘：《般若波羅蜜多心經》，《大正藏》第8冊。

〔唐〕菩提流志譯：《大寶積經》，《大正藏》第11冊。

〔元〕釋宗寶編：《六祖大師法寶壇經》，《大正藏》第48冊。

二、近人論著

（一）專書

方立天：《中國佛教哲學要義》，北京：中國人民大學出版社，2002年。

釋印順：《般若經講記》，《印順法師佛學著作集‧第1冊》，收入中華電子佛
　　典協會編輯：《CBETA電子佛典2018》。

〔美〕彼得‧德魯克（Peter Ferdinand Drucke）：《創新和企業家精神》，北
　　京：企業管理出版社，1989年。

曹德旺：《心若菩提》，北京：人民出版社，2017年。

（二）期刊論文

劉依冉、張玉利：〈企業家精神辯證觀〉，《企業管理》2015年第3期，2015年3
　　月，頁44-46。

蔣春燕、趙曙明：〈社會資本和公司企業家精神與績效的關係:組織學習的中介作用——江蘇與廣東新興企業的實證研究〉，《管理世界》2006年第10期，2006年10月，頁90-99、171-172。

李杏：〈企業家精神對中國經濟增長的作用研究——基於SYS-GMM的實證研究〉，《科研管理》2011年第1期，2011年1月，頁97-104。

俞仁智、何潔芳、劉志迎：〈基於組織層面的公司企業家精神與新產品創新績效——環境不確定性的調節效應〉，《管理評論》2015年第9期，2015年9月，頁85-94。

三、西文論著

Bernile, G, Bhagwat, V, Rau, P R., "What Doesn't Kill You Will Only Make You More Risk-Loving: Early-Life Disasters and CEO Behavior", The Journal of Finance 72/1(2017), pp. 167-206.

Csikszentmihalyi, M., Flow, "the psychology of optimal experience" (New York: Harper & Row, 1990)

Graham, J R, Harvey, C R, Puri, M., "Managerial attitudes and corporate actions," Journal of Financial Economics109/1(2013), pp. 103-121

Hambrick, D C, Mason, P A., "Upper echelons: The organization as a reflection of its top managers," Academy of Management Review 9/2 (1984), pp. 193-206.

Henrich, J, Ensminger, J, Mcelreath, R, Barr, A, Barrett, C, Bolyanatz, A, Cardenas, J C, Gurven, M, Gwako, E, Henrich, N., "Markets, Religion, Community Size, and the Evolution of Fairness and Punishment," Science 327/5972(2010), pp. 1480-1484.

Schoar, A, Zuo, L. "Shaped by booms and busts: How the economy impacts CEO careers and management styles," The Review of Financial Studies 30/4(2017).

Siggelkow, N., "Persuasion with Case Studies," The Academy of Management Journal, 50/1(2007), pp. 20-24.

Yin, R K., "Case Study Research: Design and Methods" (Sage Publications, 2009).

四、網路資料

中共中央、國務院：〈關於營造企業家健康成長環境弘揚優秀企業家精神更好發揮企業家作用的意見〉，網站名稱：中國政府網，網址：http://www.gov.cn/zhengce/2017-09/25/content_5227473.htm，發布日期：2017年9月25日。

佛光山資訊中心製作，網站名稱：佛光大辭典，網址：https://www.fgs.org.tw/fgs_book/fgs_drser.aspx。

宗教基礎信息查詢系統，網站名稱：國家宗教事務局，網址：http://www.sara.gov.cn/zjhdcsjbxx/index.jhtml，查詢日期：2022年3月22日。

鳳凰財經出品：〈福耀曹德旺談慈善，施恩圖報非君子，只會帶走金剛經〉，網站名稱：騰訊視頻https://v.qq.com/x/page/e03584mwy3n.html，發布日期；2016年12月22日。

〈曹德旺：125億財富，對我來說不過是贅肉〉，網站名稱：《中外管理》訪談網絡資料，網址：https://xueqiu.com/6410129477/134782448，發布日期：2019年10月29日。

〈曹德旺自述感情史〉，網址：http://www.360doc.com/content/20/0211/17/33476383_891303736.shtml，發布日期：2020年2月11日。

〈曹德旺獨家專訪〉，網站名稱：經濟參考網，http://www.jjckb.cn/2019-11/10/

c_138544064.htm?from=singlemessage，發布日期：2019年11月10日。

《人間佛教研究》第十二期（2024）
Studies in Humanistic Buddhism, Issue 12(2024)，72-99

Building Entrepreneurship: Exploring the Influence Mechanism of Religion

Zhu Xiaowu[*]

Abstract

Entrepreneurship is a hot issue in nowadays management research. However, the mechanism of how religious beliefs affect entrepreneurship is not clear. It introduces the relevant theories of Buddhist philosophy to reconstruct the existing entrepreneurship theory and put forward the entrepreneurship theoretical model with the case of Mr. Cao Dewang, the founder of Fuyao Glass Industry Group Co., Ltd. Entrepreneurship is the psychological order of values, wishes and confidence. Early experience is very important for entrepreneurs to establish world values. Religion (such as Buddhism) guides people to solve problems from their own mind and positively face world affairs. In the face of frustration and choices, religion helps to guide entrepreneurs from anatta to flow state and rebuild inner order. In this study, religious belief is incorporated into the

---

[*] **Zhu Xiaowu,** Professor, China University of Political Science and Law.

study of entrepreneurship, and the path of entrepreneurship affecting decision-making is constructed. It sets up the theoretical foundation for the integration of Humanistic Buddhism and enterprise management. In the future, it can be further verified and revised through case study of more entrepreneurs.

Keywords: Entrepreneurship, Early experience, Religion, Buddhist

《人間佛教研究》第十二期（2024）
Studies in Humanistic Buddhism, Issue 12(2024)，100-127

以《六祖壇經‧行由品》為借鑑的職業管理研究

宋躍華*

摘要

　　管理不僅是一門學科，還應是一種文化，即有它自己的價值觀、信仰、工具和語言的一種文化（彼得‧德魯克）。職業管理也是如此。本文首先論證了以禪宗經典《六祖壇經》為職業管理文化底蘊的可能性及實踐性。在此基礎上結合職業諮詢案例，就「職業目標」、「職業發展」這兩個職業過程關節，進行自我管理的論述。其中，在可能性、實踐性論證中，以語境轉化完成了論證；在職業目標環節，以「惟求作佛」為契理提出目標設定的原則；在職業發展環節，將之細分為職業起點、感悟、發展三個組成，並與「破柴踏碓」、「般若自性」、「悟時自度」一一對應。由此，在本論文中職業管理，就成為一種可落到實處的管理模式。

關鍵字：職業管理、六祖壇經、行由品

---

* 宋躍華：華南農業大學哲學系講師。

一、前言

　　近十年來，高校、政府、企業都不遺餘力地解決高校畢業生的就業壓力：各校紛紛開設創業就業課程、教育部跨越式擴大研究生招生規模、政府各部門公開考錄公務員、企業招聘會一場接一場。結果如何？2021年，清華畢業生的70%進入體制、華中師範大學畢業生就業率不到80%（其中非師範生畢業率小於40%）。已有的種種努力並未舒緩畢業生的就業困境。分析緣由，疫情、經濟等外在因素是外緣，而畢業生缺失職業觀念、職業潛力、職業涵養則是根本原因。總之，畢業生，無論從能力還是觀念，尚未實現從校園人到社會人、企業人的轉化。

　　引導、實現這種轉化本應成為就業、創業課程的核心內容。然而現有的教材與教師，講授的內容與職業市場的實踐南轅北轍。其中的緣故有二：其一，無實踐性。教科書的編撰者、課程講授者幾無職業市場的經歷。具體的經驗尚無，所編寫、傳授的內容也就遠離實際；其二，無理論性。迄今尚無可以落到實處的職業管理理論。

　　就職業管理而言，西方社會有現成的源於實踐模式，如Richard N. Bolles（1927~2017）的《What Color is Your Parachute?》；也有基於實踐的職業管理理論，如愛德格‧施恩（Edgar.H.Schein，1928~）的《職業錨》（Career anchors）。但正如彼得‧德魯克（Peter Ferdinand Drucker，1909~2005）所說：「管理被人們稱為一種綜合藝術——『綜合』是因為管理涉及基本原理、自我認知、智慧和領導力；『藝術』是因為管理是實踐和應用。」[1]基於觀念的差異，

---

[1]　〔美〕彼得‧德魯克（Peter Ferdinand Drucker）著，齊若蘭譯：《管理的實踐》（北京：機械工業出版社，2009 年），頁 XVII。

《人間佛教研究》第十二期（2024）
Studies in Humanistic Buddhism, Issue 12(2024)，100-127

即使同一家族的每個人，其「自我認知」、「智慧和領導力」、「實踐和應用」也各各不同。何況源於種族、歷史、政治等文化的差異？歐美職業管理理論的文化背景與國內職業文化場景存在質的差異。因此，在職業管理中直接採用他們的模式、理論，既解釋不了現有的職業現象，更無法指引職場新人的職業道路。

理論源於實踐且能指導實現，但理論尚未形成之前，指導實踐的則是相應的觀念，而觀念則形成於種種學習、體驗之中。2008年以來，筆者在講授《宗教學名著導讀》、《應用管理學》時，往往將《六祖壇經・行由品》[2]與職業管理互為案例、互為借鑒。此外，2010至2018的八年，筆者輪值於廣州大佛寺心性諮詢室。期間凡職業的問題，大多以《六祖壇經・行由品》為主線進行疏導，因此本論文是基於多年教學、諮詢實踐的總結。

二、借鑒的可能性

（一）紙上談兵的借鑒

自上世紀末，彼得・聖吉（Peter M. Senge，1947~）的管理學經典《第五項修煉》（"The Fifth Discipline"）被引入中國企業界之後，人們發現彼得・聖吉在該書的前言部分曾自述他的管理理念受到中國傳統文化的影響[3]。於是，傳統文化開始在企業範圍內興盛。近三十年來，學者、企業家紛紛將儒、釋、道經典與管理相連接，以《孫子兵法》、《周易》、《論語》、《傳習錄》、《道德經》、《金剛經》等套解管理實踐。殊不知，管理是一門實踐的學科。缺乏扎實

---

[2]　本文採用〔元〕釋宗寶編：《六祖大師法寶壇經》，《大正藏》第 48 冊。

[3]　〔美〕彼得・聖吉（Peter M. Senge）著，郭進隆譯：〈中國傳統文化與新未來〉，《第五項修煉》（上海：上海三聯書店，1998 年），頁 5-6。

的管理實踐、篤實的管理理論，種種融合也就只能紙上談兵。

以佛教為例，教界法師在各種場合發表的有關佛教與管理的演說、論述，能夠落到實處的並不多。內在原因是論說者尚未如實知見企業的管理實踐。分析星雲法師（1927~）在《佛教與企業》中的二段原文，可略知一二。

第一、比較的物件不合適。

> 群我關係的和諧是企業成功的不二法門，在僧團中有所謂「叢林以無事為興隆」，端賴六和敬規範大眾的身口意；而菩薩度眾以六度四攝為法寶，方便而善巧，和諧而無諍。企業成員若能以六度自化，以四攝化他，企業的內部必能和樂團結，同心協力，共同為企業奮鬥。[4]

以菩薩與員工相比，顯然不合適。菩薩於世，是乘願再來，是弘法度生；而員工受雇於企業的目的，崇高一些的是為了職業發展，實際一點的則是為了生活，通俗說法是為了穩定而可能增長的收入。因此，菩薩為利他，而員工是利己。比較的起點錯誤，其結論也就顯得不食人間煙火了。

第二、提供的方法想當然。

---

[4] 釋星雲：《佛教叢書 22・教用・佛教與企業》，網站名稱：星雲大師全集，網址：http://books. masterhsingyun.org/ArticleDetail/artcle8641。

《人間佛教研究》第十二期（2024）
Studies in Humanistic Buddhism, Issue 12(2024)，100-127

世間成功的企業家經營企業，不僅要具有專業知識與職業道德，更要有創辦事業的理想和精神。為了成就事業，必須去偽存誠，言行一如。[5]

就企業家來說，為了使自家的企業在競爭中生存且發展壯大，根本談不上「去偽存誠，言行一如」。東軟集團的劉積仁（1955~）承認自己曾經騙過人，賣過沒有用的軟體；希望集團的劉永好（1951~）也承認賣過高水分的玉米飼料，賺了500萬昧心錢；聯想柳傳志（1944~）坦言曾經賴過帳、走過私。⋯⋯至於QQ與360、三一重工與中聯重科、農夫山泉與怡寶等在各自的領域競爭中皆無所不用其極。俗語「發財立品」，是發了財之後才通過種種慈善之類的公益行為來立品，而不是通過立品來發財。星雲法師的教誨，適合那些已經在自己行業佔據壟斷地位的企業家。

就職業經理人來說，企業內員工的生存、發展環境，一言以蔽之就是「競爭」，概因企業內的資源有限，越往上走，相應的職位越少。舉例來說，一個全國性的公司，其銷售部大致有五個銷售經理（華南、華北、華東、西北、西南），但肯定只有一個銷售總監。可以假設，因種種原因，銷售總監空缺的話，公司填補該空缺的途徑不外有二：空降或內部提升。空降姑且不論，就內部提升而言，任何一個銷售經理均有四個競爭對手。為了能獲得該職位，除了在業務上盡心盡力之外，還要在各種場合凸顯自己與競爭對手的比較優勢。這種凸顯是種種行為的混合體，用職場人士的術語來說，就是「辦公室政治」。

---

[5] 釋星雲：《佛教叢書22．教用．佛教與企業》，網站名稱：星雲大師全集，網址：http://books.masterhsingyun.org/ArticleDetail/artcle8641。

（二）從《行由品》演繹出的借鑒

既然不認同星雲法師將菩薩與企業員工進行類比，那麼，在探討職業管理時，是否可以借鑒惠能大師的經歷？畢竟，他被譽為東方聖人、東方如來。

細讀《行由品》時，不妨做些假設：

假如，他在賣柴的時候沒有聽到《金剛經》？

假如，他聽到《金剛經》之後沒有去黃梅？

假如，他去了黃梅之後，沒有被五祖留下？

假如，五祖留下他之後不是讓他去從事最基礎的舂米，而是做寺廟管理？

假如，惠能沒有作偈？

假如，五祖傳衣鉢之後把他留在身邊？

假如，在大禹嶺被幾百人追上？

假如，惠明是為衣來而不是為法來？

假如，在避難於四會獵人堆時，他被獵人趕走乃至遇難於野獸？

假如，在廣州法性寺，印宗羨慕嫉妒恨？

上文的十個「假如」，任何一個的成立，難說惠能能否成為東方如來：終其一生或者只是個賣柴的，或者只是有成就的出家人。聖人也是從凡人成長，只不過在成長的過程中，其機緣異於常人。眾多的可變因素對其人生的影響，與職場中的包括職業起點、職業安全、職業危機、職業發展等經歷何其相似！

確定了借鑒的可能性之後，繼而就是借鑒的原理，即以職場語境參詳《行由品》。如惠能經三十餘日到黃梅參拜五祖時，兩人有如下對話：

祖問曰：汝何方人？欲求何物？

惠能對曰：弟子是嶺南新州百姓，遠來禮師，惟求作佛，不求餘物。

《人間佛教研究》第十二期（2024）
Studies in Humanistic Buddhism, Issue 12(2024)，100-127

> 祖言：汝是嶺南人，又是獦獠，若為堪作佛？
>
> 惠能曰：人雖有南北，佛性本無南北；獦獠身與和尚不同，佛性有何差別？[6]

此段經文，將五祖與惠能分別用面試官、求職者代入，就形成了職業面試的語境：

> 面試官：介紹一下你自己，並說說你的職業目標？
>
> 求職者：我是廣東新興縣人……來東禪寺的唯一目的就是成佛。
>
> 面試官：你都還沒開化，憑什麼成佛？
>
> 求職者：佛性與人種、文化等無關。

三、借鑒的實踐性

（一）職業選擇與聞經開悟

俗語說「男怕入錯行」，即每個行業、每個企業、每個職業都有自己的特質。從業者的個性、能力、稟賦如果與行業、企業、職業的特質契合，自然事半功倍。

案例一，2017年的畢業季，華南理工大學會計專業的一位女畢業生同時拿到普華永道（PWC）、中國銀行的OFFER。最終選擇中國銀行的原因是輔導員給她的建議：「外企很累，國企很穩定」。年底來諮詢室諮詢時，已經辭職。言談中對當初的選擇極為懊悔。

6　〔元〕釋宗寶：《六祖大師法寶壇經》，《大正藏》第 48 冊，頁 348a。

從這個案例可知，甚少有學生能夠在畢業前清晰自己的職業方向，職業選擇也就只能隨波逐流。如何改變這種狀態，惠能「聞經開悟」之後的行動，堪為範例。

見一客誦經。惠能一聞經語，心即開悟……。惠能聞說，宿昔有緣，……。惠能安置母畢，即便辭違，不經三十餘日，便至黃梅，禮拜五祖。[7]

所謂「聞經開悟」即目標企業的文化或者內涵文化的管理事件，觸動求職者的內層心性。職場新人要做到這一點，需對職業市場進行長期的關注。但凡有觸動自己內在心性的事件，其企業、職業就與自己契合。用惠能的話說，即是「宿昔有緣」。職業經理人在跳槽前衡量新雇主時，也是如此。他們關注新雇主的文化特質、管理風格，一旦發現與自己工作方式不相融，原本的種種發展機會就會被視為職業陷阱。

（二）職業困頓與何煩作偈

《行由品》中眾人作偈的一場，把態度、能力、機緣與個人發展的關聯演繹出來。

祖一日喚諸門人總來：吾向汝說，世人生死事大，汝等終日只求福田，不求出離生死苦海，自性若迷，福何可救？汝等各去自看智慧，取

---

[7] 〔元〕釋宗寶：《六祖大師法寶壇經》，《大正藏》第 48 冊，頁 348a。

自本心般若之性，各作一偈，來呈吾看。若悟大意，付汝衣法，為第六代祖。[8]

五祖首先批評僧眾的日常修行態度「汝等終日只求福田，不求出離生死苦海」。以此為基礎，無偏無頗地提供一個均等的機緣：依你們各自的能力「各作一偈」，「若悟大意，付汝衣法，為第六代祖」，人人均有幾乎成為第六祖。

然而，眾僧卻是「自斷機緣」：

我等眾人，不須澄心用意作偈，將呈和尚，有何所益？神秀上座，現為教授師，必是他得。我輩設作偈頌，枉用心力。諸人聞語，總皆息心，咸言：我等已後依止秀師，何煩作偈？[9]

職場的進步，取決於個人的職業態度、工作能力及機緣。其中態度是關鍵，決定對工作、對職業付出的質與量。眾僧「依止秀師，何煩作偈」的態度，也就放棄的繼承衣鉢成第六祖的可能性。

反思職業倦怠、困頓乃至危機，表層的原因不外是能力、業績出了問題。再進一步思考「能力、業績出了問題」的原因時，總會落在職業態度層面，這就是為什麼那些大公司（Great company）在招聘新人的時候，心性的軟體因素的權重總是大於技能等硬體因素，尤其是在校園招聘時更是如此。

8　〔元〕釋宗寶：《六祖大師法寶壇經》，《大正藏》第 48 冊，頁 348a。
9　〔元〕釋宗寶：《六祖大師法寶壇經》，《大正藏》第 48 冊，頁 348a。

（三）師度自度與職業事業

2015年底，教育部出臺檔《關於做好2016屆全國普通高等學校畢業生就業創業工作的通知》，通知的核心內容是鼓勵學生創業。教學中，筆者常以「師度自度」這段經文為學生們演繹職業與創業之間的邏輯關係。

三更，領得衣缽，五祖送至九江驛，祖令上船，惠能隨即把櫓。

祖云：合是吾渡汝。

惠能云：迷時師度，悟了自度；度名雖一，用處不同。惠能生在邊方，語音不正，蒙師付法！今已得悟，只合向性自度。

祖云：如是，如是。以後佛法，由汝大行矣。汝今好去，努力向南，不宜速說，佛法難起。[10]

創業的機制是「發現需求而後滿足需求」。對絕大多數畢業生而言，尚不能從校園人轉化為社會人，如何發現目標客戶及其需求？滿足需求則更是空談。理智的路徑如經文所說「迷時師度，悟了自度」。

迷時師度：首先尋找讓自己怦然心動的職業，即上文說的「聞經開悟」、「宿昔有緣」的企業職業。繼而在工作中不斷學習、提升，直至成為對本職業範圍內的專家。此一階段，屬職業過程，即受雇於機構、企業。

悟了自度：經多年的職場磨煉，對本職業範圍內的事宜能夠遊刃有餘：能夠發現本職業範圍內客戶的需求，並擁有滿足這些需求的技能。此時才滿足開創事

---

[10] 〔元〕釋宗寶：《六祖大師法寶壇經》，《大正藏》第48冊，頁349a。

業的必要條件。

綜合來說，職業是創業的準備階段。對普通大學生而言，未有職場實戰經驗的創業，幾無成功可言。當然，創業失敗也是一種職業閱歷，只要輸得起即可。

四、職業目標的特質與設定

無論是應屆畢業生的求職還是職場舊人的跳槽，面試官總是要圍繞職業目標進行詢問：

你的職業目標是什麼？

未來三五年，你希望從職業過程中獲得什麼？

正如「惟求作佛」引導了惠能一生，在職場中，職業目標起到指引方向的作用。可以說，沒有職業目標的人，即使是所謂的「成功者」，也只是外人通過職位、社會地位、財富等外物來衡量的結果，其自身內心仍是懵懵懂懂、渾渾噩噩。

（一）「惟求作佛」與職業目標特質

在百度，搜索不到「職業目標」的定義。但我們可以借鑒上文五祖與惠能的對話來規範職業目標的特質。

首先，職業目標是個人所希望或者正在從事的行業的最高境界，而不是某一具體的乃至最高的職位。

面對五祖「欲求何物」的問題，惠能的答案是「惟求作佛，不求餘物」，不是成阿羅漢、更不是「幾年後成為東禪寺或者其他寺廟的首座、西堂、後堂、堂主乃至方丈」。否則，五祖完全可以在三更傳法之後，令惠能留在東禪寺協助他

進行寺廟管理。倘若真的如此，難說惠能在此後是否可以證悟。

現實中，求職者在回答面試官的此類問題時，往往以所求職位的最高點作為自己的職業目標。比如，面試一份人力資源招聘主管的職位，在回答「職業目標」的時候，其答案是：十年後成為大公司的人力資源總監、副總裁等等。

沒有證悟的寺廟方丈，每天大部分的時間都用在接待、主法、政府事宜、行政管理等方面。因此，方丈不一定是寺廟內修行最高、最深的出家人。同樣，總監、總裁這些職位有相當一部分工作內容是進行日常管理。職場中職位最高的不代表他具備該職業領域的最高境界。職場中人，從總監、總經理、總裁等職位最高點退休之後，甚少能夠被其他機構（企業、研究機構）聘用。這一點，就說明了大多數人，即使在職位的頂點，也往往沒有達到該類職位的相應境界。

其次，「職業目標」是形而上的「道」而不是形而下的「器」。

《大般涅槃經》卷第四言：

一切眾生謂我是人、我實非人。[11]

卷二十又言：

見佛性者，非眾生也。[12]

可見，相對與成為首座、方丈等形而下的具體的目標，惠能的「唯求作佛」內涵形而上的道的特質。

---

[11] 〔北涼〕曇無讖譯：《大般涅槃經》第 4 卷，《大正藏》第 12 冊，頁 389a。
[12] 〔北涼〕曇無讖譯：《大般涅槃經》第 20 卷，《大正藏》第 12 冊，頁 480c。

職業目標或道或器的差異，《楞嚴經》卷四有個很好的解釋：

富樓那，汝以色空，相傾相奪於如來藏，而如來藏隨為色空，周遍法界，是故於中風動空澄，日明雲暗。眾生迷悶，背覺合塵，故發塵勞，有世間相。我以妙明不滅不生合如來藏，而如來藏唯妙覺明，圓照法界。是故於中一為無量，無量為一；小中現大，大中現小。不動道場遍十方界，身含十方無盡虛空，於一毛端現寶王剎，坐微塵裡轉大法輪，滅塵合覺，故發真如妙覺明性。[13]

以如來藏比喻職業目標，職業目標為色為空等具體有相之器時，隨環境之變而變，最終結果則是「故發塵勞有世間相」；反之，以「不滅不生妙覺明性」為職業目標時，則能「圓照法界」——指導職業人在紛紛雜亂的職業市場中棄生滅、守真常，滅塵合覺。

在筆者的諮詢案例中，職場人士的職業目標基本是具體的形而下之器，且大多與具體的職位乃至金錢掛鉤。如：在XX歲之前，賺夠XXX萬之後退休，幹自己想幹的事情，比如旅遊等。年紀與金額因人而異。此中有兩個問題。

其一，因不可預料且不可控的因素太多，如貨幣大幅度貶值、重大疾病、天災人禍等。職業目標的金額定多少合適？太少，將來十有八九不夠用；太多，僅憑藉工資明顯無法實現，而職場人士，在企業中渾水摸魚的機會又幾乎沒有。

其二，退休之後幹自己想幹的事。那麼，現在的工作不是自己的意向，工作的目的也僅僅是賺錢提早退休而已。可是，職業期間又正是一個人生命中最精華的年份，為什麼要用這最值錢的年份做自己不適宜的事情呢。

---

[13] 〔唐〕般剌蜜帝譯：《大佛頂如來密因修證了義諸菩薩萬行首楞嚴經》第 4 卷，《大正藏》第 19 冊，頁 120c。

其三，以「周遊世界」等作為目標，為什麼一定要等自己從職場退下來之後呢？從事攝影記者等類似的職業，就有很大的機會在職場中實現這些目標。曾經服務於高露潔公司的一個培訓主管，2000年的時候，離職去麗江附近開了一間小客棧，從而實現其遠離都市喧囂的目的。

綜合來說，以年紀、金額為考量的職業目標僅僅是自我安慰或者說說而已。

第三，「職業目標」是終生追求的，而不是階段性的目標。

「自覺」可以是階段性的目標。如惠能在買柴時聽聞《金剛經》而心有開悟、在作偈時的言下見性；「覺他」也可以使階段性的目標，如他在在大禹嶺開示惠明、在法性寺開示眾人。但要做到「惟求作佛」只能是個終生追求的目標，要完成自覺、覺他、覺行圓滿，只能用全部的生命（時間、精力）來踐行。

按理來說，職業生涯只是人生的一個組成部分，因此，職業目標必然在其人生目標的框架內。然而，在當今信仰缺失或者說以政治信仰取代個人信仰的年代，沒有幾個人能夠去持續地思考、認知「活著為什麼」等終極的形而上問題。嚴格意義上，對「活著為什麼」沒有清晰的回答，那麼，也就不可能依據「生存的目的」來確定職業的目標了。在實際操作中，對沒有信仰的職場人士，可以以「職業目標」取代「人生目標」，並以此來指導整個職業過程及其上游（求學期間）、下游（退休）生命歷程。

職業管理中有一個「以終為始」的規律，即在規劃自己的職業的時候，首先要確定的是職業的終極目標，然後以此為主線，一步步以倒推的方式來制定中短期規劃。遺憾的是，職場人士乃至專門從事職業規劃的諮詢師，把這「職業的終極目標」以具體的職位來描述。於是，就產生了一種比比皆是的現象：一旦從現有職位退下來之後，無論是被解雇、主動辭職還是離退休，剩下的日子就不知道該怎麼過了。

‧ 企業界，職場人士在退下來或者因年紀較大找不到合適職位之後，惶惶

《人間佛教研究》第十二期（2024）
Studies in Humanistic Buddhism, Issue 12(2024)，100-127

終日。

- 學術界，學者在退學之後，不再繼續此前的研究。

- 政界，官員們在離退休之後，不少人將日常時間用於琴棋書畫。

因此，職業終極目標的制定，與具體的職位無關，而應以有自主意識的生命盡頭所要達到的、與職業相關的境界來描述。如已經從事人力資源工作的人，可以以「改善企業人力資源體制」、或者更細微一些：「創建激勵與自我激勵共振模式」為職業目標。那麼，不僅在受雇於企業時，其職業有明確的方向，不會盲目跳槽。即使在退休之後，也因長期的職業感悟及有心研究，被企業聘請為顧問，退而不休，繼續沿著職業的終極目標走下去，直至生命的盡頭。如此，其生命軌跡、職業軌跡就如同荷擔如來家業的出家人一樣，從入門直至往生，其一生時時處於上求佛道（自覺）、下化眾生（覺他），沒有退休之說。

（二）心悟與職業目標設定

當代職場人士，其職業目標之所以難以釐清、難以堅定。除了上文職業目標特質中現象之外，或身或心始終受制於外在環境不得自在。按《楞嚴經》的說法，這種現象叫「為物所轉」。

惠能入佛門從事荷擔如來家業，其機緣是聽聞《金剛經》而心有開悟。之後，

乃蒙一客，取銀十兩與惠能，令充老母衣糧，教便往黃梅參禮五祖。[14]

---

[14] 〔元〕釋宗寶：《六祖大師法寶壇經》，《大正藏》第48冊，頁347c。

聽經開悟，獲得了心的自由；獲銀十兩，令母親衣食無憂，心無罣礙，得到身的自由。唯此，才能前往東禪寺禮拜五祖，開始「惟求作佛」的道路。借鑒此一思路，在具體的實操中，可以把實現身心自由作為目標本身來設置。

第一，心的自由

即使是博士、博士後，非大福報者、大機緣也無法感悟《金剛經》的法味，甚至根本沒有機會、沒有意願去主動接觸佛教經典，心如何能自由？。但是，我們可以退一步：借助「宿世因緣」來打開束縛心靈的枷鎖。

一個賣柴的文盲，怎麼可能聽到「應無所住而生其心」而心有覺悟？其中的緣故，也只能說是「宿世因緣」。按佛教教理，每個人各有自己的前世今生，也就有了自己的「宿世因緣」。只是，我們自己感受不到而已，或者感受到了，卻因經年的無神論教育而自我否定。其實，日常生活中，有很多的契機去感悟這些因緣：

- 在一個陌生的地方，突然感覺自己曾經來過；
- 夜晚夢到已經去世的先人對自己的請求；
- 夢魘、或者持續性地做同一種夢；
- 去廟裡祈求而獲得靈驗。

無神論的氛圍內，人們往往以心理作用、幻覺、碰巧等理由去解釋。由此也就失去了一次次契入有可能感受「宿世因緣」的機會。就筆者的諮詢經驗，只要契入一點，心靈就會有一點感應。就職業目標而言，這一點「感應」直接表現為說不出、道不明的、無理由的「喜歡」、「愛好」等價值觀。

第二、身的自由

「唯物」的心理，也導致了「身」對外物的依賴從而束縛身的自由。

職場中的跳槽，是職業經理人獲得高收入的不二法門。每次跳槽工資大約有30%~50%的增幅。稀缺性的人才，往往有100%乃至更高的升幅。至於企業的文

化、核心價值觀是否與自己的愛好、價值觀相匹配，基本不在考慮範圍之內。職位有盡頭、待遇有封頂，這就是職場中的「天花板」效應。一旦到頂，其職業過程則開始走下坡路了。整個職業過程中，若說有目標，也以「更高的待遇、更高的職位」為特質。

究其原因，結合馬斯洛理論，是人們將所有的五層次需求全部「物化」。在馬斯洛需求理論中，唯有第一層的「生理需求」是物質性的，此後的安全、歸屬與愛、尊重、自我實現等四層則是精神性的。物化的表徵是以金錢收入、物質財富為標杆衡量此四層需求的滿足程度。於是，我們見到的是，滿足生理需求的種種物質因素如房子、票子等不斷累積，且永無止境。

人們在衣食住行等基本生理得不到滿足時，對財富進行追求，這合情合理。即使是佛陀也視「窮苦」列為苦中之苦，比死苦還苦。在《金色王經》中他說：

> 何苦最為重？所謂貧窮苦，死苦與貧苦，二苦等無異，寧當受死苦，不用貧窮生。[15]

但是，當通過職業獲得一定時期穩定的經濟收入之後，仍以財富為追求目標，並以之滿足生理需求之上的四層精神需求，則無疑本末倒置：

> 世人無知以富貴為樂。夫富貴者求時甚苦，既獲得已，守護亦苦，後還失之，憂念複苦，於三時中都無有樂。[16]

---

[15] 〔東魏〕瞿曇般若流支譯：《金色王經》，《大正藏》第 3 冊，頁 389c。
[16] 尊者僧伽斯那撰，〔蕭齊〕求那毘地譯：《百喻經》卷 3，《大正藏》第 4 冊，頁 550a。

這種本末導致，隨著時間的發展，人們在自己身心上一層層地添加枷鎖。

案例二，2006級的一個哲學系的學生，大一的時候，因經常夢魘。於是建議他讀《地藏經》回向給累生累世的冤情債主及身邊有形無形的眾生。他按《地藏經》每十齋日讀一次。在大三的時候，開始對媒體產生偏好，並進入某一報社進行實習。畢業時，順利進入該報社。雖然，待遇低的可憐，卻也堅守自己求真、求實的職業初衷。兩年後，跳槽到某一不接受贊助、不接受公關性質廣告的雜誌社，職位與收入也獲得大幅度增長。

這個案例說明，財富等身外之物只是個人在最求職業目標過程中的衍生物而非目標本身。理順此中關係，才有可能獲得身心的自由。

五、自覺與職業發展

（一）破柴踏碓與職業起點

職業目標釐清之後，職業起點的選擇就擺在了議事日程。如何選定職業起點，《行由品》至少給了我們兩個啟示：

第一、「至黃梅，禮五祖」的啟示：道之所存師之所存。

惠能安置母畢，即便辭違，不經三十餘日，便至黃梅，禮拜五祖。[17]

在當時，離新興不遠的廣州，有大佛寺、光孝寺、六榕寺等道場，惠能為

---

[17] 〔元〕釋宗寶：《六祖大師法寶壇經》，《大正藏》第 48 冊，頁 348a。

什麼非要跋山涉水三十多日前往湖北黃梅去參拜五祖。其原因是讀經的客人對他說：「我從蘄州黃梅縣東禪寺來。其寺是五祖忍大師在彼主化，門人一千有餘；我到彼中禮拜，聽受此經。大師常勸僧俗，但持金剛經，即自見性，直了成佛。」[18]也就是說，「見性成佛」的目標有可能在五祖處得到實現，其他地方則難說。此處給我們的啟示是，職業開始時，應該依據各自職業目標的方向，進入相應企事業單位。至於具體是哪一單位，由以下兩個判斷標準：

首先，該單位是否有引導自己踐行職業目標的導師？

其次，該單位是否在自己所關注的職業目標方向上較為突出。

以「人力資源」職業為例，要實現該職業的最高境界，入職時，或者是該單位有在行業內聲名較為顯著的人力資源管理者、專家。或者，該單位有較為成熟的人力資源管理體系。通常，兩者是合二為一的。有傑出的人力資源專家、管理者的企業，自然也就有較為成熟的管理體系。反之，有較為成熟的人力資源管理體系的企業，也就存在設計、執行、修正該體系的專家及管理者。就整個職業市場來說，在「人力資源管理」範疇，國企、事業單位、公務員體系還處於人事、行政階段，因此，以人力資源為職業方向的職場人士、畢業生，就應選擇大型跨國公司為職業起點的服務單位。

第二、看槽廠去的啟示——不積跬步無以至千里

惠能在回答五祖「汝是嶺南人，又是獦獠，若為堪作佛」後，

五祖更欲與語，且見徒眾總在左右，乃令隨眾作務。

惠能曰：惠能啟和尚，弟子自心，常生智慧，不離自性，即是福田。未

---

[18] 參見〔元〕釋宗寶：《六祖大師法寶壇經》，《大正藏》第 48 冊，頁 347c。

審和尚教作何務？

祖云：這獦獠根性大利，汝更勿言，看槽廠去。[19]

為什麼惠能的一句「弟子自心，常生智慧，不離自性，即是福田」，就讓五祖將他的工作由隨眾作務被「貶為」看槽廠？從具體的工作內容看「隨眾作務」總比「看槽廠」熱鬧且輕鬆？其中，固有五祖擔心惠能因「根性大利」而被「惡人害」的原因；另一方面，也是五祖要求他從最基礎去踐行「惟求作佛」的終極目標。如在八個月後，五祖在碓坊，見他腰石舂米，道：「求道之人，當如是乎？」

案例三，一位哲學系畢業生以管理培訓生的身份入職全家便利店（Family Mart），前期在店鋪做普通店員時，屢屢產生另謀出路的念頭。在諮詢過程中強調了兩點：首先，現在的不適，是從校園人到企業人轉化的必然現象；其次，管培生的身份從事店員的工作，是一個極好的職業的起點。第一點，很容易得到認同；第二點則用了惠能槽廠舂米的案例才令信服。一年後，該生上調全家廣東總部，負責新店選址及租賃談判；在兩年，被百盛集團高薪挖走。

「管理」首先是結合專業、職業進行自我管理，行之有效、成績斐然之後才有機會管理相應的以職能為導向的管理職位。以「人力資源」為例。其職能約為六個模組：人力資源規劃；招聘與配置；培訓與開發；考核與評價；薪酬與福利；勞動關係。即使本科的專業是人力資源，其畢業時的職業起點，也只能是某一模組的最基礎部分。如薪酬福利模組的文員，從事的也僅僅是日常的文字工作及公司全體員工月度薪酬。甚至有可能從事全公司層面的基礎工作，如前臺文員等。

19　〔元〕釋宗寶：《六祖大師法寶壇經》，《大正藏》第 48 冊，頁 348a。

《人間佛教研究》第十二期（2024）
Studies in Humanistic Buddhism, Issue 12(2024)，100-127

惠能若自恃「弟子自心，常生智慧」而拒絕槽廠舂米，或作務時敷衍了事而非「腰石舂米」，五祖可能傳其衣缽？該學生若無法在店員角色獲得認同，同樣也就沒有下一步。

（二）般若自性與職業感悟

基礎工作何時結束，從而在職業上進一步？取決於當事人是否出現職業感悟。諮詢中關於職業的案例，發現不少人在從業的兩三年內，頻頻在同一水準內跳來跳去，之所以如此，就是對具體的工作沒有感悟。

案例四，一個2010年的畢業生王某，第一份工作是聯合利華的銷售代表，半年後跳去中國移動做客戶服務代表，又七個月跳去招商銀行做櫃員。來諮詢的時候，已從招商銀行離職一個多月，仍沒找到工作。她的職業問題，除了沒有明確自己的職業方向（職業目標）之外，還缺乏職業感悟。於是，更換的工作也就在各行業、各職業的最基礎層面徘徊。

惠能關於本心般若之性的感悟，源於八個月的腰石舂米並借鑒神秀偈得以表述。此二步驟的內涵同樣可以演繹在職業上。

第一、感悟的基礎

對惠能而言，是八個月的腰石舂米。之所以「腰石」，惠能發現自己身材矮小，體重無法壓下木舂，就在腰間掛一石頭以增加重量。因此，感悟的基礎是以發現問題、解決問題且熟能生巧為內涵的自我努力的過程。企業招聘任何職位，都旨在解決問題。王某的第一份工作是銷售助理，是銷售部的基礎職位，屬於文職。其日常工作是記錄考勤、跟進訂單、統計銷量、集合回款、受理投訴、核算提成等。從職業發展的角度看，這是一個相當不錯的職業起點。但對一個沒有工作經驗的畢業生，每一項工作都是新的，且都不容易。沒有一年左右的廢寢忘

食、加班加點，在不斷失誤的過程中改進是無法做到遊刃有餘。王某離職的原因之一，是她無法同時承擔各項工作，也就是說她發現了自己在工作中的問題，卻無法解決。

第二、感悟的心理條件

五祖在囑咐門人作偈時強調：

思量即不中用，見性之人，言下須見。[20]

神秀的「身是菩提樹」之所以不如惠能的「菩提本無樹」，除了兩人之間在根器、見底方面的差異之外，還有一個心理負擔的問題。《行由品》把神秀的心理壓力描寫的淋漓盡致：

數度欲呈，行至堂前，心中恍惚，遍身汗流，擬呈不得；前後經四
日，一十三度呈偈不得。[21]

而惠能在聽完童子唱誦神秀偈之後，即使面對江州別駕帶有嘲諷口吻的質疑，也絲毫沒有心理負擔，反而借機開示：

欲學無上菩提，不得輕於初學。下下人有上上智，上上人有沒意智。[22]

王某離職的另一個原因是心理負擔過重：自上班第一個星期開始就擔心因無法完成日常工作、工作中的失誤，會被公司解除合同。於是，自己主動提出了辭職。

---

[20] 〔元〕釋宗寶：《六祖大師法寶壇經》，《大正藏》第 48 冊，頁 348a。
[21] 〔元〕釋宗寶：《六祖大師法寶壇經》，《大正藏》第 48 冊，頁 348b。
[22] 〔元〕釋宗寶：《六祖大師法寶壇經》，《大正藏》第 48 冊，頁 348c。

　　總結來說，王某之所以在具有相當不錯的職業起點的條件下，無法形成相應的職業感悟，一是因為在困難面前卻步，二是對得失想得太多而形成心理負擔。

（三）悟時自度與職業發展

　　三更，領得衣缽，五祖送至九江驛，祖令上船，惠能隨即把櫓。

　　祖云：合是吾渡汝。

　　惠能云：迷時師度，悟了自度。

　　從自九江渡口始，惠能開始了自度的歷程。按照他自己的說法，其中的驚險、磨難是：「辛苦受盡，命似懸絲」[23]。也正是這超過十五年的自度證悟，令他在廣州法性寺得到印宗等眾法師認可，繼而正是剃度出家，開始承擔如來家業的重任。

　　與禪宗「以心印心」不同，職場中人對具體職位的感悟，往往通過其在工作中遊刃有餘的行為及業績表現出來。繼而在現在的職位上前進一步，獲得職業發展。如何發展則取決於原來的職業平臺（企業）：若企業內部有理性晉升制度及合適的晉升空間，有感悟的員工則被提拔到更高一個職位，繼續去領悟新的工作。反之，則會通過跳槽去外界尋找更高層面的職業領悟。如惠能在四會避難混跡於獵人堆中，「更高層面」並不一定指更好的環境、更高職位，也可以是與之前迥然不同領域，但前後需有一條紅線一以貫之。惠能的紅線是上求佛道（在東禪寺）、下化眾生（在獵人堆）。

---

[23] 〔元〕釋宗寶：《六祖大師法寶壇經》，《大正藏》第 48 冊，頁 350a。

六、未盡之言

本文沒有討論惠能「覺他」與職業管理的借鑒意義。一是惠能「覺他」的案例主要集中在《機緣品》中，超出了本文題目的限制；二是在現實的職場中，已經在各自職業的頂點有所感悟的人，相當稀少。這種感悟，按馬斯洛在對其「需求理論」的後期研究中，參考佛教理論，以近於禪宗的頓悟來形容，並稱之為「高峰體驗」。在筆者所認知的職場人士中，還沒發現擁有或者曾經感受過「高峰體驗」的人。至於非直接接觸的人士，即使有這種體驗，卻非筆者直接認知，也就無法作為案例進行研究。

此外，《行由品》中對職業自我管理的指導意蘊，遠不止上文所列。茲舉四則以共用：

- 吃肉邊菜：職業道德的踐行
- 開示惠明：團隊管理的原則
- 欲學無上菩提，不得輕於初學：團隊建設的底線
- 米熟久矣，猶欠篩在：職業發展從事到理的飛躍

這些探求要得出能夠落到實處的結果，對探求者有一定的背景要求：需同時具備企業職場經驗、佛教文化薰陶兩個要素。

《人間佛教研究》第十二期（2024）
Studies in Humanistic Buddhism, Issue 12(2024)，*100-127*

【徵引及參考文獻】

一、古籍

〔北涼〕曇無讖譯：《大般涅槃經》卷四，《大正藏》第12冊。

尊者僧伽斯那撰，〔蕭齊〕求那毗地譯：《百喻經》，《大正藏》第4冊。

〔東魏〕瞿曇般若流支譯：《金色王經》，《大正藏》第3冊。

〔唐〕般剌蜜帝譯：《大佛頂如來密因修證了義諸菩薩萬行首楞嚴經》，《大正藏》第19冊。

〔元〕釋宗寶編：《六祖大師法寶壇經》，《大正藏》第48冊。

二、近人論著

（一）專書

〔美〕彼得・聖吉（Peter M. Senge）著，郭進隆譯：《第五項修煉》，上海：上海三聯書店，1998年。

〔美〕彼得・德魯克（Peter Ferdinand Drucker）著，齊若蘭譯；《管理的實踐》，北京：機械工業出版社，2009年。

〔美〕理查・尼爾森・伯里斯（Richard N. Bolles）：《你的降落傘是什麼顏色？》，北京：中國友誼出版公司，2018年。

〔美〕愛德格・施恩（Edgar.H.Schein），北森測評網譯：《職業錨》，北京：中國財政經濟出版社，2004年。

〔美〕洛克，鍾谷蘭，曾垂凱、時勘譯：《把握你的職業發展方向》，北京：中國輕工業出版社，2006年。

林有能、黃錚主編：《六祖慧能文化研究會論文集》，香港出版社，2004年。

Stephen R.Covey: "The 7 habits of high effective people", Franklin Covey Co.,1989。

（二）期刊論文

陳兵：〈佛學研究方法論〉，《法音》1999年第3期，1999年3月，頁4-8。

龔鵬程：〈佛教與企業管理——現代宗教如何面對現代的方法論反思〉，《宗教哲學》第6期，1996年4月，頁19-30。

三、網路資料

星雲大師全集，網址：http://books.masterhsingyun.org/ArticleDetail/artcle8641。

《人間佛教研究》第十二期（2024）
Studies in Humanistic Buddhism, Issue 12(2024)，100-127

A study on the Career Management based on Altar Sutra - Action and Intention The Sixth Patriarch's Dharma Jewel Platform Sutra_Chapter 1

Song yuehua*

Abstract

As Druker's saying management is more than a discipline, but a culture with its own value, beliefs, tools and language. The same goes for career management. In this article, the author tries to found a career management theory on the foundation of Buddhism philosophy sourcing from Sutra Spoken by the Sixth Patriarch, a classic of Chan Buddhism, and then discusses two career joints of self-management, like career goal and career development, with some consulting cases. The author holds that one can manage his career under the guiding of Buddhism philosophy. Furtherly speaking, in the first joint, the author puts forward the principle of goal setting based on the essence of just to be a Buddha. And in the second joint, the author explains career's beginning, perception and development according Huineng's experience in firewood splitting and rice pounding, his realization of Prajñā and his salvation by self-enlightenment. The author believes career management can be a practical management model if we do self-management under the analysis above.

Keywords: Career management , Altar Sutra , Action and Intention

* **Song yuehua,** Lecturer, Department of Philosophy, South China Agricultural University.

《人間佛教研究》第十二期（2024）
Studies in Humanistic Buddhism, Issue 12(2024)，128-161

佛寺慈悲管理經驗在企業人性化管理中的應用

李棟財*

摘要

　　在佛教寺院的日常管理中，慈悲思想始終貫穿其中。受慈悲思想影響的佛寺慈悲管理經驗可以通過清規制度建設、內部僧眾溝通管理、對外公共關係管理等三個方面展現出來。西方管理學界通過對人性進行多次假設研究之後，認為人性化管理是企業現在與未來發展的主流管理方法。企業人性化管理可以在管理制度建設與優化、加強內部溝通、令員工獲得歸屬感、讓員工更好適應管理模式等四個方面，獲得與佛寺管理具有相通之處的經驗借鑒。

關鍵詞：佛教文化、慈悲管理、企業管理、文化互鑒、人性化管理

* 李棟財：福建師範大學中國史博士後科研流動站博士後研究員。

一、引言：佛教慈悲人性內涵疏略

從舊時印度龍樹大師論「大慈大悲名為一切佛法之根本」[1]，到今時中國印順法師（1906~2005）談：「慈悲為佛法宗本」[2]，慈悲思想是佛教教法的根本思想之一是無疑的。佛教教義中的慈悲精神是佛教徒日常行為舉止的基本指導精神，也被視為人性的本質所在，在佛教寺院的日常管理中處處可以見到這一思想的體現。在當今企業管理者們一直宣導的人性化管理模式中，很多內容都與佛教慈悲人性思想內涵有相同性，如尊重一切人、愛護一切人、齊心為集體共同努力等，因而才有了本研究展開論述的可能性與必要性。

由於佛菩薩的慈悲，他們會不斷為眾生講經說法，傳授「慈悲」的教義，「如是佛世尊，一切智中師，慈悲為有情，廣說真實語」[3]。「慈」與「悲」在佛教巴利文文獻中最早是兩個獨立意義的詞彙，「慈」是巴利語「metta」意譯，是「朋友」、「親密之人」「mitra」的衍生語，意思為真實的友情，純粹親愛的意思。「悲」是巴利語「karuna」的譯語，意為「哀憐、同情、溫柔、有情」[4]。「慈悲」這個詞或者「慈」、「悲」兩個字在不同時期的佛教經典中都有頻繁出現，同時會出現不同面向的詮釋。如在原始佛教時期的《長阿含經·大本經》中，談到：「以慈悲心故，為說四真諦。」[5]慈悲之心是佛菩薩開示苦、集、滅、道四聖諦法的內在動因，慈悲思想也貫穿在學說當中。此時，在談論慈悲的時候，往往會將「慈」和「悲」兩個概念作為重要修行方法進行介紹，如

---

[1] 龍樹菩薩造，鳩摩羅什譯：《大智度論》第 27 卷（石家莊：虛雲印經功德藏，2006 年 3 月），頁 1030。

[2] 釋印順：《學佛二要》（臺北：正聞出版社，1981 年 4 月），頁 117。

[3] 〔日〕高楠順次郎等編：《大正藏》第 1 卷（東京：大正一切經刊行會，1986 年 2 月），頁 5。

[4] 〔日〕中村元著，江支地譯：《慈悲》（臺北：東大圖書公司，1997 年 7 月），頁 13-15。

[5] 〔後秦〕：佛陀耶舍、竺佛念譯：《長阿含經》，《大正藏》第 1 冊，頁 5a。

《人間佛教研究》第十二期（2024）
Studies in Humanistic Buddhism, Issue 12(2024)，128-161

《增壹阿含經‧苦樂品》中：「行四梵行，慈、悲、喜、護」[6]。相對「悲」來說，談「慈」的內容更多，「當行慈心，廣布慈心，以行慈心，所有瞋恚之心自當消除」[7]。隨著大乘佛教思想的盛行，越來越多關於慈悲思想的經典或論著出現，慈悲與智慧相結合的大乘菩薩修行解脫路徑獲得推崇，漢傳佛教體系下的佛教信徒尤為將「大慈大悲」的慈悲思想視為弘教重點。如何是「大慈大悲」？「大慈與一切眾生樂，大悲拔一切眾生苦；大慈以喜樂因緣與眾生，大悲以離苦因緣與眾生。[8]」為了讓更多普通民眾熟悉和瞭解佛菩薩的慈悲，被視為「接引導師」的西方極樂世界阿彌陀佛、發願「地獄未空、誓不成佛」的地藏菩薩、「隨類度化」的觀音菩薩三者的感應事蹟被極力推廣。「一切眾生皆有佛性」的思想，在中國自東晉道生法師（355~434）以來，特別是《北本涅槃經》傳來之後，已然為佛教界共識。因而在佛教界看來，佛菩薩具備的「慈悲」思想，也自然是人性所具備。而這幾位佛菩薩在中國受到龐大人群的信仰與禮拜，同時很多人受其影響發慈悲心、行諸善事，也說明這種「慈悲」思想確實滿足大眾所需，契合普通的世俗人性。

佛教慈悲人性思想內涵在人世間的落地，不僅僅是教授宗教意義上的解脫，如何在當下生活中去領悟與踐行也十分重要。「慈悲是覺悟的來源和要素，也是覺悟行為的中心，慈悲是真正對人對己都有利的，利益社會和眾生就是在真正地利益自己。」[9]慈悲思想是人性本來所具有的，佛教指導大家要多用這種思維去關注其他人以及整個社會，而不僅僅是對自己「慈悲」。受這種思想最直接的就是寺院的僧人，僧人在自我修行以及對信眾的布教說法過程中，慈悲思想會影響

6　〔東晉〕瞿曇僧伽提婆譯：《增壹阿含經》第 48 卷，《大正藏》第 2 冊，頁 808b。
7　〔東晉〕瞿曇僧伽提婆譯：《增壹阿含經》第 41 卷，《大正藏》第 2 冊，頁 772c。
8　龍樹菩薩造，〔後秦〕鳩摩羅什譯：《大智度論》第 5 卷，頁 256。
9　李桂紅：〈佛教的慈悲利他思想對當代文學發展的啟示〉，《北京航空航天大學學報（社會科學版）》2003 年第 4 期（2003 年 4 月），頁 25。

到他們的行為。佛寺的住持或者其他執事在嚴格按照清規戒律去管理約束普通僧眾時，也可以在很多地方見到他們管理行為中慈悲精神的體現。雖然他們在修行觀念上提倡「生死無常」、「放下臭皮囊」，但對常住僧人的吃穿住行也會多加考慮[10]，在生活的很多方面會去細心關照大家，這也是慈悲精神在修行者身上自然的體現。

從古至今的佛教高僧在著論、說法的時候，都強調「慈悲」的重要性，強調眾生應將凡夫的心回歸到「慈悲」的本性之中，同時不斷的提出更符合時代的修行與實踐方法。佛教寺院管理者受這種思想的影響，形成慈悲管理的鮮明管理風格。

二、佛寺慈悲管理經驗述要

作為佛寺的管理人員，具備慈悲心的慈悲管理是基本管理要求。作為寺院最高管理者的住持，要用「運大心」、「廓大慈悲」的慈悲之心和行動發揮帶頭示範作用。「宜運大心，演大法，蘊大德，興大行，廓大慈悲，作大佛事，成大益利」[11]。佛教慈悲思想在佛寺日常管理行為中得到貫徹，這一點可以通過他們很多方面的表現中瞭解到，尤其在其清規管理制度建設、內部僧眾溝通管理、對外公共關係管理等三個方面表現較為突出。

---

[10] 李棟財：〈古代禪師言行對現代企業管理借鑒作用的思考——以《禪林寶訓》為例〉，《法音》2020年第5期（2020年5月），頁69。
[11] 〔日〕無著道忠著，朴鵬勒釋譯；《禪林象器箋》（北京；東方出版社，2019年5月），頁182。

（一）在清規管理制度建設方面

　　印度佛教文化在中國傳播的過程中，如何對教義禮制的詮釋更適應中國的國情、符合民心的期待是外來與本土僧人都十分關注的問題。相對於佛學思想的中國化速度，戒律和僧團制度的大乘化、中國化建設方面略微慢了一些。尤其極具中國特色的禪宗主張不立文字、直指人心，這與小乘律中諸多細節束約極不相應[12]，在管理制度上必須要有所創新。始創於唐代中期的《百丈清規》，是中國化的佛寺管理制度標杆，最早彌補了此中空白。該清規係百丈禪師在研習佛教本有之大小乘戒律，即所謂「折衷佛律，五篇七聚」[13]、「梵檀擯治，自恣舉過」[14]等法的基礎上，結合中國本土的儒家倫理思想與制度而制定。既符合傳統佛制，也為中土國家政權統治者、信眾以及其他民眾所能接受。自此之後，不同地區的寺院管理者及其管理班子會根據本身所在寺院的實際情況，慈悲地參照《百丈清規》樣本建立自己的規章制度。

　　佛寺管理的「慈悲」不是沒有原則和要求的管理，慈悲的管理對被管理者同樣有很具體的規範標準。管理者會慈悲地制定出鉅細靡遺的詳細管理要求，以此來保障寺院的日常工作運轉，以及每個僧人可以衣食無憂、安心辦道。以近代高僧虛雲長老（?~1959）所倡立的佛寺清規為例，首先，會根據寺內不同部門崗位的設置，分別制定要求：《客堂規約》、《雲水堂規約》、《禪堂規約》、《庫房規約》、《浴室規則》等。其次，對於日常重要的宗教活動，都有詳細的程式性說明，如僧眾禪堂集體禪修需要遵守的《坐香規約》、寺院傳授三壇大戒時戒

---

[12] 王永會：〈「百丈清規」與中國佛教僧團的管理創新〉，《宗教學研究》第 2 期（2001 年 2 月），頁 118。

[13] 〔元〕釋德煇編：《敕修百丈清規》第 2 卷，《大正藏》第 48 冊，頁 1121e。

[14] 〔元〕釋德煇編：《敕修百丈清規》第 2 卷，《大正藏》第 48 冊，頁 1121e。

子需要奉行的《請戒開導》、《教衣鉢法》、《授比丘戒法》等，還有一些集體宗教活動中常用的公告格式，也有制定範本作為參考，如《散簽習儀榜》、《十師戒源榜》、《兩序職事榜》等。在這些規定中可以看到，清規不僅要保障寺中常住僧人的生活修行方便，也要愛護外來掛單的僧人，「凡來掛單，寮元須問有鉢否？過堂須用鉢，如無，由寮元代向常住借用」[15]。當然，照顧外來僧眾的同時，也不能損失常住財物，否則也會被處罰，「若去時，歸寮元收回還常住，誤者罰」[16]。

佛寺在制定清規的同時，會慈悲地依據寺院中每個具體的工作崗位功能進行細化，設置不同職務及制定其詳細工作職責。在《敕修百丈清規·兩序章第六》中記載，除統理寺務的最高職位住持外，下設西序六頭首（首座、書記、知藏、知客、知浴、知殿）、東序六知事（都寺、監寺、維那、副寺、典座、直歲）、列職雜務（寮主、淨頭、園主、磨主、水頭、炭頭、化主、莊主、諸莊監收）等，分頭掌管各自事務。每個人在履行工作時，也要求有慈悲利他之心，「兩序之設，為眾辦事……所謂成己而成人者也」[17]。

作為寺院最高的管理者住持，在生活和工作中不能搞特殊，要慈悲愛護每一個常住僧眾。住持除行使自己的管理職權之外，不得無故不參加集體的宗教修行活動、出坡勞動。即使身體十分不舒服，也要履行必要的告假程式，「上白住持，以至清眾，有病者，須到客堂告假」[18]。住持的經濟收入也與大家相同，除非有一些特別的貢獻，「大眾月單費，上自住持以至班首職事清眾，一律每月送錢五百文，除有特別功勞，於月單外，相當酬勞」[19]。在清規中，對住持還有其

---

[15] 釋淨慧主編：《虛雲和尚全集·第4冊·規約》（鄭州：中州出版社，2018年4月），頁16。
[16] 釋淨慧主編：《虛雲和尚全集·第4冊·規約》，頁16。
[17] 〔元〕釋德煇編：《敕修百丈清規》第4卷，《大正藏》第48冊，頁1130c。
[18] 釋淨慧主編：《虛雲和尚全集·第4冊·規約》，頁4。
[19] 釋淨慧主編：《虛雲和尚全集·第4冊·規約》，頁1。

《人間佛教研究》第十二期（2024）
Studies in Humanistic Buddhism, Issue 12(2024)，128-161

他一些詳細的專項要求，專門約束其言行。如果沒有客人來的話，住持也要隨普通僧眾一起過堂用齋，而非單獨享用特別的飯菜，「住持須隨眾上殿堂坐香，除客請外，不得辦小寮菜」[20]。住持在任時，不能在自己住持的叢林寺院周圍發展私人子孫寺院，「住持不得於附近私住小廟，妨害常住緣法」[21]。住持退居之後，也不可以享受特別的住宿優待，「住持退居，宜由大眾選擇相當寮房，為退居寮，不得任意自建寬廣大舍，浪費常住資財」[22]。限制住持種種有可能存在的特權，是為了讓他可以盡到慈悲平等愛護每位常住僧人的責任，「與士卒同甘共苦，這是帶兵將官的美德，也是能抓住部下向心力的好方法。有鹽同鹹，無鹽同淡，這是住方丈當住持應有的操守」[23]。

佛寺管理雖然有慈悲的特徵，但對犯錯僧人會有相應的輕重處罰。犯規輕者有罰跪香、張榜示眾、罰錢等懲罰方法，遇到觸犯清規比較嚴重的個別僧人，要擯出、滅擯，令其還俗，及時將他清除出僧團，避免給僧團帶來更多負面影響。當然，清規也保留了僧人在沒有犯錯的情況下，自己回到普通人生活的自由，即歸俗。「歸俗，謂僧道無罪，自願歸家也」[24]。

（二）在內部僧眾溝通管理方面

寺院管理者在日常管理中，內部溝通是十分重要且常見的工作。佛寺管理者要想與寺內僧人有良好的溝通，需要注意溝通的方法和效率，慈悲管理的理念在其中所發揮的作用極為重要。

---

[20] 釋淨慧主編：《虛雲和尚全集·第 4 冊·規約》，頁 4。
[21] 釋淨慧主編：《虛雲和尚全集·第 4 冊·規約》，頁 1。
[22] 釋淨慧主編：《虛雲和尚全集·第 4 冊·規約》，頁 1。
[23] 釋淨慧主編：《虛雲和尚全集·第 7 冊·追思錄》（鄭州：中州出版社 2018 年 4 月），頁 31。
[24] 〔日〕無著道忠著，杜曉勤釋譯：《禪林象器箋》，頁 336。

　　佛教所謂的「慈悲」是修行者修心的目標，進而自然影響到自己外在的行為表現。作為「慈悲」修行者表率的佛寺管理者，往往首先自己修為造詣高，強調對個人的要求嚴格，然後擴大到對其他人的約束。作為寺院最高管理者要慈悲地以身作則，這樣才能獲得大眾僧人擁戴，也是溝通管理工作獲得大家認可的前提。以虛雲長老為例，他一生修建大小寺院八十多座，領眾修行，工程建設，農場開荒，都是親力親為。而且「凡是將某一道場興建完成，必選一位德學兼優、行願相應之大德為住持。凡是常住之物，全部移交，自己不帶絲毫的東西而出門」[25]。佛寺管理者的慈悲管理，既要求管理者的管理工作以慈悲心去完成，也要求管理者要有較高的宗教修為造詣。如果虛雲長老沒有較高的淨行、苦行、忍行、定行、悲行的修行境界，以及其鮮明的禪風號召，很難得到眾多四眾弟子的認可，更難以說服別人出款出力支持他復興多座禪林的龐大工程。

　　佛寺中的管理者會根據每個僧眾情況，慈悲的引導適合他們的修學方法。在世界各大宗教中，佛教以典籍最豐富、思想教義最為龐雜而著稱，不勝枚舉的信仰學說、修行方法能夠滿足各類不同的人群。佛教文化自印度傳入中國之後，在隋唐時期逐步形成了中國化的天臺宗、華嚴宗、禪宗等宗派，基本涵蓋、滿足了本土各類佛教信仰者對於宗教修行方法和理論的渴求。追求哲學高深義理的僧眾，可以入唯識、華嚴宗派的僧團專修。而文化程度有限、無法深入繁瑣論證佛理的僧人，可以到三根普被的淨土宗研習。各種宗派之中還有不同的支流分派可以選擇，單單以禪宗一門來看，就有五家門派可以供你選擇。門派雖有五個，但所傳的均是佛教的「實相般若」，只是形成五個不同的師承關係而已，「所謂五家宗派者，是五家其人，而非五其道」[26]。法門、宗派眾多，正是為了契合不同

---

[25] 釋淨慧主編：《虛雲和尚全集・第 7 冊・追思錄》，頁 58。
[26] 〔宋〕釋智昭編，尚之煜釋讀：《人天眼目釋讀》（上海：上海古籍出版社，2020 年 7 月），頁 4。

禪門弟子的根基。個人夙世因緣、悟性慧根大有區別，很難以一種方法令眾人皆悟。學禪者選擇其中對機的師承、禪法，但只要一門深入，皆能通過用功達成解脫的終極目的。

佛教尤其是禪宗十分重視四處行腳參學的修學方法，「宜乎見賢思齊，當仁不讓。慕雪山之求法，學善財之尋師」[27]。僧人往往是為修道而來寺，如果佛寺不能提供良好的修學環境和佛學指導，那他們就很有可能另投名師。佛寺中的管理者往往不僅自己具備較高的佛學智慧和修行水準，而且也十分擅長慈悲的指導每個僧人的學修，不斷給予他們點撥，從而使其留下來安心辦道。

佛寺管理者在對寺眾的具體佛學指導過程中，處處可以見到慈悲思想的影響。他們在對徒眾的教學中，時刻強調慈悲是求得佛教智慧的首要因素，要他們重視「大悲心」的學習，「學般若菩薩，先當起大悲心，發弘誓願。靜修三昧，誓度眾生，不為一身獨求解脫」[28]。禪宗作為自力法門，與淨土宗的他力法門不同，重視師徒親自傳授的方式，指導老師更為重要，「天竺相承，本無文字，入此門者，唯意相傳」[29]。管理者要對寺內僧眾的參學體驗、修學見解經常進行考核，對其優劣高下給予中肯評價，常常還要與其中數人「鬥機鋒」，有時還需「棒喝」，這都需要慈悲的耐心以及豐富的禪學指導經驗結合才能完成。遇到修學成績甚佳的學僧時，他們會由衷讚歎，給予極大鼓勵，「只這一頌，可繼吾宗。子後有王侯敬重，吾不如汝」[30]；遇到根基好、特別適合其他寺院某個高僧指導的，會為學僧舉薦他處，「汝不得向別處去，直向高安灘頭見大愚去」[31]；

27　〔明〕釋如巹著，張學智釋譯：《緇門警訓》（北京：東方出版社，2018 年 5 月），頁 28。
28　〔明〕釋如巹著，張學智釋譯：《緇門警訓》，頁 39。
29　魏道儒等著：《世界佛教通史·第 4 卷·中國漢傳佛教（西元 7 世紀至 10 世紀）》（北京：中國社會科學出版社，2015 年 10 月），頁 470。
30　〔宋〕圓悟克勤編撰，任澤峰釋譯：《碧巖錄》（北京：東方出版社，2018 年 2 月），頁 43。
31　〔宋〕圓悟克勤編撰，任澤峰釋譯：《碧巖錄》，頁 54。

當遇到掛單學僧未把握之前在其他寺院學修機會時，會讓他馬上回原寺求道，「西蜀有古佛出世，汝且速回」[32]。正是這種無私的慈悲指導，使學僧受益匪淺，從內心由衷感謝，「吾得天龍一指頭禪，平生用不盡」[33]。在溝通教學工作完成之後，管理者可以發現每個僧人能力適配的具體崗位，然後給予公平的職務安排，從而加強整體的人才選拔任用工作，「僧眾請職，必須量才，不得私情取用」[34]。

（三）在對外公共關係管理方面

佛寺作為修行的淨土，不僅是僧人專修的地方，也吸引了很多神往的在家信徒、香客和普通民眾參訪。佛法的住世事業不僅需要僧人主持，也需要社會大眾的普遍認同與支援，而護持佛法的居士群體也由這些普通來訪人士轉化而來。佛寺管理者與社會大眾的互動，是其對外公共關係管理能力的直接體現。在這一方面，佛寺管理者也有很多充分運用慈悲精神進行管理應對的寶貴經驗。

佛寺管理者對於來寺的在家人士，均以慈悲心給予一視同仁的接待。出家僧人與在家信徒是互為一體的關係，同時在佛教思想中看來「眾生平等」，所以無論職業、貧富、種族等各種外在的客觀區別如何，佛寺中的管理者一般會「處世接物，一律平等。慈顏溫語，滿座騰歡，而日用四威儀中仍不失其嚴肅」[35]。以慈悲的形象去平等對待每個來客，同時也不失威儀，因而可以深獲信眾的愛戴和支援。

---

[32] 〔宋〕圓悟克勤編撰，任澤峰釋譯：《碧岩錄》，頁 102。
[33] 〔宋〕圓悟克勤編撰，任澤峰釋譯：《碧岩錄》，頁 79。
[34] 釋淨慧主編：《虛雲和尚全集・第 4 冊・規約》，頁 5。
[35] 釋淨慧主編：《虛雲和尚全集・第 7 冊・追思錄》，頁 112。

《人間佛教研究》第十二期（2024）
Studies in Humanistic Buddhism, Issue 12(2024)，128-161

　　當社會民眾有慈善事業需要時，佛寺管理者及普通僧眾會慈悲地挺身而出。由於佛教在中國民間有大批的信眾，同時佛寺具有獨特的宗教公信力，因而易於形成較強的號召力。從西晉以來，一些漢譯佛教經典中都提到福田的概念，「指人們為將來的福報所做的事，就好像播種撒種可致收穫一般」[36]。福田思想的廣泛傳播，極大地帶動了信眾參與善事的熱情。佛寺主持開展的佛教慈善事業，已然在我國慈善史上佔有十分重要的地位。早在東漢末年佛教傳入中國初期時，就有佛寺大量施粥給災民的記載。抗戰時期，全國佛教界成立多支「僧伽救護隊」，對傷兵與難民開展救助。如漢口佛教正信會與武昌佛學院組織的救護隊，還有在上海成立的「中國佛教會災區救護團」，這些善舉在與愛國愛教思想相結合的過程中取得了新高度。

　　佛寺對於不同根基的在家信眾，慈悲地運用有所差異的方法進行交流教學，以便讓信眾在佛法中有所收穫。對於部分追求較高精神享受的知識份子，佛寺為他們提供禪詩、禪宗語錄、禪林筆記等佛教文藝作品，令其閱後有所悟得：「文字般若居三般若之首，從文入觀而有觀照般若，由觀照功成而開發實相般若」[37]；如果有對書法、書畫有興趣的在家信徒，則以此吸引他們來學習佛法。如弘一大師（1880~1942）書法與佛理俱佳，聲名遠播，很多人求見他並非為求知佛法，而只是為求得他的墨寶，故而其弟了問他：「世人求字不求法，何必了之？」弘一大師回答：「吾字即佛法，求吾字即求佛法」[38]。以此可以見到弘一大師期望通過書法藝術令他人與佛結緣的慈悲願心。佛寺在普通民眾中間傳播佛教信仰的方式更是多種多樣，往往採用講故事、白話解讀佛經等通俗易懂的方式宣揚佛教基本教義，還通過舉辦誦經、念佛等主題的法會吸納大家參加，而近代

---

[36] 賴永海主編：《中國佛教通史·第4卷》（南京：江蘇人民出版社，2010年8月），頁415。
[37] 竺摩法師著，盧友中編：《竺摩集（下）》（北京：宗教出版社，2014年7月），頁228。
[38] 王秋香：《弘一法師翰墨因緣》（臺北：雄獅圖書股份有限公司，1996年10月），頁73。

以來，淨土法門成為僧俗都推崇的修行法門。相對其他宗派而言，淨土宗的宗義思想簡單明瞭、修行方法便捷易行，更容易為普通在家信眾所接受，因而獲得眾多寺院力推。

佛寺在對外接眾的方法方式上，在慈悲的與時俱進，從而更好的服務有緣之人。隨著網路時代的來臨，互聯網媒介的應用已經成為很多寺院傳播佛教文化、介紹自身佛寺的標配。佛寺的官方網站、佛教經典的線上閱讀、線上禮佛等形式早已司空見慣，法師個人微博、博客、網頁以及線上直播講經也是習以為常。佛寺管理者的這種慈悲管理方法，令其能夠更加準確觀察到社會民眾的需要，不落後於社會與時代，從而持續獲得大眾源源不斷的支持。也正是因為中國歷代佛寺管理者大多擅長於對外公共關係的處理與應對，佛教得以有龐大的在家信徒與支持者隊伍，這也直接使得佛教文化的地位可以在中國與本土儒家、道教文化並駕齊驅，成為中國文化的重要組成部分。

在佛教慈悲管理的方法中，清規管理制度建設是其基礎，對內部僧眾溝通管理、對外公共關係管理這兩方面的觀察可以瞭解其大致輪廓。正是這些管理內容的成功實踐與不斷發展，使得佛寺的運營可以長久不衰，成為我們現代企業在管理過程中值得借鑒的典範。

三、管理學界對人性認識的變化及企業人性化管理的核心思想

在企業管理學界之中，人性化管理模式是繼古典管理、行為科學與現代管理之後管理理論與實踐的又一次革命將是當前和未來一種主流的管理模式，而在這其中對於「人性」的認識在其中發揮了重要作用。企業人性化管理是在充分認識人性的基礎上，充分利用和發揚人性中有利的一面為企業的管理服務，同時對於其中不利的方面儘量減少其負面作用。相對其他的管理方法而言，它有其獨特的思想內容。

《人間佛教研究》第十二期（2024）
Studies in Humanistic Buddhism, Issue 12(2024)，128-161

（一）西方管理學界對人性認識與討論的衍變

對人性的研究是解決現實世界中諸多問題的根本，企業人性化管理理論正是建立在「人性」探討基礎之上。人們在日常管理的實踐中逐漸意識到，人性不能簡單的以「善」、「惡」來歸類。「一部管理史，就是一部對『人性』認識不斷豐富、發展和完善的歷史」[39]。回溯人類社會中管理的歷史可以發現，這就是人性間心理和行為互動過程的歷史，也是人類認識人性和運用史，因而管理學也可以被稱為「人性之學」。

如何認識人的本性、人在管理領域的地位以及人與管理目標的關係，一直是企業管理學所關注的核心問題。隨著近現代相關管理問題的深入實驗和探討，企業的人性化管理理論逐步羽翼豐滿。而有關「人性」的研討至今，相關學者先後提出了五種對人性的假設：

1.「經濟人」假設

又稱「實利人」假設，以泰勒（Frederick Winslow Taylor，1856~1915）為代表的科學管理理論在十九世紀末提出，美國心理學家麥克雷戈（Douglas McGregor，1906~1964）針對歷史上的這類假設提出了「X理論」。該假設認為，人的行為動機源於經濟利益的驅動，一切行為都是為了私利的最大化。大多數人都是生來懶惰，以自我為中心，對組織集體的目標不關心，不喜歡其承擔責任，經濟手段是唯一能調動人的積極性的手段。「X理論」的管理特點就是「胡蘿

---

[39] 萬翔：《超理性管理與競爭：管理者走進人性與文化的深處》（北京：中國紡織出版社，2014年7月），頁31。

葡」加「大棒」，胡蘿蔔的作用在於滿足人的物質追求，保持其行為動力，而大棒的作用在於使人的行為與組織目標保持一致性。這種「假設」沒有觀察到人類複雜的「社會」屬性，把人當成是一種純粹的「經濟動物」，過於片面。

2.「社會人」假設

又稱「社交人」假設，霍桑實驗的主持者梅奧（George Elton Mayo，1880~1949）提出了這種假設，此假設突出了人際關係對個人行為的作用。他認為人的行為動機不只是追求金錢，每個人對社交的需求比經濟需求更為強烈。員工的心理因素和社會因素對其生產積極性的影響很大，人們會從工作中的社會關係去尋求樂趣和意義。企業要想提高效率，要注重員工安全感和歸屬感的培養，大量發揮「非正式組織」的作用，讓他們為達到企業目標而努力工作。該假設在管理史上第一次明確了人在管理中的重要地位，強調領導者必須在企業的正式組織的經濟需求和工人的社會需求之間謀求平衡，為人性化管理模式的最終推出打下基礎。

3.「自我實現人」假設

美國管理學家馬斯洛（Abraham Harold Maslow，1908~1970）首先提出，美國心理學教授麥格雷戈形成與之相應的「Y理論」。該觀點認為：人除了有社會需求外，還有一種想充分表現自己的能力，希望能發揮自身潛能及實現自我價值。「Y理論」認為人性本善，大多數人是勤奮的，能夠積極主動的去工作，願意承擔責任，具有自我控制和協調的能力。 管理人員的責任是盡量把工作安排得富有意義，具有挑戰性，使工人在工作之後能引以為豪，滿足其自我實現的需

《人間佛教研究》第十二期（2024）
Studies in Humanistic Buddhism, Issue 12(2024)，*128-161*

求，這樣才能發揮出他們最大的潛力。這種假設對人類的動機做了過分樂觀的假設，人們往往高估自己對企業的貢獻，無法客觀評估自身的能力以及為企業產生的價值。

4.「複雜人」假設

美國職業指導專家沙因（Edgar H・Schein，1928~）在研究中發現，前面三種對人性的假設都有片面性，而且沒有考慮人的個性、需求的差異和客觀環境對人的影響。人不但工作動機複雜，而且變動很大，在不同的組織環境與時間、地點會有不同的需求。他主張在管理實踐中，管理者應考慮現實情況，具有洞察人的個性差異的能力，協調組織目標和個人目標激發人的內在動力並能隨機應變地採取適當的管理方法。[40]該假設是對複雜的人性世界更加客觀的反映，也是支持人性化管理的重要理論觀點，對於如何進行人性化管理具有指導意義。

5.「文化人」假設

日裔美籍管理學家威廉・大內（William Ouchi，1943~）提出該假設，他認為：人是「有文化的人」，其行為模式受到文化傳統與氛圍的影響。企業內部共同所遵守的特定文化傳統、行為規範、道德水準，對於企業的生存和發展具有重要影響。他呼籲管理者應重視企業文化建設，使企業和員工之間形成共同的價值理念和行為規範，從內在道德規範上去規範員工的外在行為準則，全面凸顯和尊

---

[40] 傅強：《論人性化管理理論在國有企業思想政治工作中的運用》（北京：北京交通大學法學碩士論文，2008 年 6 月），頁 14。

重管理人性化這一企業理念。[41]該理論的提出，使管理學界更加注重人的精神世界和組織文化建設，人性化管理日益顯得更加重要。

從「經濟人」的假設到「社會人」的假設，再到「文化人」的假設，反映了人類對人性認識進步的歷程，與之相應的企業管理模式也在不斷轉換。在這一系列的探討之後，充分認識人性、按照人性的特點去開展管理工作，也成為現代企業管理的大趨勢。

（二）企業人性化管理的主要思想內容

人性化管理不同於把人作為工具、手段的傳統管理模式，而是在深刻認識人在社會經濟活動中的作用基礎上，從人的角度來考慮一切問題，突出人在管理中的地位，實現以人為中心的管理。「企業人性化管理，也可稱之為柔性管理、人道主義管理、人本主義管理，指的是在整個企業管理過程中充分重視人的因素，始終把人放在開展各項具體管理活動的首位，通過妥善處理管理主客體的關係、企業與員工的關係、企業與環境的關係，以及採用合乎人性的管理手段、管理制度、管理理念來充分發掘人的潛能，從而達到既實現企業的各項經營管理目標和可持續發展又滿足員工、股東、顧客和社會需要的管理模式。」[42]。

在人性化管理的理論中，有如下種種的理論認識：

1.強調人的主體地位：決定一個企業發展的不僅在於資源、設備，更在於人

---

[41] 馬曉璐：《我國國有企業人性化管理的研究》（南寧：廣西工學院管理學碩士論文，2012 年 5 月），頁 18。

[42] 曲宏飛：〈企業人性化管理存在的問題及纠偏策略〉，《山西青年管理幹部學院學報》2010 年第 2 期（2010 年 6 月），頁 76。

《人間佛教研究》第十二期（2024）
Studies in Humanistic Buddhism, Issue 12(2024)，128-161

所擁有的知識和技能。人是一切資源中最重要的資源，尤其在當今知識經濟時代，人是對知識資源的創造性利用的主要載體。企業是由人組成的集合體，必須依靠人的經營理念，通過全體成員的共同努力，才能創造企業業績。要相信人的能力，把人的因素放在中心位置，充分依靠和利用組織的人力資本，最大限度調動人們的積極性，釋放其潛能，讓被管理者以極大的熱情和創造力投身於企業的工作之中。

2.重視人的需要：人的行為由動機決定，而動機則是由需要所引起。要激發人的動機，就必須重視人的需要。只有不斷滿足人的合理需要，才能有效激發人的內在動機，令其自覺行動。不僅「消費者是上帝」，「員工也是上帝」，要從人的需要出發，真正關心員工、尊重員工、信任員工，把關心人的成長、尊重人的價值、信任人的才能作為管理工作的出發點和歸宿。在管理中重視員工參與，充分發揮其主觀能動性和創造性，如此才能充分挖掘潛藏在廣大員工心中的能動性；

3.尊重每一個人：無論是領導或員工，每個人都有做人的尊嚴和做人的應有權利。尊重別人，就要尊重別人的人格，尊重別人的勞動。管理者在工作中要給員工以充分的尊重，不能把員工視作單純的「經濟人」，要在管理制度約束的基礎上尊重人對自由的嚮往。注重他們人格尊嚴、勞動價值以及自我實現等多層次精神需求的滿足，提供能充分發揮其才能、實現其價值的工作環境，減少管理者與員工之間的心理隔閡，通過彼此無拘無束的交流增進信任，以激發他們工作的積極性和創造性；

4.注重提高人的能力：一支訓練有素的員工隊伍，是企業獲得成功的基礎。管理不僅僅是追求效益，還要促進人的發展。企業員工個人的全面發展和素質的提高，是實現企業目標的決定性、穩定性和長遠性因素。技術日新月異，升級週期不斷縮短，知識更新速度不斷加快，每個人、每個組織都必須不斷學習，以適

應環境的變化。要非常注重讓手下員工接受各種培訓，不斷提高業務素質，對有才幹的員工因才施用，這樣才能提高工作效率，取得企業競爭的優勢和良好的經濟效益。

5.重視凝聚人的合力：凝聚力強的企業，其員工會緊緊圍繞企業目標，互相信任，互相協作，在企業內部形成一種積極向上、團結有力的良好工作氛圍。管理者不僅要研究每位成員的積極性、創造力和素質，還要培養員工良好的群體意識，完善大家之間相互溝通的順暢管道，建立和諧的企業內部人際關係。鼓勵員工通過各種途徑為企業發展獻言獻策，通過創造整體良好的企業文化氛圍，鑄造員工共同的行為模式，將員工個人目標有效地統一到企業的組織目標上來，讓他們在企業中找到自己的歸屬感和成就感。

從人的本性上來講，人的行為活動的最終目的是滿足自我需求，這就決定了人性化管理要以滿足人的需要為目標。企業開展符合人性的管理，滿足員工內心需要，因而能深層次激發員工的工作動機，使其願意挖掘自己的潛能，發揮自身天賦，做出優秀的工作成績。根據上一章節我們可以得知，佛寺慈悲管理經驗中強調的重視對心性觀察、尊重每個人需要、關心每位僧人、注重提高佛弟子素養能力、善於集合僧眾力量等內容，與企業人性化管理的要點都有驚人相似。佛寺慈悲管理經驗有著與企業人性化管理十分相似的共同點，因而可以作為企業人性化管理創新與制度完善的學習對象而存在。

四、佛寺慈悲管理經驗在企業人性化管理中的借鑒

傳統佛寺慈悲管理的經驗是中國佛教界貢獻給世人的管理智慧寶庫，是佛教僧人「以出世的情懷做入世的事業」的經驗表現，對現在企業人性化管理有諸多值得借鑒的地方。這種借鑒也為佛教界的大師們所樂見，他們也希望佛教徒可以

《人間佛教研究》第十二期（2024）
Studies in Humanistic Buddhism, Issue 12(2024)，128-161

在不同領域運用佛法、世間法擴大佛教的影響，以期望讓社會大眾深切感受到佛教的社會功效，「今菩薩行的實行者，要養成高尚的道德和品格，精博優良的佛學和科學知識，參加社會各部門工作……使國家社會民眾都得佛教徒之益。佛教的細胞散播於社會每個階層，全不和國家社會民眾疏遠分隔。」[43]

具體來看，佛寺慈悲管理的經驗，有以下幾點能夠對現代企業人性化管理有所啟示：

（一）佛寺慈悲管理的清規建設，對於企業人性化管理制度的建設與優化有借鑒價值

企業的人性化管理需要制度建設，也須根據企業外在環境以及內部具體管理情況進行即時的優化。在制度優化升級的過程中，對人情化管理與人性化管理兩者之間的區別應有清醒的認識。人情化管理以管理者個人主觀感情為主，將管理制度視為第二位，是非常個人主觀化的管理。人性化管理則既要有嚴格的管理尺度，用制度和權力去激勵、督促和制約員工，同時人情味也要有，用真情去感染員工，用道理去引導他們，並不是主觀的人情化管理，這點一定要注意。

在企業優待員工的制度建設方面，佛寺的慈悲管理制度值得學習。「本寺常住諸師或掛單者有病，須派人照應；病者無錢療治，常住應供給醫藥，方合慈悲心，符叢林本旨」[44]。「所謂巡寮，即是住持對僧眾的生活表示關心。住持於初一、十五日定期到諸寮巡視，慰問老病，檢查瞭解寮中是否有所欠缺或困難。此

---

[43] 釋太虛：〈從巴利語系佛教說到今菩薩行〉，《太虛大師全書・第 35 冊》（臺北：太虛大師全書影印委員會，1969 年印），頁 30。
[44] 釋淨慧主編：《虛雲和尚全集・第 4 冊・規約》，頁 3。

規定是依據《摩訶僧祇律》，世尊五日巡視僧房的慣例」[45]。以此為例，企業的管理者可以根據公司情況靈活的制定一些關心員工、體貼員工的福利措施。在按照法規為員工按時繳納社會保險的同時，定期組織員工進行體檢，邀請醫生來單位做保健知識講座等。有條件的企業可以制定「員工家庭互助機制」，即當有員工家庭困難且患病無錢醫治時，企業或者其他內部員工集資給予幫助的方法。無論是員工的婚喪嫁娶，還是生病住院，都盡心送上真情，這樣才能培養員工對企業的認同感與歸屬感。

另外，企業人性化管理與佛寺慈悲管理的制度都應建立在「制度面前人人平等」的基礎之上，管理者既要有捍衛制度公正的決心，也要有賞罰分明的公平。寺院管理者如遇到寺中觸犯清規的僧眾，不能妥協，必須有嚴格執行清規的決心。虛雲長老在住持福州鼓山湧泉寺初期的時候，對原有寺中的陋習進行全面的改革，把大量掛名的首座、當家、書記給免職，「七八十位知客也取消了，只許存在五個到八個」[46]。因而招致當時一些寺僧仇恨，甚至在寒冬時節故意在寺中引起火災。但長老不畏阻力，堅持改革的力度，復興禪堂，建設鼓山佛學院，使得鼓山獲得中興。企業制度的實施如果沒有像虛雲老和尚這種嚴格執行制度的魄力，就很難讓員工對管理者制度信服。無論親疏遠近，制度的賞罰必須公正公開，這樣才能取信於員工。管理者要根據員工的職業素養、為企業創造的價值、付出的心血、承受的壓力與困難等因素，合理地靈活、科學的實行局部有差別薪酬模式。在本崗位表現優異者，應及時給予升職。如果獎勵不及時、不合理，會讓員工滋生惰性，從而使工作效率降低。企業只有這樣不斷建設和優化科學公正的管理規範和激勵機制，才可以為員工提供和諧、有進取活力的企業工作氛圍。

---

[45] 釋慧融：《律制、清規及其現代意義之探究》（臺北：法鼓文化事業股份有限公司，2003 年 7 月），頁 349。
[46] 釋淨慧主編：《虛雲和尚全集・第 6 冊・傳記資料》（鄭州：中州出版社，2018 年 3 月），頁 36。

《人間佛教研究》第十二期（2024）
Studies in Humanistic Buddhism, Issue 12(2024)，128-161

（二）學習佛寺內部僧眾溝通管理方面的經驗，能夠在企業人性化
　　 管理中與員工的溝通更加完善

　　企業的人性化管理，不僅僅是改變辦公環境，提高員工福利，有效的內部溝通工作也至關重要。有效的內部溝通，需要從內心的去關心、尊敬、信任對方，對員工動之以情，曉之以理，以情動人，以理服人，這樣才會收到良好管理效果。

　　企業管理者不能高高在上，讓員工產生過強的距離感，佛寺的管理者在這方面就可以作為他們的好榜樣。唐代百丈懷海禪師（720~814）在江西百丈禪寺大力宣導「農禪」生活，一日一作，一日不食，他到94歲時身體還依然強壯，親自帶著寺內僧人耕作農田。親力親為，時常親切的在員工身邊工作，這樣才會有號召力、說服力。企業管理者與員工的溝通也應該採取類似的方式，實施走動式管理，走出辦公室，通過各種類型的會議、共同活動等與員工雙向互動，形成一種民主平等、寬鬆和諧的內部氛圍。在交流過程中，針對具體工作要公開提出品質和效率要求，在指出其他員工不足的同時，也要實事求是的進行自我反省，針對自己的錯誤進行自我批評。如果專橫跋扈不聽意見，會使管理者與員工之間增加更多隔閡，管理效率低下就會理所當然。只有這樣才能深入瞭解員工思想動態，協調清楚上下級關係，解決好各種矛盾和問題。

　　管理者在與員工溝通過程中，也要善於觀察員工，在這方面佛教管理者的一些經驗也可以「照搬」。現代一些禪師會將自己如何「識人」的方法寫在其著作中，直接供企業管理者參考：「如何識人？從一個人的儀表、講話的態度與眼神，可以看出一個人的心思是否浮動，情緒是否穩定。有些人的習性，總是表現得緊緊張張，但並不表示他的心念、他的頭腦、他的工作有問題。然而像這樣的人往往無法做領導人，只能做中下層次的管理者或執行執行的人。為什麼他沒辦

法做高層的經營領袖呢？因為他看來比較害羞、緊張，沒那麼沉著，容易讓人誤以為他的自信不夠。但他的心念非常清楚，這種人做幕僚很好。其次是看這個人的經歷。有的人學歷很好，但經歷不見得適合。」[47]在觀察員工的時候，我們不能簡單的以貌識人，因為人的長相如何，與他的才能沒有必然聯繫。可以綜合運用一些較為公允的「識人」經驗，系統地認識和關注員工的人性特徵和心理需求。法演禪師提出了聽、詳、探、觀四合一的考察方法：第一，與他進行交談，聽他與別人的交談，通過他的語言交流和能力進行判斷；第二，對重要人才的培養和發掘，要詳細全面的掌握其情況，不能過於片面；第三，瞭解他的人生志向和努力目標，人生的志向是否有偏差，努力的目標能否與佛教教義和所在佛寺發展方向相契合；第四，還要詳細觀察他的器量如何？可不可以與其他不同性格的人和諧相處。他的才能是否是真實的？要做進一步的評估。[48]通過這四種方法集中地考察，才能全面評價一個人才的價值。每個人都有不同的性格和經歷，針對不同人，要分析並找準對方類型特點，採取相應的溝通技巧，這樣才能客觀、公正地對他人做出評價，找準和用好人才。

在現實的職場中，企業對人才的需求多種多樣，既需要管理型人才，也需要不同技能的專業技術型人才。每個人都有自己的特點和特長，既然人人都有其長短，在任用人才時就要像佛寺管理者那樣公正的「度才而授任，量能而施職」。「人崗匹配」，知人善任，根據個體不同素質將其安排在各自最合適的崗位上，實現人才的有效利用。

---

[47]　釋聖嚴：《是非要溫柔：聖嚴法師的禪式管理學》，頁 32。
[48]　參見〔宋〕釋淨善集：《禪林寶訓》，《大正藏》第 48 冊，頁 1018c。

《人間佛教研究》第十二期（2024）
Studies in Humanistic Buddhism, Issue 12(2024)，128-161

（三）借鑒佛寺對外公共關係管理方面的經驗，得以讓員工對企業產生更多的歸屬感

　　企業在管理的過程中，如果可以自覺樹立「自利利他」的精神，與利益相關者建立雙贏的關係，真誠的為社會付出服務，這樣可以讓企業在大眾面前有更高的聲望，也利於激勵員工的積極性和創造精神的發揮，提高企業的內在效率。在這一方面，佛教的慈悲管理經驗也十分值得借鑒。

　　佛教的緣起論看到了個人與其他眾生、環境本質上的共生共榮，因果輪迴和慈悲情懷造就佛教護生愛生的觀念，而「無情有性說」甚至將植物也納入了普遍關懷的範圍。因而，自古以來寺院管理者在做好傳統內部僧人修行生活管理的同時，積極參與社會救助貧困、施藥、開辦診所、安老慰孤等慈善工作，這也是中國佛教界歷代相承的優良傳統。而這些服務社會的公益行為，也為佛教界在社會上贏得很高的聲譽。同樣，近年來承擔社會責任對於企業來說也是必選項，有的人認為這也是很好的一種「善因行銷」，通過慈善行善、履行社會責任可以帶來許多企業本身無法達到的能見度與行銷資源，向公眾展示良好的品牌形象與企業價值。作為實施人性化管理的企業管理者，可以向員工傳播公益意識，帶領大家在為企業盈利的同時，涌過各種善行為社會服務。通過正面形象的傳播，讓客戶稱讚，讓投資者和供應商贊同，社會大眾也會高度讚譽，同時擴大企業影響力。企業在社會上與行業內有更好的口碑，可以提高企業內部員工們的自信，讓員工也收穫到在本單位工作的自豪感、榮譽感，享受到被人尊重的感覺。

　　仔細觀察後可以發現，在歷代佛教興辦的各種福利慈善事業中，比如隋唐的社倉制、悲田養病坊，宋朝的居養院、安居坊以及明清之普濟堂、育嬰堂等事業，佛教界都不是自己單獨完成善舉，它往往是與政府和其他各類組織相互補充與合作的。合力共贏的佛寺經驗也是企業可以參考的，做事業不能只靠自己單打

獨鬥，集合更多社會資源才會搭建更好的舞臺，去做事也更容易達成目標。合作是相互的，雙方共贏才是最好的局面。在與合作夥伴交流時，要抱有佛教的「利人利己」之心，以關懷坦誠之心對待他們，敞開心扉，將真誠的合作構想明確傳達給自己的夥伴。同時懂得換位為對方著想，真正獲取對方的信賴，這樣才能讓雙方達成進一步的合作共識。在這個過程中，也為員工提供了更優質的發展、成長平臺，能夠讓他們清楚的認識到在本企業的工作價值。企業和員工通過雙方共同的努力，互惠互利，員工在成長的同時，企業獲得不斷發展。

　　無論是在處理內部或外部事務時，佛寺的負責人都可以根據對方實際的情況，運用最簡單有效的方法去與對方溝通，從而獲得其支持。包括佛陀也是講故事的高手，他善於不斷用一些生動有趣的小故事，教會弟子們認識新事情和問題，讓他們懂得生澀難懂的道理。作為企業管理者，也可以用講故事或者其他更生動形象的方法與員工或者外部人員進行對接交流，這樣可以讓對方更準確理會自己的意圖，促成有效的溝通。[49]

（四）利用佛寺對於僧人日常修行管理的思想與方法，就能讓員工更好的適應企業人性化管理

　　企業員工整體的素質高低直接影響著人性化管理的成功與否，因此企業應該大力加強員工綜合素質的培養。一個好的企業往往是學習型企業，應該讓員工感覺到既有壓力又有動力，既可以在專業技能方面充電提升，又能得到心靈滋潤的職業氛圍。「良好的管理除了保障員工物質生活的交易性領導外，還必須有提升

---

[49] 盛二娟：《企業遇上禪》（北京·新世界出版社，2013 年 11 月），頁 46。

精神境界的轉化式領導，使大家有機會學習和成長」[50]。同時，作為企業的管理者也應該不斷充電，提高自己的綜合素養，「企業領導者或幹部必須擁有作為人應當具備的優秀思維方式、哲學及人生觀，否則無法贏得員工及下屬信賴，無法率領部門下屬、企業員工」[51]。佛寺作為典型的學習型組織，其中日常的僧人修行管理思想與方法值得企業在人性化管理中酌情採用。

佛教是學修為主的學習型組織，借鑒其「修行」經驗與方法而成功的企業、企業家案例大有人在，其中尤以日本的稻盛和夫最為有名，他在企業經營過程中建立起獨特的企業管理「佛教修行哲學」。「佛陀告訴我們，為了達到最終的『開悟』，必須進行成為六波羅蜜的修行：第一精進，必須全力以赴地投身於工作中，這讓我們在獲得了生存資糧這一報酬的同時，又提升我們的人格，打造了崇高的心性，獲得美麗的心靈。」[52]他作為自己管理哲學思想的實踐成功者，積極推廣曾走過的經驗，使得「修行+管理」這種獨特管理思想出現在更多人面前。

在一些關於人性化管理的書籍中，既提倡要充分利用人性提高企業工作的效率，也提出人性中的弱點是必須要防範的。「人性的弱點，是企業管理面對的最主要的威脅、最大的阻力……企業必須有力地遏制員工人性中的弱點，堵住員工追求不正當需求欲望的路徑。不能把認真負責、積極努力、不貪圖非分之利不傷害企業傷害同事的希望寄託在員工自己的身上」[53]。普通企業管理者往往只能通過制度的嚴格來防止員工個人欲望的外溢，直接打消他們的念頭。但佛教信仰作為一種宗教信仰，很多時候可以有效抑制企業員工的貪念，是嚴格管理制度

---

50 潘宗光：《心經與現代管理》（香港：中華書局（香港）有限公司，2004年8月），頁81。
51 〔日〕稻盛和夫著，葉瑜譯：《企業家精神》（北京：機械工業出版社，2021年1月），頁343。
52 〔日〕稻盛和夫編，喻海翔譯：《對話稻盛和夫5·領導者的資質》（北京：東方出版社，2013年8月），頁190。
53 朱江：《全面人性化管理》（北京：企業管理出版社，2012年1月），頁74。

之外有益的補充。「現在的員工很多都沒有宗教的素養，所以都是利字出發……（對員工的違法和不道德行為）也許可以考慮以宗教倫理作為約束……如果連這點都不在乎，那就只有訴諸法律約束」[54]。因此，很多企業管理者在自我信奉佛教的同時，會帶領企業員工一起學習佛教知識，或者潛移默化中將佛教文化的基因帶入到企業文化、制度中去。「如果時刻保持覺知，做任何事都持守正念，那麼我們的工作就能夠幫我們實現與他人和諧相處，以及培養理解與慈悲的理想」。[55]通過對內心不斷修行的同時，可以讓員工們更加懂得把握自己的本分，讓他們學會如何更好的與人性化管理的精神去結合，從而使人性化管理在企業中的逐步推進更為順利。

在加強對員工培養的過程中，企業可以採取針對性較強的具體措施，提高每名員工不同崗位所需要的業務水準，使他們具備較高職業素質，出色完成崗位工作要求，這也是企業人性化管理所要達到的目的。

五、結語

在佛教慈悲精神影響下的佛寺慈悲管理模式，有特別的宗教文化背景存在，但作為社會組織管理方式的一種，也有其被借鑒的價值。佛教慈悲精神的提出，與佛寺慈悲管理的經驗，雖然與世俗社會中為盈利的企業貌似有所距離，但這一系列的內容卻與企業管理學界最為流行的人性化管理有異曲同工之妙，這也正是「佛法不離世間法」的最好佐證之一。慈悲精神是佛陀早在兩千多年前提出的思

---

[54] 臺灣「中華民國」管理科學學會：《企業倫理的重建：企業倫理系列座談實錄》（臺北：管拓文化事業及企管顧問有限公司，1990 年 2 月），頁 91。
[55] 〔越南〕一行禪師著，向兆明譯：《和繁重的工作一起修行》（鄭州：河南文藝出版社，2015 年 1 月），頁 3。

想，而人性化管理的思想與具體操作模式出現卻僅僅不足百年，西方企業管理學家從「經濟人」假設到對其他人性的種種假設，歷經漫長時間才對人性有更多深入的認識。試問如果西方企業管理者可以早日汲取佛教這東方神奇宗教的養分，也許人性化管理的理念會更早問世，可能造福更多企業、管理者與被管理者。

佛陀的慈悲精神，教導的學生範圍囊括了一切眾生，對於在世俗修行中的居士來說，完全可以把佛教慈悲精神與企業人性化管理思想兩者結合在一起思考。佛教將修行和工作兩者合二為一，「工作能夠起到修煉心性、淨化靈魂的作用……當我們全身心地投入到工作之中時，就沒有時間去玩耍享樂，自然也不會給「三毒」，也就是內心醜惡的那部分提供作惡的機會……工作其實與出家人修行或者冥想具有相同的作用」。[56]同時佛教認為宗教修行與世俗商業事業兩者有同一屬性，慈悲管理和人性化管理的核心也都是「內修心性」：「我們的事業只是我們內在修養的外化，也就是人生境界的一個外在表現。我們要取得事業上的成功，根本之道在於修煉我們的心性。不提高自己的心性，就無法獲得真知的成功」。[57]當然，對於普通人來說還並沒有完全達到「處處皆菩提」的境界，多去寺院熏修佛法也是有其必要性的。「人類的生存離不開環境……寺院空間豐富多彩，創造出佛教無邊的禪境，遊客或信徒在無形中接受禪家意境的薰陶。」[58]

當管理者借鑒佛寺慈悲管理經驗、在企業內部建立自己的人性化管理體系時，也不應完全照抄，可以同時認真研究其他各種管理方法的規律性和特點。在管理實踐過程中，從自身企業實際情況出發，不斷改進昇華。必要時應將人性化管理與其它管理模式有機的結合在一起，採用最恰當的管理方案，以實現有效的

---

[56] 〔日〕稻盛和夫編，曹岫雲譯：《對話稻盛和夫六‧利他》，（北京：東方出版社，2013 年 9 月），頁 127。
[57] 盛二娟：《企業遇上禪》，頁 217。
[58] 王海霞：《浙江禪宗寺院環境研究》（杭州：浙江工商大學出版社，2017 年 7 月），頁 256。

目標管理，實現企業效益最大化。

《人間佛教研究》第十二期（2024）
Studies in Humanistic Buddhism, Issue 12(2024)，128-161

【徵引及參考文獻】

一、古籍

〔東晉〕瞿曇僧伽提婆譯：《增壹阿含經》，《大正藏》第2冊。

龍樹菩薩造，〔後秦〕鳩摩羅什譯：《大智度論》，石家莊：虛雲印經功德藏，2006年3月。

〔宋〕釋智昭編撰，尚之煜釋讀：《人天眼目釋讀》，上海：上海古籍出版社，2020年。

〔宋〕釋淨善集：《禪林寶訓》，《大正藏》第48冊。

〔宋〕圓悟克勤編撰，任澤峰釋譯：《碧岩錄》，北京：東方出版社，2018年。

〔宋〕釋淨善集，釋演蓮釋：《禪林寶訓注釋》，莆田：莆田廣化寺，2009年3月。

〔元〕釋德煇編：《敕修百丈清規》，鄭州：中州出版社，2015年。

〔明〕釋如巹著，張學智釋譯：《緇門警訓》，北京：東方出版社2018年。

〔日〕無著道忠著，杜曉勤釋譯：《禪林象器箋》，北京：東方出版社，2019年。

〔日〕高楠順次郎等編：《大正藏》第1卷，東京：大正一切經刊行會1986年2月。

二、近人論著

（一）專書

〔日〕中村元著，江支地譯：《慈悲》，臺北：東大圖書公司，1997年。

〔日〕稻盛和夫著，葉瑜譯：《企業家精神》，北京：機械工業出版社，2021年。

〔日〕稻盛和夫編，喻海翔譯：《對話稻盛和夫5‧領導者的資質》，北京：東方出版社，2013年。

〔越南〕一行禪師著，向兆明譯：《和繁重的工作一起修行》，鄭州：河南文藝出版社，2015年。

王秋香：《弘一法師翰墨因緣》，臺北：雄獅圖書股份有限公司，1996年。

王海霞：《浙江禪宗寺院環境研究》，杭州：浙江工商大學出版社，2017年。

朱江：《全面人性化管理》，北京：企業管理出版社，2012年。

竺摩法師著，盧友中編：《竺摩集（下）》，北京：宗教出版社，2014年。

盛二娟：《企業遇上禪》，北京：新世界出版社，2013年。

萬翔：《超理性管理與競爭：管理者走進人性與文化的深處》，北京：中國紡織出版社，2014年。

臺灣「中華民國」管理科學學會 ：《企業倫理的重建：企業倫理系列座談實錄》，臺北：管拓文化事業及企管顧問有限公司，1990年。

潘宗光：《心經與現代管理》，香港：中華書局（香港）有限公司，2004年。

稻盛和夫編，曹岫雲譯：《對話稻盛和夫六‧利他》，北京：東方出版社，2013年。

賴永海主編：《中國佛教通史‧第4卷》，南京：江蘇人民出版社，2010年。

魏道儒等著：《世界佛教通史‧第4卷‧中國漢傳佛教（西元7世紀至10世紀）》，北京：中國社會科學出版社，2015年。

釋太虛：《太虛大師全書》第35冊，臺北：太虛大師全書影印委員會，1969年。

釋印順：《學佛三要》，臺北：正聞出版社，1981年。

《人間佛教研究》第十二期（2024）
Studies in Humanistic Buddhism, Issue 12(2024)，128-161

釋淨慧主編：《虛雲和尚全集・第4冊・規約》，鄭州：中州出版社，2018年。

釋淨慧主編：《虛雲和尚全集・第6冊・傳記資料》，鄭州：中州出版社，2018年3月。

釋淨慧主編：《虛雲和尚全集・第7冊・追思錄》，鄭州：中州出版社，2018年。

釋聖嚴：《是非要溫柔：聖嚴法師的禪式管理學》，南京：譯林出版社，2014年。

釋慧融：《律制、清規及其現代意義之探究》，臺北：法鼓文化事業股份有限公司，2003年。

（二）期刊論文

尹細梅、張小建：〈略論佛教的和諧社會思想〉，《中共伊犁州委黨校學報》，2007年2月，頁24-26。

方立天：〈中國佛教慈悲理念的特質及其現代意義〉，《文史哲》，2004年4月，頁68-72。

王永會：〈「百丈清規」與中國佛教僧團的管理創新〉，《宗教學研究》第2期，2001年2月，頁115-123。

曲宏飛：〈企業人性化管理存在的問題及纠偏策略〉，《山西青年管理幹部學院學報》2010年第2期，2010年6月，頁76-78。

李桂紅：〈佛教的慈悲利他思想對當代文學發展的啟示〉，《北京航空航天大學學報（社會科學版）》，2003年4月，頁24-28。

李棟財：〈古代禪師言行對現代企業管理借鑒作用的思考──以《禪林寶訓》為

例〉，《法音》2020年第5期，2020年5月，頁67-69。

（三）學位論文

馬曉璐：〈我國國有企業人性化管理的研究〉，南寧：廣西工學院管理學碩士論
　　文，2012年5月。

商景峰：《HDL公司新生代人性化管理模式優化研究》，蘭州：蘭州交通大學碩
　　士論文，2018年9月。

陳清華：《A公司建築勞務人員人性化管理策略研究》，昆明：昆明理工大學碩
　　士論文，2020年5月。

傅強：〈論人性化管理理論在國有企業思想政治工作中的運用〉，北京：北京交
　　通大學法學碩士論文，2008年6月。

戴小木：《基於技術理性的人性化管理研究》，南京：河海大學碩士論文，2007
　　年3月。

《人間佛教研究》第十二期（2024）
Studies in Humanistic Buddhism, Issue 12(2024)‧128-161

Application of Buddhist temple compassionate management experience in enterprise humanized management

LI, Dong Cai*

Abstract

In the daily management of Buddhist temples, the thought of compassion runs through it all the time. The compassion management experience of Buddhist temples influenced by the thought of compassion can be shown through three aspects: the construction of clear rules and regulations, the communication management of internal monks and the management of external public relations. After many hypothetical studies on human nature, western management scholars believe that humanized management is the mainstream management method for the current and future development of enterprises. The humanized management of enterprises can obtain the experience and reference that has something in common with the Buddhist temple management in four

---

* **LI, Dong Cai,** Postdoctoral researcher of China history, postdoctoral research mobile station of Fujian Normal University.

aspects: the construction and optimization of management system, strengthening internal communication, making employees obtain a sense of belonging and making employees better adapt to the management mode.

Keywords: Buddhist culture, Compassionate management, business management, Cultural mutual learning, Humanized management

《人間佛教研究》第十二期（2024）
Studies in Humanistic Buddhism, Issue 12(2024)，162-189

佛教的情緒管理——
以人間生活禪實踐為例

陳肯[*]

摘要

　　情緒問題是不分地區、階層、年齡。情緒不穩定會引起許多糾紛，造成家庭問題、工作問題、社區問題乃至於社會國家問題。面對無常變化，應如何調適和管理好自己的情緒，確保身心的健康，並在面對未來種種不確定性時，在心態及行動上保持積極樂觀、進取。在面對逆境與挑戰時，情緒管理的成功與否，不僅影響自己的身心健康，還會影響週遭的人、事與環境。從佛法的角度而觀，情緒管理是在處理我們「心」的問題，讓心平靜下來，保持清明，以智慧來調和跌宕起伏的情緒變動。本文主要以佛光山「人間生活禪」作為對治情緒困擾的良方，提出對情緒不佳，以及如何保持良好心態，能夠透過禪修而獲得改善，以及達到自利與利他的效果。

關鍵詞：禪修、人間生活禪、情緒管理、星雲大師

---

[*] 陳肯：香港中文大學人間佛教研究中心助理研究員。

一、前言：情緒管理的迫切性

現代社會拜科技發達所賜，人類雖享受著富足的物質生活，但因對物質生活的無止境追求，而陷入了心靈上的空虛，使得精神世界充斥著不安、焦慮、暴躁等負面情緒。另外，近兩年多來新冠肺炎對世界秩序的衝擊，社會更加複雜多變，人心浮動，身心健康受到影響。

情緒問題是不分地區、階層、年齡。情緒不穩定會引起許多糾紛，造成家庭問題、工作問題、社區問題乃至於社會國家問題。美國蓋洛普公司於2020年，有關新冠肺炎的疫情，在大多數國家的人民，其壓力、擔心、悲傷和憤怒情緒都達到創新記錄。全球情緒指數得分在2020年創下32分的新高，報告指稱，除了新冠疫情，造成負面情緒升級的因素，還有收入不均和政府腐敗。[1]

香港大學於2020年進行的一項調查發現，經歷社會運動事件及疫情後，分別有74％及41％受訪者出現中至高度抑鬱或創傷壓力症狀，當中24歲或以下群組的兩項指數均較其他年齡層高。[2]

另外，美國蓋洛普公司發布2023年一項《全球情緒》調查報告，數據顯示在全球範圍內，詢問142個國家和地區的成年人是否有五種不同的負面看法，十分之四的成年人說他們經歷了很多擔心（41％）或壓力（40％），近三分之一的人經歷過很多身體上的疼痛（32％）。超過四分之一（27％）的人經歷過悲傷，經歷過悲傷的人略少憤怒（23％）。[3]

---

[1] Gallup：《Gallup Global Emotions》（2021），網址：https://news.gallup.com/poll/352205/2020-sets-records-negative-emotions.aspx，檢索日期：2023 年 5 月 28 日。

[2] 《明報》：2020 年 8 月 8 日，〈疫情社運衝擊 七成人現抑鬱症狀 港大調查：四成現創傷後壓力症狀〉，網址：https://health.mingpao.com/%E7%96%AB%E6%83%85%E7%A4%BE%E9%81%8B%E8%A1%9D%E6%93%8A-，檢索日期：2023 年 5 月 28 日。

[3] Gallup：《Gallup Global Emotions》（2023），網址：file:///C:/Users/USER/Downloads/Gallup%20 2023%20Global%20Emotions%20Report.pdf，檢索日期：2023 年 5 月 28 日。

《人間佛教研究》第十二期（2024）
Studies in Humanistic Buddhism, Issue 12(2024)，162-189

　　面對無常變化，應如何調適和管理好自己的情緒，確保身心的健康，並在面對未來種種不確定性時，在心態及行動上保持積極樂觀、進取。在面對逆境與挑戰時，情緒管理的成功與否，不僅影響自己的身心健康，還會影響週遭的人、事與環境。從佛法的角度而觀，情緒管理是在處理我們「心」的問題，讓心平靜下來，保持清明，以智慧來調和跌宕起伏的情緒變動。對於情緒管理以及心靈調適，這是一個有效的解決方法。

　　佛教的禪修能夠導引出高明的情緒管理，透過佛法可以根治種種煩惱，提升自我情緒管理的能力。星雲大師曾說：

EQ（情緒）管理是近年熱門的管理學，所謂情緒管理就是在不該怒時不要發怒，不該氣時不要生氣，情緒會影響別人，管理好自己的情緒，不但替別人留有餘地，也替自己留有迴旋轉身的空間。冷靜、中道、忍耐、放下、看開，都是很好的情緒管理。[4]

星雲大師又說：

在各種管理當中，最難管理的是「自我管理」；自我管理當中，尤以「情緒管理」、「心理管理」難度最高。管理學當中，人理、事理、物理都還好管理，就是自己的心理、情緒、欲望的管理最難。[5]

---

[4] 星雲大師：〈第四章 觀音管理〉，《人海慈航：怎樣知道有觀世音菩薩》，《星雲大師全集》，網址：http://books.masterhsingyun.org/ArticleDetail/artcle2062，檢索日期：2022 年 7 月 20 日。

[5] 星雲大師：〈管理三部曲〉，《迷悟之間⑧》，《星雲大師全集》，網址：http://books.masterhsingyun.org/ArticleDetail/artcle2721，檢索日期：2022 年 7 月 20 日。

因而，本文擬就佛光山人間生活禪的角度來探討情緒管理的方法。禪修對於現代人的情緒管理有很大的幫助，近來中外的相關研究也很多，本文主要針對人間生活禪的教法，對「情緒」的控制、調解、作出解釋，為現代人捨棄煩惱、求證解脫提出一個解決的方法。

二、人間生活禪的定義與修持

（一）人間生活禪的定義

星雲大師一生弘揚人間佛教，而且認為「禪是人間共有的寶藏，禪是人間佛教的根本。禪不是從知識上去理解，無法以知見了達，它必須從生活中去修行、體驗」。[6]大師在《佛光禪入門》序中指出：何謂「人間生活禪」？慈悲喜捨、廣結善緣、直下承擔、精進奮發、不變隨緣、依戒生活、知足淡泊……無一不是「人間生活禪」！換句話說，禪師們以不同的生命特質，向世人說明無論是教禪、論禪，或是行禪、修禪、參禪，禪都是不離人間，即因其最接近佛陀人間佛教的本懷；這也是我將佛光禪法定名為「人間生活禪」的原因。[7]

從這一段話，可以了解到「人間生活禪」不一定是要在禪堂裡打坐，才叫做行禪、修禪、參禪。這是對「禪」極為寬廣的定義，在慈悲喜捨的四無量心中行利化之事，以覺悟有情眾生，在四無量的心行功德中對治妄行的一切染污，直下承擔而超越煩惱妄想，隨著不變隨緣之德，在塵勞的世間相，隨眾生心而隨拈一

---

[6] 星雲大師：〈禪是什麼？〉，《人間佛教語錄①》，《星雲大師全集》，網址：http://books.masterhsingyun.org/ArticleDetail/artcle655，檢索日期：2022 年 6 月 28 日。

[7] 星雲大師：〈《佛光禪入門》序〉，《人間佛教序文選②》，《星雲大師全集》，網址：http://books.masterhsingyun.org/ArticleDetail/artcle1428，檢索日期：2022 年 6 月 28 日。

《人間佛教研究》第十二期（2024）
Studies in Humanistic Buddhism, Issue 12(2024)，162-189

法，廣結善緣。這如同星雲大師所說：

> 修行不在著意於某一種法門，更重要的是，要能培養出一顆篤定踏實的向
> 道之心，以及發起「但願眾生得離苦，不為自己求安樂」的菩提心。修行
> 不是片面的個人解脫，而是全方位的弘法與利生。[8]

這麼說來，「人間生活禪」不只是在蒲團的上的禪修，更是一種普度眾生的法
門，這樣的禪法無所不在，隨時隨地在利他與自利的菩薩道行為中發酵。

「人間生活禪」就是淨化人心，當下自肯自得，不被名聞利養，乃至於情緒所
轉。當一個人能夠把情緒管理好，才能找回心靈的主宰，也才能做自己的主人。[9]因
而，情緒管理的要義是管理好自己的心，將自己的心管理好就是自覺式的管理。

人間生活禪的法脈傳承源於中國禪宗的「臨濟宗」，雖然佛光山是八宗皆弘，
但是禪堂禪風、行事規矩等，可媲美禪林風光。星雲大師指出：

> 佛光山原本是中國禪門「臨濟宗」的法脈傳承。……近年來，為了提倡禪
> 修風氣，推動心靈環保，接引習禪者體會人間佛教禪風，令發菩提心，行
> 菩薩道，再創禪門黃金時代，更具體提出一種能治療現代「社會疾病」——
> 功利、野心、奢侈、價值觀混淆……以及適合現代人都市生活修持，又能
> 照顧到人性生理與內在需求的禪法，取名為「人間生活禪」。[10]

8　星雲大師：〈苦行〉，《合掌人生②》，《星雲大師全集》，網址：http://books.masterhsingyun.org/ArticleDetail/artcle6909，檢索日期：2022 年 6 月 28 日。

9　星雲大師：〈情緒管理〉，《迷悟之間》，《星雲大師全集》，網址：http://www.masterhsingyun.org/article/articlelist.jsp，檢索日期：2022 年 6 月 28 日。

10　星雲大師：〈禪林規範與典故〉，《宗派·禪宗》，《佛教叢書⑮》，《星雲大師全集》，網址：http://books.masterhsingyun.org/ArticleDetail/artcle6652，檢索日期：2022 年 6 月 28 日。

　　佛光山在台灣總本山設有「佛光山禪堂」，禪堂數量將近十座以及全球分院眾多寺院道場都創設禪堂。總本山更設置屬於出家僧眾長期禪修的禪堂，另外，還全年定期舉辦三日禪、五日禪和精進禪七，供大眾禪學。一般傳統之禪林規範，以僧尼日常修行生活為主，但佛光山則是一處僧信四眾與社會大眾皆可親近參修的叢林道場。[11]星雲大師上引文指出，為了提倡禪修風氣，推動心靈環保，接引禪子體會人間佛教禪風，令發菩提心，行菩薩道，再創禪門黃金時代，佛光山禪堂也依照佛教的菩薩道精神，具體提出一種能治療現代社會疾病——功利、野心、奢侈、價值觀混淆等，不但能適合各種人修持，又能照顧到人性生理與內在需求的禪法，因而取名為「佛光人間生活禪」，充分表達「人間生活禪」並非遠離群眾，獨居於山林靜修的方法，乃是投入人間、凝視人間，與眾生同體共生的菩薩道行法。

　　星雲大師指出「人間生活禪」的禪風：

禪修目的，在於般若、自在、菩提的圓滿果證——般若生活，自在人生。

禪修思想，在於平常、平實、平衡的意境涵養——但盡凡心，別無聖解。

禪修內涵，在於信心、道心、悲心的長養增進——不變隨緣，慈悲喜捨。

禪修行持，在於規律、簡樸、惜福的用心實踐——依戒生活，知足澹泊。

禪修精神，在於承擔、無畏、精進的落實行履——自心是佛，直下承擔。

禪修運用，在於生活、生趣、生機的權變妙用——觸處皆道，機趣無限。[12]

　　上舉的六項，可以進一步闡述：

---

[11]　星雲大師：〈禪林規範與典故〉，《宗派·禪宗》，《佛教叢書⑮》，《星雲大師全集》，網址：http://books.masterhsingyun.org/ArticleDetail/artcle6652，檢索日期：2022 年 6 月 28 日。

[12]　星雲大師：〈禪林規範與典故〉，《宗派·禪宗》，《佛教叢書⑮》，《星雲大師全集》，網址：http://books.masterhsingyun.org/ArticleDetail/artcle6652，檢索日期：2022 年 6 月 28 日。

第一項「般若生活，自在人生」，即以成就無上菩提、開發自性般若、體現無住修為，為其實踐、化世的理想目的。

第二項「但盡凡心，別無聖解」，即以踏實的中道心境，從平凡的生活事物中去體會禪道，為其實踐、化世的基本思想。

第三項「不變隨緣，慈悲喜捨」，即以修發實踐人間生活禪的「信心」、出離五欲塵勞的「道心」、行菩薩道的「悲心」，為其實踐、化世之主要內容。

第四項「依戒生活，知足澹泊」，即以守持淨戒、規律作息、簡樸惜福、知足澹泊，為其生活實踐、化世的基本要求。

第五項「自心是佛，直下承擔」，即以發心做一位勇於擔當、不畏艱難、永不休息的菩薩行者，為其實踐、化世的基本精神。

第六項「觸處皆道，機趣無限」，即以隨順自然的生活，無住生心的情趣、權變自在的禪機，為實踐、化世的基本理念。[13]

在上述各分類之修行德目裡，從禪修的目的到禪修的運用，含括了修習一切妙行，勤修一切功德，自利利他，速離眾苦。而且，從中可以看到心不懈退、立志堅強的道心，如果修持這樣的禪法，必能遠離情緒不定的干擾，在生活中呈現祥和、自足、仁慈等性格而臻完美之境。

（二）人間生活禪的修持

在「人間生活禪」的入門講義中特別指出修禪的利益與功德，修禪能夠消除生活壓力、增進身體健康、提升內在涵養、享有禪悅之樂、斷除五毒煩惱、開發般若智慧。

---

[13] 以上參閱「佛光山禪淨法堂」網站：「佛光禪風禪法‧佛光禪的內涵」，網址：https://www.fgs.org.tw/cultivation/fgu-chan/style-02.htm，檢索日期：2022 年 6 月 28 日。

　　人間生活禪的修持法，分為「前行法」與「正行法」兩種：

1.前行法

　　在「前行法」方面，講求三要點：

一、生活──規律、簡樸、惜福、知足、淡泊。

二、人格──明理、開朗、達觀、謙沖、慈憫、堅毅、獨立、勤勞、慚愧、
　　感恩。

三、方法──淨除業障－誦經、禮佛、拜懺、回向。

　　在「生活」上的觀照，在「人格」上的提煉，在「方法」上的精進，這些行
持都是「正行」之前所必須事先鍛練，使成習慣，既而成為習性，這是任何修行
方法所必備的前行。在「人間生活禪」上也無可迴避，仍然須要進行「前行」上
的養成。

　　另外，「前行法」還包括「積聚資糧」，以下兩種：

一、福德資糧──布施資財、義工服務、守持淨戒。

二、智慧資糧──聽聞教法、研究經典、思惟法義。[14]

　　再者，還須要「善調五事」── 調身、調息、調心、調飲食、調睡眠。

　　這在一般禪修的方法上，是一般性的行持，必須在日常生活上養成「調身、
調息」，乃至達到「調心」，這跟「調飲食、調睡眠」是相互配合。強調回到日
常生活中，通過身體動靜結合和呼吸調整，讓身體調整充分放鬆的狀態，以及飲
食方面的控制和睡眠姿勢的調整，最後調心，通過禪修逐漸把染污心調成清淨
心，此五事調法是依照天台宗修習止禪的方法而來。

14　按：所謂「思惟」法義，指思惟：人身難得、生死事大、無常迅速、輪迴痛苦。

總之，「前行法」是指在品格建立豁達、慈悲、感恩的人生態度，在生活中培養惜福、知足的生活習慣。

2.正行法

「正行法」則是從初階的觀呼吸，逐步到慈悲觀，第三是般若空性觀照，例如默照禪或參究禪。簡述如下：

一、呼吸禪（初級禪修）：

　　（1）數息法：數出息、數入息。

　　（2）觀息法：觀長短息相、觀完整息相、觀微細息相。

　　（3）其　他：念佛法、持咒法。

二、慈悲禪（中級禪修）：

　　（1）慈心觀：思惟憶念眾生恩德。

　　（2）悲心觀：思惟憶念眾生苦惱。

三、般若禪（高級禪修）：

　　（1）無我觀：思惟觀照五蘊無我。

　　（2）唯識觀：思惟觀照能所空性。

　　（3）中　觀：思惟觀照緣起性空。

　　（4）自性觀：

　　　　a)默照法——寂而常照、照而常寂。

　　　　b)參究法——活在當下、照顧話頭。

學佛貴在實踐，然實踐必須由正見引導，才能在菩提道上從容自在的拾級進修，不致盲修瞎練。有鑑於此，佛光禪立足在人間佛教的基礎上，以「菩提心」

為核心，按大、小乘佛法之菩提道次，安立禪觀次第與方法，更依發願行菩提心的深淺，訂定修學目標。使學人從健全人格開始，逐漸「啟發願行菩提心」，待備辦福德資糧，再進階證取「勝義菩提心」而圓成佛道。[15]

有關「人間生活禪」修持綜合表，臚列如下：

修學次第	修學目標	修學德目或方法
一、預備道	養成孝親感恩之心	1. 閱讀勵志修養叢書。 2. 生活淡薄、作息規律、不忘運動、保持健康。 3. 孝敬父母、恭敬師長、友愛兄弟。 4. 心存感恩、善待他人。
二、善行道	養成行善助人之心	1. 研讀基礎佛學、聞思法義，培養佛法正見。 2. 早晚拜佛、禮懺、誦經，培養佛法正念。 3. 布施資財、義工服務、隨時行善助人。 4. 受持五戒、護持三寶。
三、戒行道	強化願行菩提心	1. 聞思菩提心法義，堅固菩提心正見。 2. 於生活中力修持戒波羅密——三聚淨戒。 3. 於生活中力修忍辱波羅密——生忍、法忍。 4. 於生活中力修精進波羅密——念護持願行菩提心。 5. 學習「中級」禪觀〈慈悲愛心禪觀〉及生活禪觀。
四、定行道	成就願行菩提心	1. 閉關專修禪觀——打禪七、七七。 2. 動中生活禪觀——要求時時刻刻在當下。
五、慧行道	開發勝義菩提心	閉關專修「高級」禪觀〈般若實相禪觀〉，以剋期取證——見道位菩薩。
六、見　道	開悟勝義菩提心	永斷分別我法二執，薄貪瞋癡。

15　以上參閱「佛光山禪淨法堂」，網站：「佛光禪風禪法・佛光禪的修持法」，網址：https://www.fgs.org.tw/cultivation/fgu-chan/style-04.htm，檢索日期：2022 年 6 月 28 日。

修學次第	修學目標	修學德目或方法
七、修　道	證悟勝義菩提心	進斷俱生我法二執，大悲濟世。
八、無學道	圓滿勝義菩提心	見而無見，無所不見；修而無修，無所不修；證而無證，無所不證。

　　上述簡表，將人間生活禪（佛光禪）的修學次第分為八個部分，一是以養成孝親感恩之心的預備道，二是以養成行善助人之心的善行道，三是以強化願行菩提心的戒行道，四是以成就願行菩提心的定行道，五是以開發勝義菩提心的慧行道，六是以開悟勝義菩提心的見道，七是以證悟勝義菩提心的修道，八是圓滿勝義菩提心的無學道。[16]

　　人間佛教生活禪是一套具體可行的禪法，此修行次第清晰明瞭，指引學人修持禪法以菩提心為核心，是現代苦難眾生的良藥。由此去執，必能超克負面情緒，乃至正常疏通正面情緒，使人趨進於真善美的境地。

三、情緒與情緒管理

（一）情緒的樣貌與禪修的力量

　　早於1995年，EQ之父丹尼爾·高曼（Daniel Goleman）出版《EQ》（《情緒智商》）一書，使得「情商」這個範疇備受關注，「情緒」管理因此開始盛行於全世界。丹尼爾·高曼把「情緒」定義為「情感及其獨特的思想、心理與生

---

[16]　以上參閱「佛光山禪淨法堂」，網站：「佛光禪風禪法·佛光禪的道次第」，網址：https://www.fgs.org.tw/cultivation/fgu-chan/style-03.htm，檢索日期：2022 年 6 月 28 日。

理的狀態，以及一系列行動的傾向。」[17]現今人們認為一個人的成功，除IQ高之外，EQ是最重要的因素。美國、日本、中國、臺灣的大學研究發現，在學校成績最好的學生，畢業十年或二十年之後，他們各方面的成就不見得是最好的，當然也有最好的，如果能夠掌握好情緒，形成良的人際關係，則給予帶來更大的成功機率。

人類所具有的情緒與身心健康，乃至家庭社會有著密不可分的關聯性。現代心理學針對「情緒」進行了深入的探討，並發展出關於「情緒」理論體系。根據《牛津英語詞典》的解釋，「情緒」的字面意思是「強烈的感情，如愛或憤怒，或一般強烈的感情。」[18]「情緒」如影隨形，不依不離。很多人會用「喜、怒、哀、樂」四個字來形容「情緒」，但現實生活中，準確描述「情緒」遠比「喜、怒、哀、樂」四個字複雜許多。現代心理學認為「情緒」是因為外界刺激引起的，這是一種複雜的心理歷程，刺激引起個體的情緒反應，對於情緒反應如何，主要取決於個體如何解釋此刺激。

「情緒」本身並無對錯之分，個體對於引起情緒的刺激解讀不同，產生不同的情緒反應，而情緒透過個體的年紀增長及身心成熟，透過「心性」的修煉，了解和觀察情緒的特性，是可以做到有效地轉換情緒。心理學家對於「情緒」有多種分類，總體而言，「情緒」是可以分成正面情緒和負面情緒兩類，正面情緒是積極、放鬆、愉快等感覺，負面情緒則是緊張、憤懣、生氣和悲傷等等。

每一種情緒的名稱——悲傷、憤怒、驚訝、恐懼、厭惡、蔑視和愉悅——各

---

[17] 〔美〕丹尼爾·高曼著，楊春曉譯：《情商：為什麼情商比智商更重要》（北京：中信出版社，2010年11月），頁323。

[18] 《劍橋詞典》（Cambrige Dictionary），原文「a strong feeling such as love or anger, or strong feelings in general.」。網址：https://dictionary.cambridge.org/zht/%E8%A9%9E%E5%85%B8/%E8%8B%B1%E8%AA%9E-%E6%BC%A2%E8%AA%9E-%E7%B9%81%E9%AB%94/emotion，檢索日期：2023年3月20日。

《人間佛教研究》第十二期（2024）
Studies in Humanistic Buddhism, Issue 12(2024)，162-189

自代表了一系列的相關情緒。比如憤怒，按照程度的不同，包括了從煩惱到暴怒的各種情況，依種類的不同，又可以分為慍怒、憤恨、義憤和冷憤怒等。由於程度不同而在同一系列情緒中產生的變化，會清晰地反映在人的面部表情上，但是同組中不同種類的情緒是否具有各自獨特的面部表現，目前的科學研究還不能確定。[19]

　　人都有喜怒哀樂愛惡等情緒。情緒是內在的，外表不容易看到；但也有的人情緒表現在外，讓人一看，就知道某人情緒不好，某人在鬧情緒。怎麼樣看到人在鬧情緒呢？星雲大師指出：

　　一、從面孔上看到情緒：有的人一鬧情緒，就板起面孔，一副生氣的樣子，種種表情都和平常不同，所以從面孔上，就知道他在鬧情緒。

　　二、從語言上看到情緒：鬧情緒的人，講話忽然變得很冷淡，或者刻薄，或者偏激，都會有一些不正常的語言出現。

　　三、從眼神上看到情緒：鬧情緒的時候，眼睛斜視不以正眼看人，或故意裝著不要看，別人一眼就知道他在鬧情緒了。

　　四、從動作上看到情緒：某些人一鬧情緒，就喜歡摜東西、甩門，動作誇大，好像天下的人都對不起他，他只有拿手邊的東西出氣。所以，鬧情緒失去了理智，會有很多不當的動作，人家雖然口上不說，但心中深不以為然，也因此鬧情緒，人格會被人看輕，自己往往不知道。

　　五、從內心上看到情緒：情緒的發生，必然是心裡不舒服，心裡不以為然，心裡覺得委屈，心裡受到壓力，不得已，只有用情緒來抗拒、發洩。有的人能控制情緒，把情緒擺在心裡，但是「誠於衷，形於外」，心中的祕密都能被人料到，何況心中的情緒怎麼會不為人所發現呢？[20]

19　〔美〕保羅・艾克曼著，楊旭譯：《情緒的解析》（書名原文：Emotions Revealed: Understanding Faces and Feelings），（海口：南海出版公司，2008 年 1 月），頁 61。

20　星雲大師：〈看到情緒〉，《金玉滿堂③》，《星雲大師全集》，網址：http://books.masterhsingyun.org/ArticleDetail/artcle14417，檢索日期：2023 年 3 月 28 日。

假如一個人沒有力量化解情緒，就如一塊布被污染了，沒有辦法洗乾淨；又如一面鏡子蒙上灰塵，不能擦拭明亮。身體污穢了，心境蒙塵了，人生怎麼會快樂呢？[21]透過禪修，可以消除我們的主觀想像，從任意賦予事物的好惡喜厭的主觀情緒中解脫出來。

禪修可以帶來諸多利益，「人間生活禪」可以為現代人的情緒困擾提供許多的用處，例如：

（1）消除生活壓力：生活壓力的產生來自心的散亂，及對生活現象的錯誤認識，當透過坐禪訓練，讓心靜下來時，「覺性」會幫助我們辨別邪正、釐清錯誤，所謂的壓力也就自然消除。

（2）增進身體健康：現代的醫學科技告訴我們，人類百分之七十的身體病痛是來自心內焦急、貪婪、瞋恚的情緒，佛法亦說：「心生則種種法生，心滅則種種法滅。」[22]由此可之，若想增加身的健康，從心的修養作起，必能得事半功倍之效。

（3）提升內在涵養：人心不古，道德沒落，乃起因於人們聽不到，或沒有時間聽自己內心「寧靜」的聲音，所以終日活在追逐名利、權勢、地位當中，時刻為愛恨情仇、憂悲離苦的惡友所擾害。倘能與「坐禪」為友，則可逐漸遠離名利、權勢、地位，愛恨情仇、憂悲離苦的惡友，進而昇華內在涵養。

（4）享有禪悅之樂：佛陀說：坐禪能得「現法樂住」[23]，所謂現法樂即是禪定之樂，是一種從絕對寂靜心中，所產生的美妙快樂，非世間五欲之樂可比，勤於坐禪修持者，能體驗到這種禪悅之樂。

21　星雲大師：〈看到情緒〉，《金玉滿堂③》，《星雲大師全集》，網址：http://books.masterhsingyun.org/ArticleDetail/artcle14417，檢索日期：2023 年 3 月 28 日。

22　〔梁〕真諦譯，馬鳴菩薩造：《大乘起信論》卷 1，《大正藏》第 32 冊，頁 577，b22-23。

23　〔劉宋〕求那跋陀羅譯：《雜阿含經》卷 5，《大正藏》第 2 冊，頁 34，a7-8。

（5）不為煩惱所縛：佛陀還說：坐禪能得「漏永盡」[24]，這漏永盡的「漏」字就是煩惱的別名，坐禪能使煩惱永遠止息，獲得究竟解脫，故言漏永盡。

（6）開發本具智慧：《楞嚴經》云：「攝心為戒，因戒生定，因定發慧。」[25]這裡所講的智慧是「般若」的意思。般若是梵文譯音，翻成中國話叫智慧，是一種能體悟宇宙人生真象的智慧，非一般世智辯聰。由於「般若智」是一切有情眾生本具的，只要假以時日的坐禪修練，就能顯發出來，故言開發。

（7）明見清淨本性：「何期自性本自清淨」[26]，這句法語是六祖惠能大師開悟時說的，若語譯成白話即是「人們的靈性本來就是清淨無染的。」坐禪能幫助我們得到這種體證，找回我們的本來面目。

（8）圓滿成就佛道：禪宗馬祖道一禪師曾有「即心即佛」之言，後又提出「非心非佛」。因而後世禪師便形成機鋒，例如「僧問：『即心即佛』，即不問如何是『非心非佛』？師曰：『兔角不用無。牛角不用有』。」[27]再如「即心即佛亦不得，不即心即佛亦不得。」[28]這即是表明現前一念心如何做佛？既已非心，如何悟道？佛道是甚麼？唯證方知。唯精勤於坐禪者能證，唯證悟者能圓滿成就佛道。[29]

從上述八點說明，值得另外提出的是，佛法的情緒管理目標則與現代情緒管理學有共同、不共同之處。所謂共同地方，就是要求每個人都能健康、快樂的生活，這是人天乘的教法；但是佛法的修行最高目標則是逆生死流，轉迷成悟，

24　〔東晉〕僧伽提婆譯：《增壹阿含經》卷45〈十不善品48〉，《大正藏》第2冊，頁791，a3-4。

25　〔唐〕般剌蜜帝譯：《大佛頂如來密因修證了義諸菩薩萬行首楞嚴經》卷6，《大正藏》第19冊，頁131，c14。

26　〔元〕釋宗寶編：《六祖大師法寶壇經》卷1，《大正藏》第48冊，頁349，a19。

27　〔唐〕釋本寂：《撫州曹山元證禪師語錄》卷1，《大正藏》第47冊，頁528，c5-6。

28　〔宋〕釋法演：《法演禪師語錄》卷1，《大正藏》第47冊，頁651，a25-26。

29　以上參閱「佛光山禪淨法堂」網站：「禪修釋疑·習禪有哪些利益？」，網址：https://www.fgs.org.tw/cultivation/fgu-chan/dialogue-16.htm，檢索日期：2022年6月28日。按：內容有所修改，如佛經原文之修正。

轉識成智，轉凡成聖，轉染成淨，這是聲聞乘、緣覺乘，菩薩乘、佛乘的教法。所以，佛法的情緒管理是由現實而達到超越，由世間而出世間。所以，佛法的情緒管理學就是佛法中的修行，修行就是要求每一位修行者在世間能健康、快樂生活，在宗教上具有良好的宗教情懷、宗教實踐。佛法的修行是以戒、定、慧三學為總綱，所以我們說佛法的情緒管理是以戒、定、慧三學為總原則。[30]

（二）情緒的管理

「情緒管理」的重點應是在「負面情緒」的控制，希望透過禪法對情緒管理提升至一個平穩身心狀態。以下通過一則新聞來進一步理解「負面情緒」是如何對周遭人事，乃至社會發生不良影響。

傑森·H是佛羅里達州科勒爾斯普林斯中學高中二年級全優生，考入醫學院是他的夢想。他想考的不是普通的醫學院，而是哈佛大學醫學院。他的物理老師波洛格魯圖在一次測驗中給他打了80分，僅僅是「良」。傑森認為這個分數會使他的哈佛夢泡湯，於是他帶著一把菜刀來到學校。傑森在物理實驗室與波洛格魯圖發生了爭執，他用刀砍中了老師的鎖骨，後被人制服。

法官認為傑森無罪，因為他在事件當中暫時失去了理智。由四位心理學家和精神病學家組成的小組宣誓作證，認為傑森在爭執時精神處於失常狀態。傑森聲稱他因為分數問題本來準備自殺，他去找波洛格魯圖是想告訴他，他因為分數過低想自殺。波洛格魯圖則講述了不同版本的故

---

[30] 釋聖凱：《佛教情緒觀》（北京：宗教文化出版社，2002 年 11 月），頁 101。

《人間佛教研究》第十二期（2024）
Studies in Humanistic Buddhism, Issue 12(2024)，162-189

事：「我認為他想用那把刀要我的命」，因為傑森對分數感到非常憤怒。[31]

這位高中生據說後來轉到私立學院，以最高榮譽畢業。因為情緒失控，導致高中生做出極端行為，險些要了老師的命。可見，「情緒失控具有嚴重的危害性，就像脫韁的野馬，會把主人置於死地。」[32]

「負面情緒」擾亂人們內心的平靜，破壞人們平衡、輕鬆和安寧的感覺。它使人們處於不穩定狀態，使人們無法清晰地、正確地思考和採取行動。「正面情緒」能讓個體適應環境的文化，成為內在動力，並以此方式傳達給他人個體本身的狀態；而「負面情緒」特別影響個體心理、身體健康，乃至於影響到他人以及周圍環境，「負面情緒」的影響不容小覷。既然「負面情緒」破壞性這麼大，我們到底應該如何去控制情緒，乃至於超越情緒？我們如何盡可能的保持「正面情緒」，令「負面情緒」轉換成「正面情緒」，成為情緒的主人。現代人講究情緒管理，但是一般人大多不能控制自己的情緒。

臨床心理學家們發現，傾向負面情緒的趨勢在很多精神疾病中，它能損害人的身心健康。例如，強烈的感情無論是大驚還是大悲，都可能使人生病，長時間的憂傷、焦慮，更是許多疾病的重要誘因。正如著名生理學家巴甫洛夫所說的「一切頑固沉重的憂傷和焦慮，足以給各種疾病大開方便之門」。[33]

從現代醫學製造出成千上萬的鎮靜藥來看，這些藥不但具有潛在的危險性，而且事實上也是完全無益於消除焦慮本身，而佛教的禪定卻能平息我們的亂心，

---

[31] 〔美〕戈爾曼著，楊春曉譯：《情商：為什麼情商比智商更重要》（北京：中信出版社，2010年11月），頁37。

[32] 〔美〕戈爾曼著，楊春曉譯：《情商：為什麼情商比智商更重要》，頁16。

[33] 彭家儀主編：《情緒的奧秘——情緒對健康的影響》（北京：人民軍醫出版社，1991年4月），頁37。

使不良情緒漸漸降伏下來，禪定的作用是任何鎮定藥也比不上的。具有定力的人，在挫折面前，具有冷靜的頭腦，先忍受心中的痛苦與不快，再能審時度勢，檢討反省。[34]

從佛教的角度來看，「有情」是指一切有感情、意識的生物，也可稱為薩埵、薩多婆，或者眾生。人類作為「有情」眾生，自然就有情緒。而且在許多時間裡我們控制不了情緒，反被情緒所控制，且常因一時情緒激動而懊悔不已。世人常說：「兩年學說話，一生學閉嘴。」古人曰：「一念瞋心起，百萬障門開。」[35]或所謂「瞋是心中火，能燒功德林，欲行菩薩道，忍辱護真心。」[36]當人被生氣、憤怒等負面情緒控制時，瞋恨烈火就從心中熊熊燃起，一旦生起瞋恨，便口無遮攔地用語言攻擊別人，因瞋恨之火，足以燒燬長久積累的功德林，可見情緒無時無刻在掌控我們，使我們走入誤區。把自己的情緒放緩，能更好地解決問題；愈是煩躁、瞋怒，愈會做出錯誤的決定。只有沉得住氣，控制好情緒，才能獲得真正的成功。情緒最重要的不是遏制，而是正確引導。

我們一般人有種種的情緒，在佛法裡有許多對治的方法，星雲大師有以下幾段話，可供作說法佛法對管理情緒的有效妙方，他說：

> 我們要如何做好情緒管理呢？佛陀說了八萬四千法門，就是為了對治我們的八萬四千個煩惱，例如：以喜捨對治貪心、以慈悲對治憤恨、以明理對治愚痴、以樂觀對治沮喪、以知足對治嫉妒、以信心對治猜疑、以真心對治虛妄、以謙卑對治驕慢、以感動對治不滿、以發心對治懶惰、以反省對治不平、以慚愧對治蠻橫、以包容對治狹隘，這些都是很好的

---

34 釋聖凱：《佛教情緒觀》（北京：宗教文化出版社，2002 年 11 月），頁 105。
35 〔唐〕釋澄觀：《大方廣佛華嚴經隨疏演義鈔》卷 3，《大正藏》第 36 冊，頁 21，c23。
36 〔清〕釋悟開：《念佛百問》，《續藏經》第 62 冊，頁 362，c16-17。

《人間佛教研究》第十二期（2024）
Studies in Humanistic Buddhism, Issue 12(2024)，162-189

> 情緒管理妙方。[37]
>
> 我們平時要憑著正念、正勤、正道來做人處事。透過般若觀照，培養自己的耐心、虛心、誠心、赤子心、清淨心、慈悲心、寬恕心、歡喜心、平等心、忍辱心、慚愧心、感恩心……就不會產生各種負面情緒。唯有把情緒管理好，我們才能找回心靈的主宰，也才能做自己的主人。[38]

從以上兩段話，可以看出佛法能夠施設種種不同的方法，來對治不同的情緒。慈悲、喜捨、信心、發心、慚愧……等，乃至正念、正勤、正道的修持，以及透過般若觀照來培養自己的本心等，便可以超克負面情緒，成為主宰心靈的主人。

四、結語

如何讓心情沉澱平靜，如何化解煩惱，從情緒的世界擺脫出來，從而翻轉人生，成為現代人要學習的生命課題。人在情緒激動時容易做出衝動的事，最終使自己追悔莫及。因此，遇到不順心的情緒時，須先冷靜下來，把事情的來龍去脈弄清楚，再想對策解決。通常，禪修的力量能夠讓在遇事時有冷靜、安穩、祥和的定力，既而清晰地析理出問題所在，並且找到解決的方案。

情緒化就是一種負面的情感。例如不平、不滿、嫉妒、沮喪等；顯發在外的，自然而然就表現出粗暴、蠻橫、乖張、無理的言行。因此，要用感恩、知

---

[37] 星雲大師：〈管理觀〉，《人間佛教語錄③》，《星雲大師全集》，網址：http://books.masterhsingyun.org/ArticleDetail/artcle689，檢索日期：2023 年 3 月 25 日。

[38] 星雲大師：〈管理觀〉，《人間佛教語錄③》，《星雲大師全集》，網址：http://books.masterhsingyun.org/ArticleDetail/artcle689，檢索日期：2023 年 3 月 25 日。

足、慚愧、反省、樂觀、明理、感動、發心等對治之。當美麗的庭院裡有了雜草，就必須把它去除；當廚房裡有了垃圾，就要把它清理；當身上有了污垢，也要將它洗淨；當心理的情緒有病了，怎能不把它治好呢？[39]

　　情緒的波動是人們心理狀態的反應。好的心理狀態，才會有好的情緒。心理健康，情緒才能穩定。正常有序的心理活動表現為寧靜、穩重、和諧的心境，這種心境能保持強有力的生理功能。此時，不僅人們的情緒平穩，波動小而且身體和五臟也處於最穩定的狀態，表現為內分泌活動良好、免疫力強大、自主神經平衡、機體代謝旺盛。美國耶魯大學席格博士認為，患者深信自己是什麼樣的人時，他的精神系統就會傳達這樣一個指令。心理作為一種意志活動，善加利用，就會啟動人體免疫功能，從而起到預防勝於治療，為自己防病治病的目的。[40]禪修則是讓人能夠在心理上獲得自肯自得的良方，佛光山所提倡的「人間生活禪」，在修持上的前後次第，循序漸進，清晰明瞭，提供現代人一套有效的解除情緒困擾的辦法。其實，情緒，需自度。情緒是多變，這是我們的「心」的變形。就禪法（佛法）而言，我們應「廣修一切相應勝行」[41]，「相應勝行」即能成就三昧，這樣一來，修定功漸漸得利益，內心充滿法喜，祥和、安定、平穩的心態便能隨時隨地隨宜地呈顯出來，而在生活上得到利益。

　　可見，管理情緒最好的方法就是禪修。禪修對身心健康和情緒調適有益，對於緩解焦慮、抑鬱等等情緒問題效果顯著。禪修可以讓人性情恬靜、氣息安寧，甚至氣脈通暢，加速新陳代謝，有效保持身體健康。通過正確的禪修，自我訓

39　星雲大師：〈管理三部曲〉，《迷悟之間⑧》，《星雲大師全集》，網址：http://books. masterhsingyun.org/ArticleDetail/artcle2721，檢索日期：2023 年 3 月 5 日。

40　孫孝凡編著：《情緒波動與健康》（北京：人民軍醫出版社，2005 年 7 月），頁 8-9。

41　〔西晉〕竺法護譯：《佛說八種長養功德經》卷 1 指出：「我持戒行，莊嚴其心，令心喜悅，廣修一切相應勝行，求成佛果，究竟圓滿。」（〔西晉〕竺法護譯：《佛說八種長養功德經》，《大正藏》第 24 冊，頁 1104，c8-10）。

《人間佛教研究》第十二期（2024）
Studies in Humanistic Buddhism, Issue 12(2024)，162-189

練，觀照念頭，假以時日，心力強大，心光智慧開顯，心就會調柔下來，自然得放下人我是非，而煩惱就成為我們覺察自心的對象，進而轉煩惱為菩提，免除情緒的困擾。

古云「禪是佛心，正法眼藏，涅槃妙心，趣最上乘，孰過於禪。」[42] 禪是佛法中最為核心、根本的部分，星雲大師曾說：

> 對於順境、逆境，如果都能保有一顆「如如不動」的心，這就是禪。能把如如不動的心，用在紛紜擾攘的現實生活裡嗎？能夠的話，就是懂得禪了。能夠從生活中體會禪悅法喜的修行，才是人間佛教行者所提倡的真修行。[43]

星雲大師明確指出「禪」是在生活中面對紛紛擾擾的人生，無論順境或者逆境都保持一個清明的心，在生活中行禪，體會禪悅，便是人間佛教提倡的修行。修持「人間生活禪」能在日常生活中莊嚴、清淨我們的心，心裡能夠喜悅。一般的世俗人，常常過幾天就情緒不佳，憂愁、悲觀、煩悶，但是透過修持「人間生活禪」，能夠在「相應勝行」中淡化煩惱，甚至了卻煩惱。星雲大師所提倡的「人間生活禪」即在自度與度他的漸進關係裡，在自己的內心體證始終不變的一點靈光，當人們能夠沉靜下心思，進行禪修的內觀時，才有可能與心靈深處的靈魂對話，才有可能「活」得明白。

---

[42] 〔元〕釋念常集《佛祖歷代通載》卷22，《大正藏》第49冊，頁722，，a5-6。
[43] 星雲大師：〈禪者的生活修持〉，《人間佛教語錄③》，《星雲大師全集》，網址：http://books.masterhsingyun.org/ArticleDetail/artcle689，檢索日期：2023年3月25日。

《人間佛教研究》第十二期（2024）
Studies in Humanistic Buddhism, Issue 12(2024)，162-189

【徵引及參考文獻】

一、古籍

〔西晉〕竺法護譯：《佛說八種長養功德經》，《大正藏》第24冊。

〔東晉〕僧伽提婆譯：《增壹阿含經》，《大正藏》第2冊。

〔劉宋〕求那跋陀羅譯：《雜阿含經》，《大正藏》第2冊。

〔梁〕真諦譯，馬鳴菩薩造：《大乘起信論》，《大正藏》第32冊。

〔唐〕釋澄觀：《大方廣佛華嚴經隨疏演義鈔》，《大正藏》第36冊。

〔唐〕般剌蜜帝譯：《大佛頂如來密因修證了義諸菩薩萬行首楞嚴經》，《大正藏》第19冊。

〔唐〕釋本寂：《撫州曹山元證禪師語錄》，《大正藏》第47冊。

〔宋〕釋法演：《法演禪師語錄》，《大正藏》第47冊。

〔元〕釋宗寶編：《六祖大師法寶壇經》，《大正藏》第48冊。

〔元〕釋念常集：《佛祖歷代通載》，《大正藏》第49冊。

〔清〕釋悟開：《念佛百問》，《續藏經》第62冊。

二、近人著作

〔美〕丹尼爾・高曼著，楊春曉譯：《情商：為什麼情商比智商更重要》，北京：中信出版社，2010年11月版。

〔美〕保羅・艾克曼著，楊旭譯：《情緒的解析》（書名原文：Emotions Revealed: Understanding Faces and Feelings），海口：南海出版公司，2008年1月。

孫孝凡編著：《情緒波動與健康》，北京：人民軍醫出版社，2005年7月。

彭家儀主編：《情緒的奧秘——情緒對健康的影響》，北京：人民軍醫出版社，1991年4月。

釋聖凱：《佛教情緒觀》，北京：宗教文化出版社，2002年11月。

三、網路資料

（一）星雲大師著作

星雲大師：〈《佛光禪入門》序〉，《人間佛教序文選②》，《星雲大師全集》，網址：http://books.masterhsingyun.org/ArticleDetail/artcle1428，檢索日期：2022年6月28日。

星雲大師：〈看到情緒〉，《金玉滿堂③》，《星雲大師全集》，網址：http://books.masterhsingyun.org/ArticleDetail/artcle14417，檢索日期：2023年3月28日。

星雲大師：〈苦行〉，《合掌人生②》，《星雲大師全集》，網址：http://books.masterhsingyun.org/ArticleDetail/artcle6909，檢索日期：2022年6月28日。

星雲大師：〈情緒管理〉，《迷悟之間》，《星雲大師全集》，網址：http://www.masterhsingyun.org/article/articlelist.jsp，檢索日期：2022年6月28日。

星雲大師：〈第四章 觀音管理〉，《人海慈航：怎樣知道有觀世音菩薩》，《星雲大師全集》，網址：http://books.masterhsingyun.org/ArticleDetail/artcle2062，檢索日期：2022年7月20日。

星雲大師：〈傳染〉，《人間萬事⑤》，《星雲大師全集》，網址：http://books.

《人間佛教研究》第十二期（2024）
Studies in Humanistic Buddhism, Issue 12(2024)，162-189

masterhsingyun.org/ArticleDetail/artcle4788，檢索日期：2023年3月28日。

星雲大師：〈管理三部曲〉，《迷悟之間⑧》，《星雲大師全集》，網址：http://books.masterhsingyun.org/ArticleDetail/artcle2721，檢索日期：2023年3月5日。

星雲大師：〈管理觀〉，《人間佛教語錄③》，《星雲大師全集》，網址：http://books.masterhsingyun.org/ArticleDetail/artcle689，檢索日期：2023年3月25日。

星雲大師：〈禪林規範與典故〉，《宗派·禪宗》，《佛教叢書（15）》，《星雲大師全集》，網址：http://books.masterhsingyun.org/ArticleDetail/artcle6652，檢索日期：2022年6月28日。

星雲大師：〈禪者的生活修持〉，《人間佛教語錄③》，《星雲大師全集》，網址：http://books.masterhsingyun.org/ArticleDetail/artcle689，檢索日期：2023年3月25日。

星雲大師：〈禪門的管理法〉，《佛教管理學②》，《星雲大師全集》，網址：http://books.masterhsingyun.org/ArticleDetail/artcle9673，檢索日期：2023年3月28日。

星雲大師：〈禪是什麼？〉，《人間佛教語錄①》，《星雲大師全集》，網址：http://books.masterhsingyun.org/ArticleDetail/artcle655，檢索日期：2022年6月28日。

（二）其他網路資料

《明報》：2020 年8 月8 日，〈疫情社運衝擊 七成人現抑鬱症狀 港大調查：四成現創傷後壓力症狀〉，網址：https://health.mingpao.com/%E7%96%AB%

E6%83%85%E7%A4%BE%E9%81%8B%E8%A1%9D%E6%93%8A-，檢索日期：2023年5月28日。

《劍橋詞典》（Cambrige Dictionary），網址：https://dictionary.cambridge.org/zht/%E8%A9%9E%E5%85%B8/%E8%8B%B1%E8%AA%9E-%E6%BC%A2%E8%AA%9E-%E7%B9%81%E9%AB%94/emotion，檢索日期：2023年3月20日。

「佛光山禪淨法堂」網站：「佛光禪風禪法‧佛光禪的內涵」，網址：https://www.fgs.org.tw/cultivation/fgu-chan/style-02.htm，檢索日期：檢索日期：2022年6月28日。

「佛光山禪淨法堂」網站：「佛光禪風禪法‧佛光禪的修持法」，網址：https://www.fgs.org.tw/cultivation/fgu-chan/style-04.htm，檢索日期：檢索日期：2022年6月28日。

「佛光山禪淨法堂」網站：「佛光禪風禪法‧佛光禪的道次第」，網址：https://www.fgs.org.tw/cultivation/fgu-chan/style-03.htm，檢索日期：檢索日期：2022年6月28日。

「佛光山禪淨法堂」網站：「禪修釋疑‧習禪有哪些利益？」，網址：https://www.fgs.org.tw/cultivation/fgu-chan/dialogue-16.htm，檢索日期：檢索日期：2022年6月28日。

Gallup：《Gallup Global Emotions》（2021），網址：https://news.gallup.com/poll/352205/2020-sets-records-negative-emotions.aspx，檢索日期：2023年5月28日。

Gallup：《Gallup Global Emotions》（2023），網址：file:///C:/Users/USER/Downloads/Gallup%202023%20Global%20Emotions%20Report.pdf，檢索日期：2023年5月28日。

《人間佛教研究》第十二期（2024）
Studies in Humanistic Buddhism, Issue 12(2024)，162-189

Emotion Management in Buddhist Perspective: An Example of Chan Practice in Humanistic Living

Chen Ken[*]

Abstract

Emotional issues transcend geographical boundaries, social classes, and age. Emotional instability can lead to numerous conflicts, causing problems within families, workplaces, communities, and even at the national level. In the face of constant changes, it is crucial to learn how to adapt and manage one's emotions effectively, ensuring the well-being of both mind and body. Maintaining a positive and proactive mindset and taking action when confronted with various uncertainties in the future is essential. When faced with adversity and challenges, the success or failure of emotional management not only affects one's own mental and physical health but also influences the people, events, and environment around them. From a Buddhist perspective, emotional management involves addressing the issues of our "mind," allowing it to calm down, remain clear, and utilize wisdom to harmonize the ups and downs of emotional

---

[*] **Chen Ken,** Research assistant, Centre for the Study of Humanistic Buddhism, CUHK.

fluctuations. This article primarily focuses on the "Humanistic Living Chan" practiced in Fo Guang Shan as a remedy for emotional distress. It presents approaches to deal with negative emotions and maintain a positive mindset. By engaging in meditation, individuals can achieve personal improvement and contribute to the welfare of others, benefiting both themselves and society.

Keywords: Meditation, Humanistic Living Chan, Emotion Management, Master Hsing Yun

《人間佛教研究》第十二期（2024）
Studies in Humanistic Buddhism, Issue 12(2024)，190-219

從《金剛經》析論企業管理的
理念與應用

張博棟*

摘要

　　《金剛經》核心概念「度眾生」、「不住相」、「行布施」，由遠而近，深入淺出，自成一套方法論與價值體系，可以「自度度人」。企業管理為了踐行使命、成就願景，其系統思考與運作，離不開「戰略目標」、「客戶導向」、「績效評價」、「團隊激勵」四大要素。藉由《金剛經》核心概念解析與論述企業管理所涉及的關鍵活動，可以啟發領導思路，創新管理方法，增益應用理論水平與利他經濟效益。

關鍵詞：金剛經、企業管理、戰略、績效

---

* 張博棟：中國人民大學管理學博士，陳克明食品股份有限公司副總經理。

一、前言

《金剛經》成書於西元前5世紀左右，全長五千餘字，由佛陀的弟子阿難現場聽聞，記錄的一段佛陀與智者須菩提請經說法的對話。《金剛經》在佛學經典中的地位，等同於《道德經》之於中國傳統經典。《金剛經》文字兼具力與美，事證尋常有廣度，邏輯嚴謹有深度，境界超拔有高度。歷朝歷代為廣大人們喜聞樂見，對於離苦得樂、破迷解惑大有益處。

新時代精神砥礪奮進，人們對美好生活的嚮往，既要有金山銀山，也要有綠水青山。市場經濟發展有其殘酷的一面，努力工作的人，不一定心想事成，不努力工作的人，不一定一事無成，此為人心的不公不安之因由。企業經營對投資股東必須獲利回報，對消費客戶必須滿足需求，對競爭對手必須優勢致勝，對團隊夥伴必須承諾發展；為此，企業管理者無一不是內外加壓，朝向創造核心競爭力，奮力拚搏，甚至賭上身家性命。對所有人而言，工作既是戰場，也是道場。如何讓企業管理不再令人苦不堪言，不再是無法答卷的難題，而是能夠自在自信，創造價值。

本文期待藉由《金剛經》詮釋企業管理，彼此參照發明，增益佛學思想與社會科學互濟的契機，使得人們從不同視域的價值觀、方法論得到啟發，開啟對企業管理的新思路、新模式、新願景。循此目標，本文論述結構，包括：

第一，敘明《金剛經》要義中的核心概念，據此作為詮釋企業管理的出發點；

第二，從企業管理的原理中，梳理出幾個主要理念、論點。

第三，利用《金剛經》要義中的核心概念，解讀與詮釋企業管理的主要理念、論點。

其後，歸納、總結《金剛經》要義中的核心概念對企業管理的詮釋，可以如何增益企業管理理論，以及增廣管理實踐價值。

《人間佛教研究》第十二期（2024）
Studies in Humanistic Buddhism, Issue 12(2024)，190-219

二、《金剛經》要義

在《金剛經》通篇中，最核心的三句話是：

第一句：「善男子、善女人，發阿耨多羅三藐三菩提心，云何應住？云何降伏其心？」[1]

第二句：「過去心不可得、現在心不可得、未來心不可得。」[2]

第三句：「一切有為法，如夢幻泡影，如露亦如電，應作如是觀。」[3]

第一句話，指出當內心良善的人們，觸發了高明智慧的清淨心，願意去覺悟有情眾生，如何能夠使得這般初心生生不息，永不退轉？若這顆心雜染了邪妄，又將如何去降伏？發心的動機是什麼？為了生存與發展，生存可以發揮潛能，發展可以驗證本質。小乘自度，大乘度人。人類群聚特性，生存與發展離不開人為的環境，想要達成自度的目標，度人可以是關鍵路徑；因此，佛陀教誨人們要發心令一切眾生入無餘涅槃而滅度之，作為修證目標。眾生是他人，我亦是眾生，度眾生的過程將面臨有形無形挑戰，思考做什麼？怎麼做？做到什麼程度？自我與他人將會如何評價？

第二句話，過去已作已為，有成功、有失敗，有欣喜、有悔恨，此心不可留戀；現在所作所為，有付出、有收穫，有前進、有退轉，此心不可堅持；未來的可作可為，有自信、有自卑，有期待、有擔憂，此心不可妄想。確實如此，度眾生隨著不同情境變異，一定有成敗、得失、苦樂；當這些內心感受現前，如何有效對治？若能夠心隨境遷，若能夠不住相，即有機會洞察與激發事物潛能，不忘初心，深心奮進。

---

[1] 〔後秦〕鳩摩羅什譯：《金剛般若波羅蜜經》，《大正藏》第 8 冊，頁 751a。
[2] 〔後秦〕鳩摩羅什譯：《金剛般若波羅蜜經》，《大正藏》第 8 冊，頁 751b。
[3] 〔後秦〕鳩摩羅什譯：《金剛般若波羅蜜經》，《大正藏》第 8 冊，頁 752b。

　　第三句話，萬事萬物有其生存與發展的規律，這些變異現象，如同春夢的無痕，或破滅的殘影，也像是朝露或閃電，如此短暫，人們要能夠理解。萬事萬物可以說是天地的布施，自度度人即是善用布施；如此相互成就的行為和效果可能不持久，然而對布施的「施予與接受」的雙方，因為有意念、有行為、有結果，如此因果關係，可以持續發展，成為「我為人人、人人為我、人人為人人」的價值遞增模式，有助益社會祥和、國家富強。

　　縱貫這三句話，有三個核心概念，「度眾生」、「不住相」、「行布施」，彼此關聯，相互發明。「度眾生」離不開「不住相」，「不住相」是有福報好到沒福報也好的自由自在，因為「無緣大慈」；「不住相」離不開「行布施」，「行布施」是無論物質多寡和精神深淺的因緣願行，因為「緣起性空」。「行布施」離不開「度眾生」，「度眾生」是自我如此到他人亦如是的善念善行，因為「同體大悲」；基於「度眾生」、「不住相」、「行布施」為《金剛經》最核心的概念，分別闡述如下。

（一）度眾生

　　「度」，有超越的意思，是從此到彼，從愚癡到智慧，從苦難到極樂；眾生，指生存的形形色色，歸分為九類：如卵生、胎生、濕生、化生，如有色、無色，如有想、無想、非有想非無想等。[4]簡單的說，眾生存在的形式有微塵、礦物、植物、動物、人物、神魔等諸相。當有善根的人啟動了菩提心，念念不忘的將是：使一切眾生入無餘涅槃而滅度之。有善根的人修身的工夫，在於先自度，使自我內心清淨自在，不生煩惱，不惹塵埃。自度之後，願意且能夠度人，並且

---

[4]　參見〔後秦〕鳩摩羅什譯：《金剛般若波羅蜜經》，《大正藏》第 8 冊，頁 749a。

《人間佛教研究》第十二期（2024）
Studies in Humanistic Buddhism, Issue 12(2024)，190-219

度一切眾生。當然，有善根的人透過度人的付出，也能夠有機會得到自度，因此，可以驗證自己的發心是否真實無妄。

菩提心的本質是至高無上的正等正覺，最高境界的自我覺察，明白人性的真實不虛，而願意以慈悲的情懷，助力他人離苦得樂。此處關鍵在於「正等」、「正覺」，「正」是直，指標準嚴明，以佛陀的教誨為準則，去糾偏返正；「等」是級，指程度清晰，「覺」是通，指內心真誠。正等正覺，是使自身的程度、覺悟達到佛菩薩的境界，這也是至高無上的超越人生的境界。

（二）不住相

「住」，是停留的意思，包括時間上的，以及空間限制。「相」，是現象，藉由觀察、體會、認知所得來。相有兩種，其一是名相，其二是實相。名相，是人在認知世界萬事萬物過程中，所使用的符號，包括：語言、文字、圖像等；這些符號存在於人的意識，成為具有穿透力的意念，甚至行為動機，以及追求的意義與價值。換句話說，事物的名，事物的相，是由人所賦予的，反映人存在的經驗事實，在特定時空環境下的社會、歷史與經驗。名相的意義與價值來自於人，這是人的意念所致，有想要的，也有不想要的，於是成為人心喜怒哀樂的因果。至於，實相，是事物存在與生發的本質，在人的認識能力限制下，不一定能夠理解透徹、清楚明白，因此，對實相的深入探索，也成為人對自身本性探索的關鍵路徑。當理解了物性，也找到對人性的理解，反之亦然。對實相的理解除了運用思維邏輯之外，更需要保持信心，此之謂「信解」。

由於名相是相對有限的存在，有客觀性，會變動流轉，因此，佛陀教誨弟子「不住相」，尤其是我、人、眾生、壽者的「四相」，[5]看見「我」會有我執，

5　〔後秦〕鳩摩羅什譯：《金剛般若波羅蜜經》，《大正藏》第 8 冊，頁 749a。

看見人會有分別，看見眾生會求成功，看到壽者會求永生；若能夠看待名利，甚至福德得失平常，方能心不自迷，不陷溺於虛妄，而最終喪失本性。

不住相，與心的活動相關，有兩層意義。

第一，不住相生心

人心無常是常態，原因是心受到五蘊和合，有了諸多念想，這些念想又使得心有了罣礙，容易陷入八苦的境遇，如此一來，苦不堪言。八苦是人生大概率的困境，每個人或多或少，在不同的人生階段，難免不遭逢。這些困境，雖說是客觀的現象，其實也是主觀的心相，由人心所覺察、感受、認知，甚至成為牢不可破的意念，使得心受到了拘執，變成我執，從此不自由、不快活，這是住相的結果。是分別心產生我執？還是我執產生分別心？人心有標準，成為判斷是非善惡的準據，以及人與人在社會互動相處的行為規範，對人類文明發展有其必要。若不經思考，形成我執的分別心，把人與物，以及其他存在形式，區分高低優劣，比如：有我、人、眾生、壽者的差異；如此一來，著相深入，人心時刻處在衡量、辨識作為當中，難得清淨無為。佛陀的教誨是：「若心取相，即為著我、人、眾生、壽者」[6]。當有善根的人明白了不住相生心的道理，必須理解名相的虛妄不實，必須相信心有力量保持清淨，心有能力發現實相；此之謂「信心清淨，即生實相」[7]。

第二，生清淨心

當有善根的人發了菩提心，誓願度眾生，心會因此因緣，開始解脫色、聲、香、味、觸、法等六塵，恢復活潑自在的本性。至於，如何具體使心得到解脫？佛陀的教誨：「應如是生清淨心，不應住色生心，不應住聲、香、味、觸、法生心，應無所住，而生其心」[8]。修心的工夫是先破執、後破迷，然後自然展現清

---

[6] 〔後秦〕鳩摩羅什譯：《金剛般若波羅蜜經》，《大正藏》第 8 冊，頁 749b。
[7] 〔後秦〕鳩摩羅什譯：《金剛般若波羅蜜經》，《大正藏》第 8 冊，頁 750a。
[8] 〔後秦〕鳩摩羅什譯：《金剛般若波羅蜜經》，《大正藏》第 8 冊，頁 749c。

淨心。人通常固執於所知、所見，對所知不假思索，以為親眼所見、親耳所聞，無非事實；其實，所知、所見、所聞皆是人的意識作用，賦予萬事萬物意義，皆非萬事萬物本質。這個意識作用是有條件的，是人發生的存在經驗，受限於特定的時空，且由心做出檢擇，有了是非善惡、真假美醜，這也是道德行為規範的價值來源。本心的狀態是常在，念念不忘，卻不著相，是與時周旋的，能夠反省過去，總結現在，展望未來；即便如此，心終究是清淨的，如明鏡光瑩，不執著，如船過水無痕，正是佛陀提示的「過去心不可得，現在心不可得，未來心不可得」[9]，此其中有不可思議的因緣。

（三）行布施

布施，是大乘佛教六波羅蜜中的第一波羅蜜，是大凡有善根的人想要成就佛道，應當修行的六項行為標準中的第一項。換句話說，人想要到達智慧的彼岸，離苦得樂，布施是自度度人的第一步。布施的心態有兩種，有相布施與不住相布施。有相布施是有所為而為，不住相布施是機會而為，無所為而為。前者有明顯的功利因果關聯，行布施是對他人做了好事，一定相對會得到好報，比如說得到福德；後者則廣結善緣，在意識上知道自己在為他人付出，卻能夠理解，不會執著於對價關係，如此的功德更是不可思議。

至於布施的行為是以雙方互為對象的，有「施」的一方，也有「受施」的一方。施的一方是擁有更多資源的，無論是有形的，還是無形的，也有相對較高的社會地位、道德情操；而且布施的不一定是金錢物質，也會有經驗教訓，甚至是勇氣生命。受施的一方通常處於弱勢，受限於自身條件不足，在心靈、身體上苦

9　〔後秦〕鳩摩羅什譯：《金剛般若波羅蜜經》，《大正藏》第 8 冊，頁 751b。

多於樂，當接受他人給的幫助後，往往有機會改變生存現狀，甚至命運。受施的一方會表達感謝之意，以感恩的心回饋施的一方。當然，這份感謝的心意，施的一方會接收到，也會受用，享受到「助人為快樂之本」的精神財富。

三、企業管理的原理

　　二十一世紀是數字化的新時代，消費者對美好生活的追求，驅動了消費升級。消費需求多樣化給企業創造了機遇，也帶來新一輪的競爭與挑戰；企業為了生存與發展，必須勇於變革，從服務創新、效率提升、團隊建設到經營績效。這一連串的強化與鞏固核心競爭力的新挑戰，對經營管理者所需的管理能力提出了更高水準的需求與要求。現代人的工作與生活無一不是建立在組織運作之上，任何組織皆可賦予人們建立與展現專業能力的機會，以及藉以創造績效，交付工作成果，取得對價的報酬；至於組織運作是否健康高效，取決於人們，尤其是企業管理者對管理的認知，以及匹配相關的職業素養和行為。對於管理的認知，這是一個有連貫性的有機體，有技術的理性，也有同理的人性，不只是理念、理論，而更關注管理的實務與實踐。

　　如何使得管理高效？管理經驗主義學派大師彼得・德魯克認為：「管理是一種實踐，其本質不在於『知』而在於『行』。其驗證不在於邏輯，而在於成果。其惟一的權威就是成就。」管理始於知，終於行，以行動去驗證知識、積累經驗、創造價值。[10]「知」，或知識，是指理解和掌握大量事實、數據和規則的能力，此一能力可以透過運用於實際工作任務，成為技能，進而改變事物，創造價

---

[10]〔美〕彼得・德魯克（Peter Drucker），王喜六譯：《變動中的管理界》（上海：藝文出版社，1999年）頁14。

值。管理以知識為對象，其範圍涵蓋工作中的人、發生中的事（含協同、促進一件工作任務完成的限制條件），以及工作的結果（含成功、失敗經驗）。知識的來源是人與事，知識的本質與邏輯，則為人性與事理。從知識到價值的轉化是經營管理的首要任務，其核心概念具體有四個：

第一，戰略目標；第二，客戶導向；第三，績效評價；第四，團隊激勵。

第一，戰略目標

企業經營由使命驅動、願景圓夢，生存與發展離不開戰略，戰略可以長達十年，或短至三年五年。戰略是有目的的行動[11]，依據明顯的價值主張，在企業競爭過程中，邏輯清晰地選擇有所為、有所不為。此外，有效的管理者必須念茲在茲，企業經營最為重要的五個問題：我們的使命（事業）是什麼？我們的顧客是誰？我們的顧客重視（價值）什麼？ 我們的成果（目標）是什麼？我們的計畫是什麼？[12]探索目的，是為了回答：我們的事業是什麼？此一問題，可以藉由平衡計分卡的戰略思維框架[13]，做好答卷。

當企業有了定向的願景、目的、目標，如何透過戰略指導行動？當化戰略為行動，必須管控好下列關鍵因素，其一是戰略目標、績效指標必須被團隊認同、形成共識，且是長期、定量、有挑戰性的；其二，為了達成戰略目標分解的工作任務，以至於行動計畫，必須投入一定資源，保障指標得以實現；其三，戰略目標是跨部門、跨流程的，必須明確彼此工作任務，溝通計畫、行動協同一致；其四，在核心業務流程中的行動，必須設定短期里程碑，在過程中衡量利弊、校準

---

[11] P.F. Drucker, Management：*Tasks, Responsibilities, Practices,* (New York：Harper & Row,1974), pp.104.

[12] 〔美〕彼得・德魯克（Peter Drucker）、〔美〕赫賽爾本（Frances Hesselbein）、〔美〕庫爾（Joan Synder Kuhl），鮑棟、劉寅龍譯：《德魯克經典五問：歷久彌新的領導智慧》（北京：機械工業出版社，2016年，頁8。

[13] 〔美〕羅伯特・卡普蘭（Robert Kaplan）、〔美〕戴維・諾頓（David Norton），劉俊勇譯：《平衡計分卡：化戰略為行動》（廣州：廣東經濟出版社，2013年），頁157-158。

計畫、增進效益。

以企業經營成效的財務指標為例，企業戰略目標組合不離投資回報率（ROA）、收入、成本、毛利、費用、利潤、預算，以及市場佔有率等。至於，如何綜合有效達到目標？第一，減少資產（或提高資產使用效率）；第二，增加利潤。為了提高資產使用效率，可以提高非流動性資產周轉，以及提高流動資產周轉；前者可以是提高開工率、縮短在建工程週期；後者可以是降低原輔料、存貨，降低應收帳款。為了增加利潤，可以增加毛利額、控制費用；前者可以增加產品或服務銷售收入（主營業務收入、營業外收入），透過降低成本、改善配方、工藝，提高毛利率；後者可以是使行銷、管理、財務費用合理化，包括：渠道開發、產品促銷、品牌傳播、客戶服務、薪酬獎金、稅務籌畫等。

換句話說，上述達成財務指標的經營模式，是基於一套假設，從核心客戶傳遞需求，組織有了目標，透過戰略規劃，為所有利益關係者組織匹配生產資源，形成工作任務，指導組織運作；同時，對管理能力，提出更高的標準，必須將複雜的運營活動轉化為專業的績效表現。

第二，客戶導向

任何企業組織存在的目的，在於透過團隊，以及有效的資源配置，達成個體無法完成的工作任務；至於，這個任務的價值，會由受益的客戶評價，無論是購買、複購、好評、差評。換句話說，企業存在的價值高低有無，必須通過客戶考驗。客戶滿意度高，表示通過考驗。因此，企業的一切運營活動必須以客戶為中心，並且關注客戶滿意度。

如何可以做到提高客戶滿意度？第一，理解客戶需求；第二，提升產品競爭力；第三，提高客戶體驗效用。理解客戶需求，可以透過專業市場調研技術，加上客戶服務系統所收集和處理的問題，並且將客戶需求進行分類排序，排序原則可以對應企業戰略導向、目標導向。其次，提升產品競爭力，可以從內因與外因

《人間佛教研究》第十二期（2024）
Studies in Humanistic Buddhism, Issue 12(2024)，190-219

分別探索，內因包括但不限於：原輔料、設備、配方、工藝、包裝；外因包括但不限於：價格、渠道、陳列、促銷、推廣等。這些內外因的優化標準，可以是：效率、成本、品質、安全。再者，提高客戶體驗效用，聚焦關鍵影響因素，比如，產品與服務，是否解決客戶問題？是否方便客戶取得？是否物美價廉？是否即時回饋？這些作為都是為了提高客戶的獲得感，提高客戶的忠誠度，提高客戶的消費力。

企業聚焦客戶滿意度的一切作為，是否有效？必須透過科學評價。評價客戶滿意度的維度，可以是：（1）客戶需求；（2）專業標準；（3）服務態度；（4）回饋速度；（5）問題解決；（6）模式創新。客戶需求是指透過調研問卷或訪談，瞭解企業的產品與服務是否滿足客戶需求，是否解決客戶痛點；專業標準是指透過現場服務的行為或動作，使客戶看到專業服務；服務態度是指在客戶現場溝通或解決問題時，表現的態度，使客戶感受到尊崇；反饋速度是指客戶透過各種線上、線下工具傳遞需求或提出問題時，可以快速接受、立即執行；問題解決是指提供給客戶的產品與服務，能夠即時有效滿足需求、解決問題；模式創新是指交易模式與運營模式，能夠滿足客戶價值主張，提高體驗獲得感。

第三，績效評價

管理的有效性在於能夠將不明確的客戶需求、複雜的市場競爭、有限的運營資源，以及組織的核心專業，轉化為可評量的績效表現。企業管理者將組織的任務，分解為一套系統目標，且可以衡量的績效標準，當有了目標與績效評量標準後，團隊成員會覺得成功的定義變得很具體明確。績效管理是由評價與發展所組成，評價指標的選擇與設計必須與企業戰略相一致，且與工作任務、業務流程、作業標準強相關；發展對象包括團隊與員工，團隊發展目標在於組織能力，尤其是核心能力，比如，客戶導向、創新、執行等；員工發展目標必須參照職業發展規劃，以及任職資格標準，並且以績效優劣決定能力強弱，績效佳、能力強，可

以提升員工任職資格,加速發展到目標職位。

　　企業要產生良好績效,必須發揮組織能力,把用人效益極大化。如何可以做到? 首先,掌握帕雷托定律(Pareto's Law),即多數人所熟悉的80-20法則(80-20 rule)。當80-20法則應用到組織上,意味著在大多數情況下,少數事情的重要性遠大於其他事情,組織只要「不成比例地」將很少數的事情做得特別好,績效自然就會跟著好。其次,掌握摩爾定律(Moore's Law),雖說談的是計算機運算能力的改進速度,意即今天必須做得比昨天好,明天還要做得比今天更好;無法簡單應用成功經驗,滿足現在到未來不同客戶的需求,尤其是客戶需求不斷地改變,市場競爭亦復如此。[14]

　　管理必須透過他人來創造績效,而績效是以數量與質量來衡量,重視的是效率,是「把事情做對」(to do things right)的能力,而非(做對的事)(to get the right things done)的能力[15]。因此,管理的責任之一,就是要提供一個讓人們能夠自我管理的價值體系,讓個人能夠為自己的績效負起責任。

　　第四,團隊激勵

　　「激勵」指的是激發人的動機,使人有一股內在的動力,朝著所期望的目標前進的心理活動過程。從組織行為視角,激勵是激發、引導、保持、固化組織成員的行為,使其努力實現組織目標的過程,而組織成員的努力是以能夠滿足個體的某些需求為前提條件。[16]換句話說,當人們出於自我選擇,願意採取特定行為,付出時間、金錢、勞力、腦力,且得到的利大於弊的心理感受,可以驗證激勵的有效性。激勵常見的兩個視角,其一是內在激勵;其二是外在激勵。內在激

14　〔美〕瓊安・瑪格瑞塔(Joan Magretta),〔美〕南・史東(Nan Stone),李田樹等譯:《管理是什麼》(What Management Is)(臺北:天下遠見,2003年),頁293-294。

15　〔美〕彼得・德魯克(Peter Drucker),許是祥譯:《卓有成效的管理者》(北京:機械工業出版社,2009年9月出版,2018年4月重印),頁2。

16　Stephen P. Robbins: Managing Today (Prentice-Hall, Inc., 1997) , pp.388.

《人間佛教研究》第十二期（2024）
Studies in Humanistic Buddhism, Issue 12(2024)．190-219

勵源自於自我滿足的好奇心，透過探索的行為，認識世界，建立能力，爭取成功，把事情做到最好，甚至為他人排難解紛，可說是一種榮譽感、成就感、責任感、個人成長；外在激勵建立在交易關係之上，當人們達成工作任務目標，可以得到約定的薪酬、獎金、股權、晉升等。

激勵的對象以團隊為主，團隊由個人組成，個人績效優劣直接反映為團隊績效，個人績效突出，團隊績效卓越，個人因為對團隊的貢獻得到信任，更大的工作授權，這會是最大的激勵；反之，團隊激勵設計離不開對個人的激勵。團隊激勵的原則，在於有公平對價、公正評價的行為規範，以及科學具體的績效目標，績效期望轉化的激勵效果；為了達到激勵的目的，可以採取五種策略，即：擔憂、交換（為報償得到的獎勵而努力工作）、競爭、工作豐富、目標途徑（獎勵系統）。[17]至於，激勵的設計必須掌握三大關鍵要素：第一，瞭解員工所需要的激勵，無論是物質的，或精神的，且能夠滿足甚至超越員工期待；第二，激勵要普遍、及時、具體，比如，員工表現傑出，上司公開表揚、親自道賀；第三，要員工滿意，更要促使展現敬業。

四、《金剛經》對企業管理的詮釋

從《金剛經》的視角，關照企業管理的一切作為，有機會利用特定方法論，在不同價值體系交涉之下，得到異曲同工，甚至全新的價值認同，作為影響更多人的工作理念與管理實踐。下文透過度眾生、不住相、行布施等概念，逐一詮釋戰略目標、客戶導向、績效評價、團隊激勵等企業經營中的核心內涵。

---

[17] 〔美〕馬丁‧坎農：《管理學概論》（北京：中國社會科學出版社，1989年），頁173-226。

（一）度眾生

度眾生是有善根的人引發的初心，為慈悲心、菩提心、清淨心的綜合體現，也是對自覺到覺他的信解，自度到度人的行證。企業管理者的起心動念，若就其小者，離不開創辦企業，或在專業崗位發揮影響力，發家致富、改變自身命運；若就其大者，能夠解決人們遭遇的生存與發展問題，使社會和諧、國家富強，甚至世界和平。人同此心，企業管理者推己及人，會把自身存在的意義與價值，轉化為企業的使命，並且傳播、影響更多的人認同與支持，成為企業共同願景。

度眾生是戰略的本質，而戰略來自於企業願景。當企業管理者把企業想要贏得的未來，做出定位，有著清晰方向，以及導向的關鍵路徑。接下來，戰略落地的每一階段，需要設計里程碑，有明確的目標，可被科學評量的指標，以及對標客觀的指標值。戰略目標離不開員工在其中的學習、發展和貢獻，藉由戰略落地、專業行動、達成目標，員工可以在企業工作平臺上，發揮專長、激發潛力、實現夢想，同時獲得期望的薪酬、改善生活與生命品質。

度眾生是客戶導向的，惟有滿足客戶需求，解決客戶痛點，眾生方能離苦得樂。客戶有內外之分，外部客戶更形重要，因為，外部客戶對企業的產品與服務認知與否、體驗與否、滿意與否，直接影響客戶是否持續購買產品與服務，持續為企業創造收入與利潤，而這將影響企業在市場競爭中，是否能夠取得一定的市場地位，持續生存與發展。當然，想要贏得外部客戶的認同與滿意，必須同時滿足兩個條件，其一是產品與服務競爭力；其二是內部客戶的滿意與協作。產品與服務競爭力是客觀評價的結果，而客戶體驗是唯一指標；至於，內部客戶彼此之間是競爭與合作關係，競爭是在於專業能力與服務效率的自我與彼此較勁，而合作則是在於客戶需求滿足的優勢互補，給外部客戶團隊協作的成果。

度眾生除了有想法，還要有做法，以及執行成效。當企業管理團隊掌握了客

戶需求，提出滿足需求的產品與服務，以及明確的策略。策略的執行有賴具體的行動，行動必須依循業務流程和作業標準，這些流程與標準，會設有評估指標。當達成一次客戶服務，從結果方面，可以取得客戶體驗反饋績效，從過程方面，可以評價效率、成本、質量是否符合設定標準。

度眾生最終目標是要達成皆大歡喜，由於客戶滿意，願意持續支持購買企業的產品與服務，企業有持續收入、利潤，可以持續經營，維持組織運作的一切成本。當企業依據戰略規劃，逐步發展壯大，建立核心競爭力，團隊的工作績效得到肯定，轉化為收入價值，除了有成就感，同時也將獲得匹配績效的激勵，滿足員工期待。

日本企業家稻盛和夫65歲皈依佛門，法號「大和」，此後並不看破紅塵，反而積極入世。引導師傅西片單雪法師曾對他說：「我們禪宗的出家人，為了自身的修練，會進行諸如坐禪之類的修行，儘管我們與世無爭，但是也沒有直接為世間做出什麼貢獻。而你是由一個在家人成為出家人，對你而言，在經過聖堂的認真修行後，應該重新回到現實生活中，為社會做貢獻，這才是你應該遵行的學佛之道。」[18]於是，稻盛和夫懂得「度眾生」，自度與度人的實相，發揚「敬天愛人」的經營理念，全身心投入工作，勇於承擔社會責任。

對於事業經營，稻盛和夫無時不刻在思考：經營應該依靠什麼？ 得出的結論：最重要的是「人心」。 雖然人心易變，若一旦建立起信任關係，人心卻會變得無比牢固。當把贏得人心作為戰略高地，發揮的領導力看似無形，更顯全面有效，因為這是人與人之間，從概念、專業到關係的交鋒。一方面，企業管理者要訴諸理性，講透工作的意義；另一方面，也要感性影響，激發員工主觀能動

---

[18] 高蕊、稻盛和夫：〈動機相上，私心了無〉，《全球商業經典》（北京：國家行政學院影音出版社，2020 年），130-137。

性。挑戰稻盛和夫的第二個思考是：公司應該成為一種怎麼樣的組織？企業經營必須保護員工及其家屬未來的生活，為大家謀幸福；甚且，企業若想長期取得發展，必須履行社會責任，對社會發展做出貢獻，最終有利於人與人的彼此成就。

以人為本，如何做出績效？稻盛和夫透過「阿米巴經營」理念、方法與工具，引入剛破產的日本航空公司，使得每位員工從心中喚醒和涵養主人翁精神，成為彼此的事業夥伴，開始思考如何提高銷售額，如何削減費用。其結果，日本航空轉虧為盈，啟動重建的第二年即取得1884億營業利潤，變為行業中收益最高的企業。至於，如何激勵團隊？稻盛和夫主張企業經營者要做到做好五件事：第一，要使員工愛戴你；第二，要向員工講述工作意義；第三，要向員工揭示願景和目標；第四，要使員工明確使命，認同共有；第五，要向員工分享哲學，提高心性。上述五件事，不僅載明公司的經營理念，更體現於客戶服務、度眾生的全過程，使員工在工作中熱情專注，願意且有能力，堅強心志，成熟技能，追求與完善理想的人格。[19]

（二）不住相

不住相的相，有名相與實相。名相來自一時一地一群人所感知的過去、現在與未來的現象，其合理性在於存在經驗的辯證過程；實相是事物發展的本質，超越時空的存在，可透過慈悲心、清淨心證悟。

戰略目標的不住相，意味著先有相，有對未來企業發展的樂觀期待，也有因應市場競爭的風險意識。由於戰略是可行的方向，目標是路徑的取捨；至於，目標分解為具體指標，則是前進的里程碑。當把戰略、目標、指標在心中念茲在

---

[19] 〔日〕稻盛和夫，周慶玲譯：《活法》（北京：東方出版社，2005年），頁144。

茲，願景是清晰的，路徑是明確的；之後，不住相，可以使三者因時因地因人變化組合，善念引導，卻不留戀於相，成功了得到成就，失敗了學到經驗。不住相的進階，是不僅止於相；從名相到實相自我超越，把企業管理團隊從利益共同體，升級到命運共同體，系統思考使命感意義，以客戶為中心創造價值，開創富裕人生的共同願景。

客戶導向的不住相，是指客戶需求千差萬別，滿足需求的產品與服務也各自不同。從客戶體驗視角，期望的價值主張，包括是需求明確、成本合理、取得便利、溝通有效；從企業經營視角，採取的服務策略，一則是低成本；二則是差異化；三則是集中化；從員工的工作視角，服務客戶的行為要素，有態度親切、反饋快速、專業交付等。為了達成客戶體驗最佳化的目標，除了迎向市場化競爭，由企業驅動員工，或員工推動企業，將會採取主動創造價值，被動解決問題的行動方案；不住相是創新的精神，對於客戶導向的服務價值，彰顯於這一次成功不一定是下一次成功的案例，而創新是持續成功的典範。

績效評價的不住相，是指將客戶滿意度與執行績效視為企業經營活動評價的兩大指標。企業經營活動需求來自客戶，執行客戶需求滿足策略，而策略有效或者無效，首先看行動設定的指標是否強相關，是否是可控的；再者，看採取的動作是否符合標準，是否達成指標，達成即為有效。戰略目標與績效評價具有關聯性，必須依循客戶需求，以及市場競爭的態勢變化，機動調整，並且不衰退與持續成長是原則；因此，績效指標設定與推動執行，不可也無法常住不變。

團隊激勵的不住相，關注企業員工在工作上投入時間、精力、專業，期望得到什麼？或者說得到什麼後可以覺得滿足？物質報酬和精神滿足。物質報酬有工資、獎金、福利、職務和辦公室；精神滿足有存在感、認同感、成就感。企業提供資源滿足員工需求，即是在做團隊激勵。員工需求有標準化的，也有個性化的。因此，在激勵舉措，可以先求滿足標準化需求，使得員工沒有不滿意；再

者，針對性滿足個性化需求，爭取匹配工作績效、職業發展，滿足期待，提高滿意度。這些激勵設計與執行，必須不住相，能夠因人因時因地制宜，隨心流轉，沒有一成不變的，體空方能實在。

美國企業家喬布斯（Steven Paul Jobs，1955~2011）年輕時學習、喜好禪修，卻曾面臨人生兩難的選擇題：是禪修？還是創業？因為，禪修有青燈古佛，抱負無法施展；創業有奔波勞碌，心思無法寧靜。當時，乙川弘文禪師對他說：「人生如電，亦如朝露，奔波勞碌是一回生死，青燈古佛亦是一回生死。原本無生無死，萬事皆是夢幻，又何需決斷？」喬布斯提出疑惑：「可是，我時刻想改變世界。如果人生皆如夢幻，改變與不改變，又有什麼分別？」禪師答應：「不是風動，也不是幡動，是仁者心動。」[20]名相流變不居，而實相是自足自洽的。喬布斯經營蘋果公司，洞察的實相是「簡潔」，而不至於在戰略思維過程中，迷失於紛雜的消費需求、產品設計、生產成本、市場營銷與品牌傳播等名相；換言之，透過禪修，喬布斯找到了「初心」，不住相，關注當下，展現內心的天性，不再執念於世俗企業經營的成功標準。簡潔，使得喬布斯決策雷厲風行，尤其當重返蘋果公司之時，旋即調整產品結構，把幾十款的Mac機，以滿足消費者和專業人士為需求，留下四款臺式機與筆記本電腦，體現了戰略決策力。[21]

喬布斯主導設計的產品，功能簡潔、操控方便、外觀優雅，用戶體驗充滿禪意。多數企業汲汲於市場洞察，設定目標群體探索消費需求，喬布斯認為，若設定了目標群體，絕大部分的人只會提出對現有產品的些為改進意見；如果想把產品迭代，比如從馬車變成汽車，從索尼WalkMan變成IPod，可能不會有人想到。

---

[20] 鍾志賢、易凱諭、邱娟：〈禪宗文化與喬布斯〉，江西廣播電視大學學報，2018 年第 3 期（2018 年 9 月），頁 10-22。

[21] 田成杰：〈喬布斯的 14 條領導真經〉，收入：《科技與企業》編輯部：《決策論壇──科學制定有效決策理論學術研討會論文集（下）》（北京：中國科普作家協會，2015 年 9 月），頁 250-251。

《人間佛教研究》第十二期（2024）
Studies in Humanistic Buddhism, Issue 12(2024)，190-219

反觀，若是具焦產品開發人員內心的真實感受，自問：是否願意使用產品，並且喜歡產品、完美產品？ 如此一來，基於對產品的愛用，將會把產品當成藝術品，持續打磨完美。當人同此心，將會有更多消費者愛上蘋果產品。持續追求完美，亦即不住相的體現。喬布斯的用人，以及對績效評價，其原則是：一群優秀的人，共同做出偉大的事業；彼此的關係是強強聯合的事業夥伴，而非對價買賣的勞動輸出。

自述「求知若渴，虛懷若愚」（Stay Hungry, Stay Foolish）的喬布斯，受益於禪修，心力強大，能夠洞察企業經營的本質。這心力有不同層次，包括：顛覆世界、無所畏懼的願力，一往無前、聚焦當下的專注力，源源不絕、無中生有的創造力，以及超越物象、直指本質的洞察力。[22]這足以改變世界、心生萬法的心力，持續吸引與引導更多事業夥伴，不住相又不滿足，創造與訴說蘋果公司的傳奇故事。

（三）行布施

行布施，是自度度人的第一步。一般的認知是做善事，其動機有兩個，其一是累積福德；其二是廣結善緣。累積福德是帶著目的的行動，有所為而為，有對價的因果關聯；廣結善緣是不帶著目的的行動，無所為而為，有不可思議的功德。三輪布施有三個關鍵要素，第一是布施的行動；第二是布施的對象；第三是布施的事物。

對於戰略目標的布施，闡明願景是企業管理者累積福德的行動，當員工理

---

[22] 李國飛：〈喬布斯：禪與投資〔EB/OL〕〉，網址：HTTPS://ZHUANLAN.ZHIHU.COM/P/26531725UTM_SOURCE=WEIBO&UTM_MEDIUM=SOCIA 。

解了共同追求的未來，以及自我實現與願景的關聯，將會驅動員工學習知識、技能，累積經驗、發揮專長，做出承諾的貢獻；踐行使命是企業管理者廣結善緣的做法，當企業做出了戰略規劃、業務選擇，將會把客戶需求視為核心競爭力的驅動力，透過專業服務與產品，滿足普惠大眾的需求。

對於客戶導向的布施，關鍵在於客戶需求的調研、挖掘，使得客戶工作、生活場景具體，突出痛點；同時圍繞產品與服務，優化客戶觸點，賦予價值引領的全面體驗。這是客戶至上的價值主張，客戶體驗創新將會透過前端技術、管道優化、客戶關係管理、營銷設計、銷售規劃和服務職能等綜合交付，成為組織運作的行為模式。

對於績效評價的布施，將會依據企業不同層級的對象，新進人員或初做人員給予明確工作指令，一步一步，具體做什麼動作；熟練人員給予指導，需要準備什麼資源，如何採取行動；骨幹人員給予教導，如何進行行動計劃，設定績效指標；管理人員給予督導，優化關鍵舉措，提高工作效率。績效是團隊協作與教學相長的結果，也是相互布施的因果。

對於團隊激勵的布施，需要掌握幾個關鍵要素，其一是時機成熟，其二是投其所好，其三是樹立榜樣。組織是團隊協作平臺，也是利益關係生態系。團隊成員依據各自專長，創造服務客戶、滿足客戶的價值，當交付服務，取得績效時，必須及時肯定激勵，以強化行為；而激勵的方式可以有多種選擇，物質的、精神的、公開的、私下的，參照激勵對象的取向；至於，激勵的目的在於明確組織行為規範，鼓勵的行為可以多做，不允許的行為要禁止，使得團隊言行有所遵循，形成敬業樂群的組織文化。

中國企業家曹德旺從小信佛，辦公室擺著《金剛經》，經常陪同母親到寺廟中跪拜祈福。曹德旺相信因果，肯定佛家的修行，認定需要由修行修出公德。

「什麼是公德？公平是公，施予是德，虔誠是公，真實是德。」[23]慈善的行為可以說是公德的表現，因為捐款是出於一種共用的心態，與社會共用，也是回報國家、社會、人民的具體舉措。換言之，曹德旺把企業的戰略目標踐行，視為虔信佛教、力行佛學的認知與體悟。「慈善是宗教的衍生品，宗教是我從事慈善的原動力，這對我來說是根深蒂固的。」[24]曹德旺如是說。

中國人提倡不住相布施，捐贈的時候隱姓埋名，施恩不圖報，圖報非君子。曹德旺認為，慈善不應該高調，不是富人的專利，要量力而行，且透過實際行動展示施比受更有福、更快樂。[25]「敬天愛人，止於至善」，以責任推進成長與擔當。曹德旺眼中，天是客戶是市場，經營企業必須「入鄉隨俗」，天不可違，敬天是指依據客戶需求、市場規律做事，遵紀守法且光明磊落；愛人是尊重對方，替員工、供應商、債權人、銀行負責，經營企業要有一種合作共贏的態度。[26]敬天愛人是行布施的理念與實踐，是有所為有所不為的「知行合一」；以善立基，以社會責任感和誠信為工作態度，做實、做好每一件事，如此可以做到相對客觀績效評價，比如，公司的經營數據很清晰準確，透過資訊化系統一目了然，團隊投入的貢獻經得起現場驗證。[27]

曹德旺認為，企業追求品牌深入人心，透過廣結善緣，做到專業布施的極大化，必須掌握四個「品」字：一是人品，正確的追求與良善的願景；二是產

---

[23] 范曉影：〈首善的「佛商式」公益〉，《現代企業文化（上旬）》，2015年第6期（2015年6月），頁79。

[24] 范曉影：〈首善的「佛商式」公益〉，《現代企業文化（上旬）》，2015年第6期（2015年6月），頁77-78。

[25] 范曉影：〈首善的「佛商式」公益〉，《現代企業文化（上旬）》，2015年第6期（2015年6月），頁78。

[26] 蘇勇：〈曹德旺：敬天愛人，止於至善〉，《企業家》，2021年第5期（2021年11月），頁36-40。

[27] 朱冬：〈曹德旺：經濟寒冬，你要想活下去，就能活下去〉，《中外管理》，2019年第12期（2019年12月），頁87-90。

品，產品與服務為國家、社會、人民所需；三是品質，做到穩定、標準化、流程化；四是品味，經得起推敲，經得起評價。[28]當功德做得越大，自己的企業也越成功，並不是真的有「菩薩」在保佑你，而是佛教能夠淨化你的心靈，當你一新修行功德時，內心並得寧靜、簡單。[29]至於企業家經營企業、領導團隊的最高境界，將是國家因為有你而強大，社會因為有你而進步，人民因為有你而富足。曹德旺深信，若能夠做到這三點，將無愧於企業家的稱號。

五、結語

　　企業管理是經營人心的行為，是指一群人有了共同願景，設定了戰略目標，必須服務好內外部客戶，展現高效的專業行為，科學評價績效表現，並且交換期待的激勵。從《金剛經》的視角，企業管理即是度眾生、不住相、行布施的信願行。

　　度眾生源自慈悲心，是使人性「向善」的志向，不住相源自清淨心，是「克己」修行的工夫；至於，行布施源自般若心，是自利利他的心態和行為，可以成就彼此的事業，也可以說是具體「修己安人」的關鍵舉措。對企業管理的詮釋，度眾生，是基於有遠大的理想，明確的服務對象，相信自己有能力理解、傳播，並且可以參與偉大事業的成功；不住相，是因應不同的場景、際遇中，能夠收集、分析各種資訊、數據，觀察、研判不同對象的不同需求，不執著過去有效的方法，不執著現在解決的方案，不執著未來的成敗，取得靈動應變的先機；行布施，是能夠開發、統籌一切物質的、精神的資源，投入行動，並且因應變化，反

---

[28] 葛幫寧：〈曹德旺：我有四品〉，《經營者（汽車商業評論）》，2017 年第 4 期（2017 年 4 月），頁 45-46。

[29] 季昌仁：〈曹德旺：謀求發展，兼濟天下〉，《商業文化》2021 年第 19 期（2021 年 7 月），頁 41-44。

饋校正，最終評價成果，證實行動的有效性。

　　企業家稻盛和夫、喬布斯、曹德旺在不同的行業取得世界級的成功創業，其共通之處，始於對佛法的信心，因為相信，產生明確的大局觀，激發強大的客戶服務意識；因為能力，發揮團隊領導力，以專業經營管理，創新產品與服務，能夠滿足客戶從現在到未來的需求。金剛經詮釋企業管理的有效性，可以總括一句話：從創造「利益共同體」、「事業共同體」到「生命共同體」。企業管理者的管理行為，無法脫離洞察他人，從觀察行為到感受心意，這是從「他」視角的度眾生，自度度人；當然，觀察不一定促成我對他的理解，需要進一步自他互換，從對方的視角，探索需求與判斷是否真實，這是從「你我」視角的不住相，創新變換；再則，企業經營自其競爭變化觀之，有其不變的使命、願景，此即為自他融合的共同追求，這是從「我們」視角的行布施，相互成就。從《金剛經》的詮釋而言，企業管理者從利他動機出發，找到志同道合的一群人，善用目標、執行、反饋、激勵的管理系統增效，共同成就慈悲濟世的事業，可以燭照企業經營存在與發展的本質，對於企業發展道路的選擇，抱持信心不逆，這正是《金剛經》啟發的價值。

《人間佛教研究》第十二期（2024）
Studies in Humanistic Buddhism, Issue 12(2024)，190-219

【徵引及參考文獻】

一、古籍

〔後秦〕鳩摩羅什譯：《金剛般若波羅蜜經》，《大正藏》第8冊。

二、近人論著

（一）專書

《科技與企業》編輯部：《決策論壇——科學制定有效決策理論學術研討會論文集（下）》，北京：中國科普作家協會，2015年9月。

〔日〕稻盛和夫，周慶玲譯：《活法》，北京：東方出版社，2005年。

〔美〕彼得・德魯克（Peter Drucker），王喜六譯：《變動中的管理界》，上海：藝文出版社，1999年。

〔美〕彼得・德魯克（Peter Drucker），許是祥譯：《卓有成效的管理者》，北京：機械工業出版社，2009年9月出版，2018年4月重印。

〔美〕彼得・德魯克（Peter Drucker）、〔美〕赫賽爾本（Frances Hesselbein）、〔美〕庫爾（Joan Synder Kuhl）合著，鮑棟、劉寅龍譯：《德魯克經典五問：歷久彌新的領導智慧》，北京：機械工業出版社，2016年。

〔美〕馬丁・坎農：《管理學概論》，北京：中國社會科學出版社，1989年。

〔美〕瓊安・瑪格瑞塔（Joan Magretta）、〔美〕南・史東（Nan Stone），李田樹等譯：《管理是什麼》（What Management Is），臺北：天下遠見，2003年。

〔美〕羅伯特‧卡普蘭（Robert Kaplan）、〔美〕戴維‧諾頓（David Norton），劉俊勇譯：《平衡計分卡：化戰略為行動》，廣州：廣東經濟出版社，2013年。

釋星雲：《金剛經講話》，北京：東方出版社，2015年。

（二）期刊及會議論文

朱冬：〈曹德旺：經濟寒冬，你要想活下去，就能活下去〉，《中外管理》，2019年第12期，2019年12月，頁87-90。

季昌仁：〈曹德旺：謀求發展，兼濟天下〉，《商業文化》2021年第19期，2021年7月，頁41-44。

范曉影：〈首善的「佛商式」公益〉，《現代企業文化（上旬）》，2015年第6期，2015年6月，頁77-79。

高蕊、稻盛和夫：〈動機相上，私心了無〉，《全球商業經典》，北京：國家行政學院影音出版社，2020年，130-137。

葛幫寧：〈曹德旺：我有四品〉，《經營者（汽車商業評論）》，2017年第4期，2017年4月，頁45-46。

鍾志賢、易凱諭、邱娟：〈禪宗文化與喬布斯〉，江西廣播電視大學學報，2018年第3期（2018年9月），頁10-22。

蘇勇：〈曹德旺：敬天愛人，止於至善〉，《企業家》，2021年第5期，2021年11月，頁36-40。

《人間佛教研究》第十二期（2024）
Studies in Humanistic Buddhism, Issue 12(2024)，190-219

三、西文論著

P.F. Drucker, Management: Tasks, Responsibilities, Practices, New York: Harper & Row, 1974。

Stephen P. Robbins: Managing Today, Prentice-Hall, Inc., 1997。.

四、網路資料

李國飛：〈喬布斯：禪與投資〔EB/OL〕〉，網址：https://zhuanlan.zhihu.com/p/26531725utm_source=weibo&utm_medium=socia 。

《人間佛教研究》第十二期（2024）
Studies in Humanistic Buddhism, Issue 12(2024)‧190-219

Interpretation On the Concepts and Applications of Corporate Management Through the Diamond Sutra

Chang Po-Tung[*]

Abstract

The core concepts of the Diamond Sutra, such as "release beings", "isolate representation" and "behave alms giving", are deduced in multi-situations as the methodology and value systems for the sake of "releasing oneself and others". Corporate management aims at fulfilling mission and achieving vision, with which the systematic thinking and operation by large cannot separate from the four critical elements, i.e. "strategic objective", "customer-oriented", "performance appraisal" and "team encouragement". With the interpretation of the core concepts of the Diamond Sutra and exposition of the activities on corporate management, the corporate manager could be inspired to lead train of thought, innovate managerial skills, upgrade applied theory and increase altruistic effectiveness as well.

Keywords: Diamond Sutra, Corporate Management, Strategy, Performance

---

[*] **Chang Po-Tung,** Ph.D. in Management, Renmin University of China. Vice President, Chen Ke Ming Food Manufacturing Co., LTD.

《人間佛教研究》第十二期（2024）
Studies in Humanistic Buddhism, Issue 12(2024)，220-245

從佛教思想析論企業「自覺式」管理文化之建構

張仰強[*]

摘要

　　本文認為企業可以根據文化建設的不同主體，用「因果業報」、「四攝」法和「六和敬」等相應的佛教思想，以激發員工的自覺意識，圓融管理關係，構建獨具優勢的和諧文化。這種自覺式管理文化可以克服職場的「拋物線」現象，不但與科學管理是相輔相成的，還可以彌補科學管理在管理藝術、思想行為等方面的不足，以更好地提升員工素質，提高企業經營管理水準。

關鍵詞：企業文化、自覺式管理、佛教思想

---

[*] 張仰強：香港中文大學人間佛教研究中心「自覺式管理文化線上證書課程」學員，工商管理博士生，文學碩士（佛學方向）。

一、前言

　　多年來，本人看到一些企業把《金剛經》、《六祖壇經》等不同的佛教經典引入到企業文化建設之中，隨興闡揚。在讚歎之餘，總覺得其中有兩個問題值得思考：一是企業踐行佛教思想顯然不是為了證涅槃，除了求福報之外，其方向是在哪裡？二是企業最適合哪些佛教思想？學習了「自覺式管理文化」之後，認為能立此為方向，並可以根據文化建設主體——個人（員工）、眾人（團隊）、法人（企業）的不同，分別運用相應的佛教思想。所以，本文試就圍繞上述問題進行探討。

　　正常運作的企業都是一個組織，而所謂科學管理就是運用管理科學的原理，對這個組織所擁有資源進行有效的計畫、組織、指揮、協調與控制的過程[1]。管理對象主要指人、財、物、技術、商譽等一切資源，其中最重要的是對人的管理，包括人的行為與心理。科學巨匠愛因斯坦（Albert Einstein，1879~1955）在《宗教與科學》一文中寫到：「感情和願望是人類一切努力和創造背後的動力，不管呈現在我們面前的這種努力和創造外表上多麼高超」[2]。明確指出個人努力和創造背後的真正動力是感情和願望，說明科學和科學管理是關注人與人心的。

　　著名經濟學家成思危（1935~2015）提出：管理從它的實質來說，有科學的一面，也有藝術的一面，前者是研究管理過程中的普遍性與客觀性，講究的是定量計算；後者是憑價值觀、膽識、直覺作決策，講究的是根據經驗來算計；只有將計算和算計結合起來才能取得較好的管理效果；但是，科學管理在藝術方面是有局限的，而且難以分析和判斷人的行為，特別是非理性行為和非制度因素。[3]

---

[1]　歐洲古典管理理論創始人亨利‧法約爾（Henri Fayol，1841~1925）稱這五個方面為管理五要素。
[2]　〔德〕愛因斯坦：《愛因斯坦文集‧第一卷》（增補本）（北京：商務印書館，2019 年），頁 403。
[3]　成思危：〈管理科學與科學管理——兼論國家自然科學基金的管理〉，《管理科學學報》第 5 卷第 3 期（2002 年 6 月），頁 1。

《人間佛教研究》第十二期（2024）
Studies in Humanistic Buddhism, Issue 12(2024)，220-245

　　被譽為「現代管理學之父」的彼得‧杜拉克（Peter Ferdinand Drucke，1909~2005）在這方面也有相近的論述，他說：我們對管理的認識仍然遠不足將管理置於「科學」的束縛裡，它是一種社會職能，深植於價值觀、習俗和信仰傳統中，管理是文化制約性的，而不是「價值中立」的科學。[4]

　　對於什麼是自覺式管理文化？目前雖然還看不到統一的定義。但顧名思義，是通過內心的「自覺」助推「管理」所形成的獨特「文化」。其最基本的特徵應當在人心的「自覺」，而且是有別於功利目的或者其他外緣所引發的自覺。

　　香港中文大學陳劍鍠教授認為：佛教的管理思想是一套足供世人採用的管理方法，管理者除了在技術、技能之養成以外，首要之務在於「心的管理」，並以此為管理思想的「核心價值」；佛門管理以自我發心、自我約束、自我覺察為原則，主張行為的正確與否，導致於心性的修煉，不必太過於依靠外部力量來實現，外部的激勵與約束力量只是助緣，主要的條件因緣在於內心。[5]英國數學家、哲學家羅素（Bertrand Russell，1872~1970）評價：「佛教是思想哲學與科學哲學的綜合，是至高的理性主義哲學」[6]。由此可見，佛教管理、自覺式管理文化與科學管理不但有許多共通之處，而且還可以彌補科學管理在管理藝術和行為判斷上的不足。

　　對於「自覺」這個問題，唐君毅（1909~1978）先生有過精闢的論述。他通過幾十年的觀察與研究後指出：多數人是緣著「拋物線」發展的，開始向上，到達一定時期以後就向下回落。「而此向上心之是否能繼續，必須有待於後天的立

4　〔美〕彼得‧杜拉克著，林麗冠譯：《管理導論‧上冊》（臺北：博雅出版股份有限公司，2022年），頁 60-61。

5　參見陳劍鍠：〈星雲大師的應用管理心法〉，《人間佛教研究》第 10 期（2020 年 5 月），頁 154-156、131、135。

6　轉引自蘇懿賢：《佛法是科學的終極典範：佛法真面目》（臺中：白象文化事業有限公司，2021年），頁 16。

志的功夫。否則燭燒盡了，總是熄滅的。而人之立志的事，則純為個人自己的事，此與環境無關，他人亦實在幫不了忙。教育之力，不通過人自己之覺悟，亦全莫有用。對此人之向上而向下的自然之拋物線之存在，我是愈來愈看得清楚了。我親眼看見周遭人的命運，都在由它作主，而罕能自覺。悲夫！」[7]

唐君毅先生這段話至少回答了關於「自覺」的三個重要問題：一是為什麼要「自覺」？因為人普遍存在「向上而向下的自然之拋物線」規律且「罕能自覺」。二是「自覺」的方向是什麼？那就是發自內心地覺察到這個拋物線規律後下「立志的功夫」，繼而產生「轉移變化此實際之我，超升擴大此實際之我的力量」[8]。三是自覺的主體是「純為自己」，「他人亦實在幫不了忙。教育之力，不通過人自己之覺悟，亦全莫有用」。

唐君毅先生這段話當時主要是針對青年而言的，但如果青年就開始「向下」，中老年就更不必說了。其實，不但人生的發展規律是如此，企業員工（指管理者與被管理者等全體員工）的職業發展更是如此，「職業疲勞」現象普遍存在且「罕能自覺」。

對於這種「向下」的變化，科學管理的對治辦法是通過建立激勵與約束機制，促使其完成工作目標，力量首先是來自於「外」。而自覺式管理要激發個人內心的「自覺」，轉「外」為「內」，在回答了「為什麼要自覺」、「自覺什麼」和「由誰激發自覺」這三個問題之後，還必須解決「如何自覺」的問題。

在解決「如何自覺」方面，佛教可謂是具有極好的資糧。「佛教之所以一直強調心的力量，就在於心可以令人墜落、為非作歹，亦可以令人向上成就，行善積德」[9]，從而成就善的、向上的人生。「佛教所說的解脫與自在皆是同理，絕非要

---

[7] 唐君毅：《人生之體驗續編》（臺北：臺灣學生書局有限公司，2019 年），頁 80-81。

[8] 唐君毅：《人生之體驗續編》，頁 76.

[9] 釋淨因：《《六祖壇經》的創新思維》（香港：中華書書局（香港）有限公司，2022 年），頁 178。

人們逃離這個世間，而是要超越束縛了自己的慣性思維，即要通過不離世間的「覺」而獲得解脫」[10]。佛教思想對「自覺」的獨特作用，也許正是自覺式管理文化的生命力所在。因此，本文提出：根據企業文化建設的不同主體，分別運用「因緣果報」、「四攝」法和「六和敬」等佛教思想，以增強員工的「自覺」意識，圓融團隊的「管理」關係，共同構建企業的和諧「文化」。

二、以「因緣果報」強化員工的「自覺」意識

《阿毗達摩俱舍論》卷第十三記載：「世別由業生，思及思所作，思即是意業，所作謂身語」[11]，認為世間的一切差別，既不是由神等超自然的第一因所造，也不是由先決的命運所主宰，而是由業的差別所引起。業即是因，是心所思（意業）和思所作（身業和語業）。平川彰也指出：「關於世界如何成立的根本問題，在不承認創造神的佛教裡，是用業的思想作為其替代者的」[12]。「佛教不能離開因緣果報的法則，換言之，因果法則的落實必能成就最上乘的管理作為」[13]。

佛教的世界觀和生命觀都是「因緣觀」，認為一切都是因緣的產物，都成立於相對的依存關係之上，其間並無絕對的存在。因緣法則是圍繞「心」而展開的，這裡的心即意志。因此，對於企業員工，可以運用佛教的因果業報思想，從「心」開始，激發「自覺」，練就「立志的功夫」。做到接受法則、接受今天、接受他人、創造明天。

---

[10] 釋淨因：《《六祖壇經》的創新思維》，頁 225。
[11] 〔印度〕尊者世親造，唐玄奘譯：《阿毗達摩俱舍論》（北京：宗教文化出版社，2019 年），頁 297。
[12] 〔日〕平川彰著，釋大田譯：《印度佛教史》（臺北：商周出版，2019 年），頁 213。
[13] 陳劍鍠：〈星雲大師的應用管理心法〉，頁 135。

（一）「因果業報」法則是世間最公平的仲裁者

因果律是世間最一般的規律，其三大法則分別是「果由因生」、「事待理成」、「有依空立」。愛因斯坦在《宗教和科學》一文中談到：「凡是徹底深信因果律的普遍作用的人，對那種由神來干預事件進程的觀念，是片刻也不能容忍的」[14]。當然，這些是西方哲學和自然科學的因果律，所說的還僅僅是「外在原因與結果的必然性，而佛教的因果學說除了以此為前提外，更加強調內部條件的作用，認為人類生存以行為為本質，行為的產生在於引起行為的意志，聚集在意志行為方面，意志改變，業果也會改變」[15]。

在因果面前，業報如影隨形，不分貧富貴賤，男女老少，種瓜得瓜，種豆得豆，自作自受，人人平等。如果一個人真正明白了因果業報思想信念，就知道每個人都是自己命運的主宰者。「想起從前，能夠安命，決不怨天尤人；為了未來，能夠奮發向上，決不懶惰放逸」[16]。就不僅僅會在果上做比較，而且會從因上做分析，從而自我發心，自我覺察，自我約束，謹言慎行，就能得到真正的心安與自覺。所以，星雲大師才說「因果是人間最公平的仲裁者，宇宙人生最高明的管理學」[17]。

（二）每個人的「今天」都是「昨天」的總和

辨證唯物主義因果律認為：任意宇宙狀態都是其之前宇宙狀態積累的結果，

---

[14] 〔德〕愛因斯坦：《愛因斯坦文集·第一卷》，頁406。

[15] 劉欣如：《業的思想》（臺北：大展出版社，1993年），頁22。

[16] 釋印順：《佛法是救世之光》（新竹：正聞出版社，2017年），頁224。

[17] 星雲大師：《佛教管理學·第一冊》（高雄：佛光文化事業有限公司，2019年），頁225。

《人間佛教研究》第十二期（2024）
Studies in Humanistic Buddhism, Issue 12(2024)，220-245

任意運動狀態也是其前運動狀態積累的結果[18]。《維摩經無我疏》卷1指出：「欲知前世因，今生受者是；欲知來世果，今生作者是」[19]兩者所闡述的道理是一致的，與神意志論、宿命論有著根本不同。在佛教看來，每個人今天的窮通禍福、順逆好壞，都是自己過去所造業的結果，包括身業（行為所造作）、語業（語言所造作）和意業（起心動念所造作），其中最重要的是意業，即造業的動機。「觀念思想如播種，播什麼種，就結什麼果，所以思想管理，關乎人生成敗禍福」[20]。每個人的「今天」都是「昨天」的總和，如果明白並深信了這個道理，就會更加坦然地接受「今天」。

（三）對他人「果」上的不理解多半是由於對其「因、緣」的不瞭解

因果業報法則認為，世間萬法都是依「因」仗「緣」結「果」的，因要成為果，當中還要有個緣，因緣具足才能結出業果。佛教根據引發果報的時期不同，又把業分為現報、生報、後報的「三時業」。

「三時業說」認為並非造業當時其報既已釀成，而需經若干時期的相續，並且逐漸增上，最後才實現其果。有些業是做了馬上就受報，有些是在此生之後的一段時間，甚至下一生、下幾生才會受報。所以，在現實生活中，對於有些造了善業未見樂果或者造了惡業未顯苦果的現象不理解，多半是對其業因形成與業報機緣的不瞭解所致，正所謂「不理解多半是因為不瞭解」。不是不報，時候未到。相信因緣果報法則對誰都是一樣的，不論得意還是失意，其中必須原因，尤其是對待他人得意之時，更要從這個角度去思考分析，反躬自省，坦然接受。

---

[18] 「因果律」，網站名稱：MBA 智庫百科 (mbalib.com)，網址：https://wiki.mbalib.com/wiki/ 因果律，查詢日期：2022 年 8 月 12 日。

[19] 〔明〕釋傳燈：《維摩經無我疏》，《續藏經》第 19 冊，頁 590a。

[20] 摘錄自釋妙凡：〈自覺式管理經典．第二講〉課程講義，香港：香港中文大學人間佛教研究中 心：「自覺式管理文化」線上證書課程，課程時間：2022 年 7 月 12 日。

（四）從今做起，創造明天

佛教「說一切有部」根據受報時期與受報種類，進一步將業分為八種，其中受報時期與受報種類都確定的「定業」只有三種，而受報時期與受報種類至少有一個不確定的「不定業」有五種。所有不定業的果報都可以通過後天的努力而轉變，假如加入個人畢生之努力，包括三種定業也可以轉變，縱使是過去世之宿業，依努力、信仰與覺悟等都可以得到轉變。[21]

佛教認為因與緣都起著關鍵作用，而業力是「因」，於當下並且更多的是以前就已經形成，而「緣」卻全部是當下的，當下的就有改變的機會，儘管業力相近，如果緣的差別很大，其所生的果也會有很大的差別。承認個人的努力，承認後天的作用。所以，要創造更加美好的「明天」，就必須從自己做起，從今天做起，學習「麗虎」精神，認識到「當下就是精進的最好時刻」，功不唐捐，立志向上。

三、以「四攝法」圓融團隊的「管理」關係

管理工作有別於其他工作，「必須一直在組織內部亦即人際關係網路中進行，因此管理者永遠是榜樣，言行舉止相當重要」[22]。管理關係是管理主體與管理客體在管理活動中所建立的關係。如何有效調整管理關係，調動員工的工作積極性，不論在企業界還是學界都做了各種各樣的研究與嘗試。

---

[21] 〔日〕木村泰賢著，釋依觀譯：《阿毗達磨佛教思想論》（新北：臺灣商務印書館，2020 年），頁491~492.

[22] 〔美〕彼得・杜拉克著，林麗冠譯：《管理導論・上冊》，頁41。

《人間佛教研究》第十二期（2024）
Studies in Humanistic Buddhism, Issue 12(2024)，220-245

　　布萊克管理方格理論[23]認為，在五種管理模式中，員工與經營雙導向的「團隊型」，其效果明顯優於經營導向的「任務型」，是最理想的領導方式。由於更多地關注員工，不但任務完成得好，而且職工關係協調，形成了一種團結協作的良好氛圍。彼得·杜拉克曾為「人的管理」重新定義，認為主管不再是「管理」人，組織則如同交響樂團，身為指揮的，只是「帶領」各有所長的團員，演奏出完美的樂曲[24]。在當下以資訊為導向的時代，企業組織的傳統管理關係已不再適應，對人的管理模式應從命令與服從關係轉變為帶領與協同關係。

　　管理關係實質上就是人與人之間的關係。淨空法師說：「人與人相處是六道裡第一件大事。古聖先賢的教學，諸佛菩薩示現在世間的種種教化，無不以此為首要大事……總綱領、總原則就是四攝」[25]。《阿毘達磨集異門足論》卷9曰：「布施及愛語，利行與同事，如應處處說，普攝諸世間」[26]。布施、愛語、利行、同事這四個法門，「能攝受人間的因緣，攝受眾人來歸，就如磁鐵一般，會讓人向你靠近。所以，『四攝法』在管理學裡，也具有獨特的意義」[27]。「四攝法」一直被認為是增進人際關係的妙法，可以作為團隊（主要指管理團隊）「自覺」及改善管理關係的上乘法則。

　　第一，「布施」就是廣結善緣

---

[23] 布萊克管理方格理論：是研究企業領導方式及其有效性的理論，由美國德克薩斯大學的行為科學家羅伯特·布萊克（Robert R·Blake）和簡·莫頓（Jane S·Mouton）提出。他們認為，在企業管理中，有的以生產經營為中心，有的以人為中心，有的以 X 理論為依據而強調督，有的以 Y 理論為依據而強調相信人。為了避免趨於極端，他們提出了管理方格法，橫軸表示「關注成果」，縱軸表示「關心人員」，全圖共分為 81 個小格，劃為無為型、任務型、中庸型、鄉村俱樂部型、團隊型等五個模式，結果是團隊型最為理想。（秦夢群：《教育行政理論與模式》（臺北：五南圖書出版股份有限公司，2017 年），頁 357-359。）

[24] 陳劍鍠：〈星雲大師的應用管理心法〉，頁 134-135。

[25] 淨空法師講述，華藏講記組恭敬整理：《十善業道經講記》（香港：香港佛陀教育協會，2011 年），頁 453。

[26] 尊者舍利子說，〔唐〕釋玄奘譯：《阿毘達磨集異門足論》，《大正藏》第 26 冊，頁 402c。

[27] 星雲大師：《佛教管理學·第二冊》（高雄：佛光文化事業有限公司，2019 年），頁 28。

「布施」就是犧牲自己的精神和物質甚至生命，去做有益他人的事。可分為財布施、法布施、無畏布施。財布施不但包括錢財、物質、醫藥等的施捨，還包括以體力勞動幫助別人；法布施是把自己所知的佛法和知識技能傳授給對方，助其釋疑解惑，通達事理；無畏布施是令人增強信心，不畏艱險，在遇到天災人禍的時候給予救濟幫助，使其脫離困境。

《阿毘達磨俱舍論》卷13曰：「如契經言……成就有依七福業事，若行若住若寐若覺，恒時相續，福業漸增福業續起，無依亦爾」[28]。圓暉法師在《俱舍論頌疏論本》卷13明列了「七有依福者」[29]是施羈旅客、施路行人、施有病人、施看病人、施園林、施常乞食和隨時施。「七福事」講的都是布施，不但有所施之物的「有依」具殊勝的福報，而且無所施之物的「無依」，只要起深心，對布施之人隨喜恭敬，一樣有殊勝的福報。說明布施的重要性，且重點在於發心，而不在於布施之物的多寡，心量有多大，結的緣就有多廣。

「貪」是「三毒」（貪、瞋、癡）之首，布施就是對治貪的，在於克服自私自利，斷惡修善，轉迷為悟。「一個人想要有人緣，受眾人擁護，不能不加強「捨」的美德。可以說，布施是四攝法中的第一管理法」[30]。當下，有的企業建立了慈善基金會、互助會等相應的機構與平臺，組織開展「薪酬一日捐」、「分紅一點捐（1%）」等活動，都有助於企業和員工逐步養成布施的習慣。

第二，「愛語」就是講究語言的巧妙

多寬慰、多鼓勵，多讚美，讓聽者感受到言者的真心善意。處處講愛語，不妄語、不兩舌、不惡口、不綺語（諂媚、奉承、虛偽等不得體的話），就能防範

28　尊者世親造，〔唐〕釋玄奘：《阿毘達磨俱舍論》，《大正藏》第 29 冊，頁 69a。
29　原文為：「七有依福者，一施羈旅客、二施路行人、三施有病人、四施看病人、五施園林、六施常乞食、七隨時施，如是七種，善故名福，作故名業。業依此七，故名為事。無依福者，無物布施。但起深心，隨喜恭敬，亦生勝福也。」（〔唐〕釋圓暉：《俱舍論疏論本》，《大正藏》第 41 冊，頁 891a。）
30　星雲大師：《佛教管理學・第二冊》，頁 26。

佛教的「四語業」。現代管理也特別強調愛語，羅伯·席爾迪尼（Robert B.Cialdini）引用美國《人際吸引力》（Interpersonal Attraction, Addison-Wesley,1978）提到的實驗結果：「若稱讚別人的人格特質、態度和表現，對方不僅會因此而喜歡你，也會願意按照你的意思去做」，還可以「透過讚美來修補受損或沒有效益的人際關係」[31]。

佛教的愛語包括專心聆聽與虛心接受，對管理者來說，這也是一種獲取建議和智慧的重要管道。在交流中如果出現誤會，也可以借鑒佛教僧團的經驗，採取止語、內觀反省、接受及事過勿論的辦法，大事化小，小事化了。管理者講愛語還要求注意講話時機，根據《無畏王子經》的記載，佛陀是根據「內容是否真實」、「是否有利益對方」與「對方是否接受」這三個方面進行綜合考慮，只要內容真實且能夠利益對方的，「如來記說語是知時者也」，其他六種情況佛陀都表「不語」[32]（見下表）。

八種是否說話的情形

情形	內容真實	利益對方	對方愛聽	是否說話
1	＋	＋	＋	＋
2	＋	＋	－	＋
3	＋	－	＋	－
4	｜	－	－	－

---

[31] 〔美〕羅伯·席爾迪尼（Robert B.Cialdini）著：〈互惠讓同事贊同〉，吳佩穎主編：《哈佛商業評論最具影響力的 30 篇文章》（臺北：遠見天下文化出版股份有限公司，2022 年），頁 317。

[32] 原文為：「如來知其語為非實、非真、不具利益者，其因為他人所不愛、所不好者，如來即不語此語。又如來知其語雖為如實、真諦、然不具利益者，其因他人所不愛、所不好者，如來亦不語此語。然如來知其語為實、真諦、具利益者，其因他人所不愛、所不好者，對此如來記說其語是知時者也。又如來知其語為非實、非真、不具利益者，雖然彼語是他人所愛、所好者，如來即不語此語。又如來知其語為如實、真諦、不具利益者，其因他人所愛、所好者，此語如來不語此語。如來知其語為如實、真諦、具利益者，且彼語是他人所愛、所好者，對此，如來即言彼說其語是知時者也。」（〈無畏王子經〉，收錄通妙譯：《中部經典（第 5 卷～第 8 卷）》，《漢譯南傳大藏經》第 10 冊，頁 146a。）

情形	內容真實	利益對方	對方愛聽	是否說話
5	－	＋	＋	－
6	－	＋	－	－
7	－	－	＋	－
8	－	－	－	－

注：「＋」表示肯定，「－」表示否定。

　　企業講愛語可以從打招呼開始修習，如福建德潤集團提出「見面問聲好，稱呼加微笑」，明確打招呼的三要素是微笑、稱呼和問訊。日本豐田汽車公司要求問候時必須「站立、鞠躬、微笑」。對於如何問候，佛教其實早就有相應的規範，《瑜伽師地論》卷35曰：「常先含笑，舒顏平視，遠離顰蹙，先言問訊」[33]，可意譯為「面帶微笑，駐足平視，舒展眉宇，先行問候」。這「十六字」可以作為禮貌問候的「真言」。

　　第三，「利行」就是盡力幫助他人

　　「利行」是指起心動念、言語造作都要有利於社會、有利於他人。妙凡法師說：「生命是同體共生，給別人其實就是給自己，助人即助己，自他不是對立，唯有在完成他人之中，才能完成自己」[34]。為人服務，為人奉獻，實際上也是積善消業，利人利己。在這方面，佛光山所宣導的「三好四給」是一個好典範。「三好」是指口說好話、身做好事、心存好念，所對應的就是真、善、美，也是佛教上所說的語業、身業、意業。「四給」是指給人信心、給人歡喜、給人希望、給人方便，所對應的就是佛教的慈、悲、喜、捨「四無量心」。星雲大師稱「三好」、「四給」為人間佛教的思想原則。[35]

---

[33] 彌勒菩薩說，〔唐〕釋玄奘譯：《瑜伽師地論》，《大正藏》第 30 冊，頁 479a。
[34] 摘錄自釋妙凡：〈自覺式管理經典·第二講〉課程講義，課程時間：2022 年 7 月 12 日。
[35] 星雲大師：《人間佛教佛陀本懷》（高雄：佛光文化事業有限公司，2016 年），頁 34。

《人間佛教研究》第十二期（2024）
Studies in Humanistic Buddhism, Issue 12(2024)，220-245

　　企業管理者的利行還要注意合理安排員工的崗位，真正把員工分配到他希望做（願望上線）或者願意做（願望下線）以及能夠做（能力底線）的崗位上。被譽為西方經濟學「聖經」的《國富論》，開篇第一章就是「論分工」，認為「凡是能夠分工的工作，一旦使用分工制，就能夠相應地增加勞動的生產力」[36]，強調合理分工的重要性。彼得·杜拉克認為「將員工安排在可以發揮長處的地方，可能是員工管理方面最重要的要素」[37]。「人的位置擺對了就是人才」[38]。

　　第四，「同事」就是同行共事

　　「同事」就是把別人的事情視為自己的事情，將心中的慈悲喜捨展現出來，以對方可以接受甚至喜歡的方式，友好相處。同事要先同心，對同樣的一件事，不同的人有不同的感受，要設身處地站在別人的角度，感受別人的感受，了知對方的需求，讓對方生起歡喜信任之心。

　　「同事」還要「同行」，融入其中，共同做事。對於共事過程中所出現的失誤或者失敗，要勇於承擔責任，不推諉，不逃避，以忍處世，以慈待人。「優秀管理者關注的不是錯誤，而更關注優勢」[39]。著名台資企業「天福集團」創辦人李瑞河先生提出：「成功的榮耀全體共享，失敗的責任我肩獨擔」，踐行的是「同心同行多擔責」的精神。

---

[36] 〔英〕亞當·斯密（Adam Smith）著，陳星譯：《國富論》（北京：陝西師範大學出版社，2006年），頁10。

[37] 〔美〕彼得·杜拉克著，林麗冠譯：《管理導論·上冊》，頁313。

[38] 摘錄自釋覺培：〈自覺式管理經典·第三講〉課程講義，香港：香港中文大學人間佛教研究中心：「自覺式管理文化」線上證書課程，課程時間：2022年7月19日。

[39] 摘錄自陳嬌芬：〈自覺式人才管理與組織績效·第二講〉課程講義，香港：香港中文大學人間佛教研究中心：「自覺式管理文化」線上證書課程，課程時間：2022年8月9日。

四、以「六和敬」提升企業的「文化」品質

成思危教授指出：「管理的發展大致分為三個階段，第一階段是經驗管理，就是憑人的經驗；第二個是科學管理，就是運用數量的方法和電腦等工具輔助管理；第三個階段是文化管理，就是利用人們共同價值觀進行的管理，21世紀的管理將進一步向文化管理邁進」。[40]

自覺式管理當然屬於文化管理，在企業就是企業文化管理。陳劍鍠教授於2022年7月3日的「自覺式管理文化」線上證書課程班開學典禮上指出：「自覺式管理文化是符合現代潮流的管理文化，將成為21世紀企業管理的新模式與新趨勢」。[41]不論是引領潮流，還是創造新模式、新趨勢，都必須有強大的生命力與獨特優勢，這除了貫穿始終的「自覺」以外，本文認為能夠營造「和諧」文化也是其中的重要因素。

《息諍因緣經》曰：「諸有諍事若已起、若未起，悉令息滅已，同修六和敬法……於一切處常得安樂」[42]。其中，「身和同住，口和無諍，意和同悅」是身、口、意三業，主要是針對個人和團隊而言，前面已有敘述。就企業的層面而言，可以把進一步把「見和同解，利和同均，戒和同修」思想，引入到自覺式文化建設之中，讓員工視工作為修行的平臺，不論順逆，都努力精進；企業視員工為難得的緣分，不論崗位，都給予攝受。形成自覺自律、井然有序並且富有思想資糧的和諧文化。

---

40 成思危：〈管理科學與科學管理〉，頁4。
41 摘錄自陳劍鍠：〈「自覺式管理文化」線上證書課程班開學典禮〉講義。，香港：香港中文大學人間佛教研究中心：「自覺式管理文化」線上證書課程，課程時間：2022年7月3日。
42 〔宋〕施護譯：《息諍因緣經》，《大正藏》第1冊，頁905c。

《人間佛教研究》第十二期（2024）
Studies in Humanistic Buddhism, Issue 12(2024)，220-245

（一）工作即修行，「見和同解」

在職場中，如果一個人要感到滿意，一般需要在兩個維度上得到滿足，即現在與過去比比過去好，自己與別人比比別人好。這實際上是很困難的，所以，「事與願違」就成為了職場的常態，總感到苦多樂少。

佛家強調：離苦得樂要靠修行，而世間就是最好的道場，要在當下的舉心動念和言語行為之中去做功夫。「修行要訣不在於心外求法，而是要好好耕耘自己的這塊心田——通過智慧的覺照，使心中善的種子成長，讓壞的種子沒有機會生起，這就是修行。」[43]

陳劍鍠教授在講課中也提出：「當領導就是一種修行」。面對各種各樣的問題，領導者要付出時間精力（布施），恪守制度規定（持戒），不計個人好惡（忍辱），立志解決問題（精進），保持冷靜態度（禪定），運用各種方法與資源妥為處理（智慧）。其實，企業員工也一樣，每個層級、每個崗位都不容易，都可以把它轉化為修行平臺。

工作與生活一樣，都是生命價值最重要的載體，佔用的時間又長。在實行自覺式管理的企業，如果能夠立「工作即修行」為能和之「見」，就可以把工作與修行融即起來，有助於化解員工對工作任務及所出現問題的抵觸情緒，不在職厭職，逐步達到「愛這個職也愛這個場」的平衡。

---

43 釋淨因：《《六祖壇經》的創新思維》，頁180。

（二）有緣就有分，「利和同均」

在企業管理實踐中，很多矛盾是由於利益分配不當所引起的，正所謂「共苦容易同甘難」。而「利和同均」所強調的是利益的共同享有，合乎現代人共有、共榮、共用的觀念。星雲大師認為：「世間上最寶貴的東西，不是金錢，不是名位，而是歡喜；只有歡喜，才能讓人生充滿希望」[44]。還認為「有錢是福報，會用錢才是智慧」[45]。利益分配就需要很好的機制與智慧，儘量做到給人歡喜，給人希望。

在自覺式管理文化薰陶下的企業，其利益分配機制也應與之相適應。一要珍惜「來之不易」的緣分。大家能夠走到一起，在同一個單位共事，就必然有其緣由，頗為難得。在分配利益時，充分照顧到上、中、下各個階層的利益與感受，做到「三根普被」。尤其是在福利保障方面，不宜把年資、職務的差別拉得太大，因為「不患貧而患不均，不患寡而患不安」[46]的思想在華人中還是根深蒂固的。二是要視員工為合作夥伴。「員工是企業的合作對象，企業與員工之間不僅是管理者與被管理者的關係，更是協同關係」[47]。為適應這種協同關係，有的企業實行了「利潤分享」、「股權激勵」等計畫，加強了企業與員工尤其是創業型員工的合作關係，實現雙贏。三要重獎輕罰。在績效考核機制中重獎勵，在獎勵機制中重精神獎勵。如建立企業的榮譽制度，對突出貢獻者授予勳章，增強榮譽感。致力於把員工「都管成是『諸上善人』」，皆能互相尊重，互相友愛，互相

---

[44] 星雲大師：《在人間歡喜修行——維摩詰經》（高雄：佛光文化事業有限公司，2018年），頁260。

[45] 陳劍鍠：〈星雲大師的應用管理心法〉，頁151。

[46] 傅佩榮：《論語300講·下冊》（北京：三河海遠印務有限公司，2011年），頁514。

[47] 秦志華：《企業人力資源管理運作》（北京：清華大學出版社，2014年），頁33。

聯誼，互相照顧的聚集在一個地方」[48]，創造一個自覺自律、同體共生的「大家庭」。

（三）制度是保障，「戒和同修」

俗話說「創業難守業更難」，守業的關鍵在於治理，治理的關鍵在於制度[49]。佛光山能夠在全球弘傳佛法，是因為從開創之初便重視制度的建立，一個組織要長遠發展，須不斷地建立制度、強化制度、完善制度，讓大家能夠沿著制度拾級而上，循序漸進。[50]

企業管理制度大體上可以分為規章制度和責任制度，前者側重於工作內容及程式，後者側重於責任與職權[51]。在自覺式管理模式下的制度建設，究竟有什麼不同或者說應當更加突出哪些方面？本文認為責任制度可以學習佛教的「戒律」精神，把制度分為「止持」與「作持」兩部分，前者是禁止性條款，明列什麼不能做，是消極的「諸惡莫作」；後者是義務性條款，明列什麼應當做，是積極的「眾善奉行」。還可以學習佛光山的做法，分門別類，集結成冊，成為大家行事的規則，讓制度成為自覺式管理的保障。

一是制度要更「柔」，以保護「自覺」。制度必須與人性化管理相適應，把個人、團隊已經激發的自覺性整理出來，實現從「情」到「理」的轉變，並上升為制度。處罰機制要給「自覺」留有空間。由於每個人的根器不同，「自覺」的程度必然有先後高低之別，對於一些後進，儘量採取輔導培訓、批評幫助的辦

48　星雲大師：《佛教管理學‧第一冊》，頁 37。
49　狄振鵬：《制度才是真正的老闆》（北京：人民郵電出版社，2013 年），頁 2。
50　陳劍鍠：〈星雲大師的應用管理心法〉，頁 140-141。
51　王薇、郝書俊、史曉英主編：《企業文化概論》（北京：機械工業出版社，2017 年），頁 73。

法。不得不處罰的也秉持教育從嚴、處罰從寬的原則,為今後的「再回首」留足餘地。

二是制度要更「精」,以彰顯「自覺」。不少企業追求制度的「高、大、上」,包羅萬象,一應俱全,實際上更象辭書,用時再查找對照,平時束之高閣。不但不利於員工學習掌握,也難以發揮應有的作用。而佛陀制律是根據需要的,條條都有針對性,不貪大求全。在自覺式管理的背景下,可以進行制度「瘦身」,即對數量與篇幅都實行「指標控制」。有的企業規定制度總數不超過五十個,每個制度篇幅原則上不超過一頁紙(正反兩面,章程和薪酬、財務等基本制度除外),在出臺新制度的同時終止或者合併一些老制度,去舊迎新,確保總數不超標。

三是制度要更「準」,以彌補「自覺」。自覺是依賴心的,而人總是「心猿意馬」,沒有很高超的修養能量,要管好自己的心是很困難的[52]。借用陳嬡芬教授對「懶」字從右到左的解析,即要做到不懶,就必須時時以負責任的態度管束好自己的心。[53]不論哪一種管理模式都有其優劣利弊,自覺式管理模式也一樣,更需要有底線思維,制定出更柔、更精、更准的制度,以保護「自覺」、彰顯「自覺」,防範過分依靠或者依賴「自覺」之後可能出現的漏洞。

五、結語

企業把佛教思想引入到文化建設之中的方向在哪裡?以及適合運用哪些佛教思想問題,本人長期思考這些議題。直至參加「自覺式管理文化」課程學習後才

---

[52] 星雲大師:《佛教管理學·第二冊》,頁 19。
[53] 摘錄自陳嬡芬:〈自覺式人才管理與組織績效·第二講〉課程講義,課程時間:2022 年 8 月 9 日。

找到個人的答案：本人認為不同企業和企業在不同時期的文化建設重點可以有所不同，但運用佛教思想進行企業文化建設的方向是可以確立的，那就是自覺式管理文化，並可以根據文化建設的不同主體──員工、團隊、企業，分別採用相應的佛教思想。

本文的的緒論部分主要回答兩個問題，一是人之所以需要「自覺」，是因為人生和職場都存在「拋物線」的發展規律。二是闡明佛教思想、自覺式管理和科學管理三者不但有許多共通之處，而且佛教管理、自覺式管理還可以彌補科學管理在管理藝術與行為判斷上的不足。

本論部分圍繞企業自覺式管理文化建設這個方向，從員工、團隊、企業三個層次，分別提出有針對性的佛教思想，即員工層面是「因果業報」、團隊層面是「四攝法」，企業層面是「六和敬」思想。

通過以上論述，歸納出運用佛教建設的自覺式管理文化具有如下特點。第一，在「自覺」方面，是通過了達因緣果報原理後發自內心的「自覺」，這與依靠約束、激勵措施等外緣引發的「自覺」不同，前者類似於佛教所說的「現量」，是自己當下清楚顯現的，後者類似於佛教的「比量」，是經過比較、推度所得的。第二，在「管理」方面，是建立在「自覺」基礎上的自我管理和協同管理，實現了從控制員工以完成任務向激發員工自覺達成目標的轉變。三是在「文化」方面，是一個工作結合修行、分配珍惜緣分並且富有思想資糧的和諧文化。

自覺式管理文化的基本特徵在「自覺」，而要深入論述「自覺」，需要涉及更多的心理學知識及佛教的心心所與熏習理論，由於本人學識所限，顯然還存在明顯不足。「中印的道德哲學是以「心性論」為主的，中國的心性論自孟子以後就有了初步規模，印度心性論主要表現在佛教的大乘教義中」[54]。特別是深具中

54　勞思光著，文潔華編：《哲學淺說新編》（香港：香港中文大學出版社，1998 年），頁 36、48。

華文化內涵的人間佛教，有著利樂有情的人間關懷，所以，在中華文化圈裡的企業是不是更適宜建設自覺式管理文化？對此也缺乏足夠的資料加以論證。

《人間佛教研究》第十二期（2024）
Studies in Humanistic Buddhism, Issue 12(2024)，220-245

【徵引及參考文獻】

一、古籍

通妙譯：《中部經典（第5卷～第8卷）》，《漢譯南傳大藏經》第10冊。

尊者舍利子說，〔唐〕釋玄奘譯：《阿毘達磨集異門足論》，《大正藏》第26冊。

尊者世親造，〔唐〕釋玄奘：《阿毘達磨俱舍論》，《大正藏》第29冊。

彌勒菩薩說，〔唐〕釋玄奘譯：《瑜伽師地論》，《大正藏》第30冊。

〔唐〕釋圓暉：《俱舍論疏論本》，《大正藏》第41冊。

〔宋〕施護譯：《息靜因緣經》，《大正藏》第1冊。

〔明〕釋傳燈：《維摩經無我疏》，《續藏經》第19冊。

二、近人論著

（一）專書

〔日〕木村泰賢著，釋依觀譯：《阿毘達磨佛教思想論》，新北：臺灣商務印書館，2020年。

〔日〕平川彰著，釋大田譯：《印度佛教史》，臺北：商周出版，2019年。

〔印度〕世親菩薩造論，圓暉法師著疏，智敏上師講述：《俱舍論疏講記・第三冊》，上海：上海世紀出版股份有限公司、上海古籍出版社，2016年。

〔印度〕尊者世親造，唐玄奘譯：《阿毘達麻磨俱舍論》，北京：宗教文化出版社，2019年。

〔美〕彼得・杜拉克著，林麗冠譯：《管理導論・上冊》，臺北：博雅出版股份

有限公司，2022年。

〔英〕亞當‧斯密（Adam Smith）著，陳星譯：《國富論》，北京：陝西師範大學出版社，2006年。

〔德〕愛因斯坦（Albert Einstein）：《愛因斯坦文集‧第一卷》（增補本），北京：商務印書館，2019年。

王薇、郝書俊、史曉英主編：《企業文化概論》，北京：機械工業出版社，2017年。

吳佩穎主編：《哈佛商業評論最具影響力的30篇文章》，臺北：遠見天下文化出版股份有限公司，2022年。

狄振鵬：《制度才是真正的老闆》，北京：人民郵電出版社，2013年。

唐君毅：《人生之體驗續編》，臺北：臺灣學生書局有限公司，2019年。

釋淨因：《〈六祖壇經〉的創新思維》，香港：中華書書局（香港）有限公司，2022年。

劉欣如：《業的思想》，臺北：大展出版社，1993年。

釋印順：《佛法是救世之光》，新竹：正聞出版社，2017年。

秦志華：《企業人力資源管理運作》，北京：清華大學出版社，2014年。

秦夢群：《教育行政理論與模式》，臺北：五南圖書出版股份有限公司，2017年。

傅佩榮：《論語300講‧下冊》，北京：三河海遠印務有限公司，2011年。

勞思光著，文潔華編：《哲學淺說新編》，香港：香港中文大學出版社，1998年。

蘇懿賢：《佛法是科學的終極典範：佛法真面目》，臺中：白象文化事業有限公司，2021年。

釋星雲：《人間佛教佛陀本懷》，高雄：佛光文化事業有限公司，2016年。

釋星雲：《在人間歡喜修行——維摩詰經》，高雄：佛光文化事業有限公司，
　　2018年。

釋星雲：《佛教管理學·第一冊》，高雄：佛光文化事業有限公司，2019年。

釋星雲：《佛教管理學·第二冊》，高雄：佛光文化事業有限公司，2019年。

釋淨空講述，華藏講記組恭敬整理：《十善業道經講記》，香港：香港佛陀教育
　　協會，2011年。

（二）期刊論文

成思危：〈管理科學與科學管理——兼論國家自然科學基金的管理〉，《管理科
　　學學報》第5卷第3期，2002年6月，頁1-10。

陳劍鍠：〈星雲大師的應用管理心法〉，《人間佛教研究》第10期，2020年5
　　月，頁130-179。

三、網路及其他資料

陳嫦芬：〈自覺式人才管理與組織績效·第二講〉課程講義，香港：香港中文大
　　學人間佛教研究中心：「自覺式管理文化」線上證書課程，課程時間：2022
　　年8月8日。

釋妙凡：〈自覺式管理經典·第二講〉課程講義，香港：香港中文大學人間佛
　　教研究中心：「自覺式管理文化」線上證書課程，課程時間：2022年7月12
　　日。

釋覺培：〈自覺式管理經典·第三講〉課程講義，香港：香港中文大學人間佛
　　教研究中心：「自覺式管理文化」線上證書課程，課程時間：2022年7月19

日。

「因果律」，網站名稱：MBA智庫百科（mbalib.com），網址：https：//wiki.
mbalib.com/wiki/因果律，查詢日期：2022年8月12日。

釋星雲：〈佛教的管理學〉，網站名稱：《星雲大師全集》，網址：http：//
books.masterhsingyun.org/，查詢日期：2022年7月22日。

洪振洲等：中華電子佛典協會線上閱讀（CBETA Online），網址：https：//
cbetaonline.dila.edu.tw/zh/，查詢日期：2022年8月15日。

《人間佛教研究》第十二期（2024）
Studies in Humanistic Buddhism, Issue 12(2024)，220-245

The analysis of the construction of "self-enlightenment" management culture Based on the Buddhist Thought

Zhang Yangqiang[*]

Abstract

This article argues that the enterprise can stimulate staff's self-consciousness, harmony the management relationship and construct the uniquely advantageous harmonious culture by using the "cause-effect and karma", "four all-embracing (bodhisattva) virtues" and "The six points of reverent harmony" of Buddhist thoughts. This self-enlightenment management culture can overcome the "parabolic phenomenon" in workplace, not only is complementary to the scientific management, but also can make up the shortages of it in the aspects of management art and thinking-behavior, and to better enhance the staff's qualities and the level of enterprise management.

Keywords: Enterprise Culture, Self-enlightenment management, Buddhist thought

---

[*] **Zhang Yangqiang,** Trainee of "Self-enlightenment management culture on-line certificate course", Centre for the Study of Humanistic Buddhism, The Chinese University of Hong Kong. D. B. A, M. A. (Buddhist Studies).

The analysis of the construction of "self-enlightenment"
management culture Based on the Buddhist Thought

《人間佛教研究》第十二期（2024）
Studies in Humanistic Buddhism, Issue 12(2024), 246-251

撰稿體例

壹、順序架構與正文內容之格式

一、摘要（靠左，14級標楷體。摘要內容為12級標楷體）（中、英文摘要含題目，不同頁，500字內）

關鍵詞：□、□、□、□、□（不超過5個；12級標楷體，加粗，靠左邊界，與前段間空1行）

二、段落、字體要求：

1.各章節標題，依壹、一、（一）、1.、（1）之級別順序標示，以四級為限。

2.每段第一行第一字前空兩字元。

3.各章節之標題為16級標楷體，上下間隔1行。

4.正文與參考文獻：新細明體12級。

5.獨立引文：標楷體12級。

6.注腳：新細明體10級。

7.英文與阿拉伯數字請採用Times New Roman字型。

8.梵文與巴利文之羅馬字體轉寫，亦請採用Times New Roman字型。

9.文中出現年月日、頁數、註解編號等，皆以阿拉伯數字表示。

10.圖表均需加編號。表名列於表上方，表註列於表下方；圖名、圖註列於圖下方。

三、標點要求：

1.請用新式標點符號，惟書名號改用雙尖號《》，篇名號改用單尖號〈〉。行文中書名和篇名連用時，省略篇名號，如《法華經·普門品》。若為英文，書名請用*斜體字*，篇名請用 "quotation marks"。

2.除破折號、刪節號各占兩格外，其餘標點符號各占一格。英文則用半形標點符號。

3.正文內之引文，加引號「」；引文中有引文時，使用雙引號『』。引文如有刪節，以「……」標明。引文原文有誤時，應在該處以括號標示（原文如此），必要時得加注說明。引文超過四行即應另起一行獨立引文，每行向右縮三格，不另加引號，與前後文上下各空1行；特別引用之外文（請

翻譯成流暢達意之中文，於注腳中附上所引篇章之外文原名，視乎需要將所徵引之原文置於注腳中），也依此方式處理。

貳、注腳之格式

一、注腳號碼請用阿拉伯數字隨文標示（即當頁注）；引文資料無論在句中或句末，應標注於引號「　」之後。正文中的注腳編號，請以阿拉伯數字標示於標點符號右上方。

二、古籍文獻資料，出版社若有標注頁碼者，則以之為據；若無標注頁碼者，則標示眉心頁碼。

三、原書出版日期，如以「民國」、「昭和」等標示，皆改為西元紀年。

四、注腳體例請依下列格式：

（一）引用專書

廖明活：《中國佛性思想的形成和開展》（臺北：文津出版社，2008年5月），頁156。

甘酒斯・齊思克（Zysk, Kenneth G.）著，陳介甫、許詩淵譯：《印度傳統醫學——古印度佛教教團之醫學：苦行與治病》（*Asceticism and Healing in Ancient India: Medicine in the Buddhist Monastery*）（臺北：國立中國醫藥研究所，2001年12月），頁100-102。

Mark Edward Lewis, *Writing and Authority in Early China* (Albany: State University of New York Press, 1999), pp. 5-10.

（二）引用論文

1.期刊論文

陳劍鍠：〈佛教論述女性障礙修行的相關省思——從淨土法門談起〉，《文與哲》第13期，2008年12月，頁1-44，尤其頁30。

Joshua A. Fogel, "'Shanghai-Japan': The Japanese Residents' Association of Shanghai," *Journal of Asian Studies* 59/4 (2000), pp. 927-950, esp. pp.930-31。

2.論文集論文

陳劍鍠：〈印光對永明延壽「四料簡」的詮釋——兼及自力、他力與禪、淨難易

之辯〉，收入釋光泉主編：《靈隱寺與中國佛教（上）（下）》（北京：宗教文化出版社，2013年8月），頁595-606，尤其頁600。

3.學位論文

劉霞羽：〈普度及其《蓮宗寶鑑》研究〉（杭州：杭州師範大學中國哲學碩士論文，2006年4月），頁12。

Edwin O. James, "Prehistoric Religion: A Study in Prehistoric Archaeology"(史前宗教：史前考古學的研究)(Cambridge：Harvard University Ph. D. dissertation, 1957), p.18.

（三）引用古籍

1.原書只有卷數，無篇章名，注明全書之版本項，例如：

〔明〕郝敬：《尚書辨解》（臺北：藝文印書館，1969年《百部叢書集成》影印《湖北叢書》本），卷3，頁2上。

2.原書有篇章名者，應注明篇章名及全書之版本項，例如：

〔唐〕釋皎然：〈達磨大師法門義讚〉，《杼山集》，收於〔明〕毛晉編：《禪門逸書》初編第二冊（臺北：明文書局，1980年1月），卷8，頁89。

3.原書有後人作注、譯者，例如：

〔梁〕釋慧皎撰，湯用彤校注，湯一介整理：〈晉廬山釋慧遠〉，《高僧傳》（北京：中華書局，1992年10月），卷6，頁211。

4.西方古籍請依西方慣例。

（四）引用報紙

陳如嬌報導：〈世界佛學會考本月31日舉行〉，《中國時報》，1994年7月24日，第7版。

Michael A. Lev, "Nativity Signals Deep Roots for Christianity in China," *Chicago Tribune* [Chicago], 18 March 2001, Sec. 1, p. 4.

（五）引用網路資料

陳劍鍠：〈近代確立蓮宗十三位祖師的經過及其釋疑〉，網站名稱：Confucius2000，網址http://www.confucius2000.com/scholar/chenjh2.htm，2001年4月3日發表，檢索日期：2013年12月13日。

（六）再次徵引

1.再次徵引時如接續者，可用下列簡便方式處理：

　1 同前注，頁180-181。

　2 As above, pp. 90-110.

2.如果再次徵引如不接續者，且不在同一頁當省略出版信息：

　陳劍鍠：〈續法《楞嚴經勢至念佛圓通章疏鈔》對華嚴思想之運衡〉，頁190。

　Patrick Hanan, "The Nature of Ling Meng-Ch'u's Fiction," pp.85-112, esp. p.89.

（七）對正文內容以注腳加以補充說明者，格式如下：

1.《禮記・曲禮上》：「敖不可長，欲不可從，志不可滿，樂不可極。」（〔西漢〕戴聖傳，〔東漢〕鄭玄注，〔唐〕孔穎達正義：《禮記注疏》，臺北：藝文印書館，1981年1月，卷1，頁12）。

2.本文係採用〔日〕瀧川龜太郎著：《史記會注考證》（臺北：藝文印書館，1972年2月）。凡正文中所援引者，皆於文末直接標示出處頁碼，不另作注。

（八）若歸納、整理他人著作之意見或觀點，須加注，並以「參閱」、「詳見」、「參見」等標明之。

參、徵引及參考文獻之格式

一、文後所附參考文獻，以「徵引及參考文獻」為標題。分「古籍」與「近人論著」兩部分。「古籍」以時代排序；「近人著作」又分①「中、日、韓文論著」、②「西文論著」、③「網絡資料」三大類。近人論著中、日、韓文以作者姓氏筆畫排序（由少至多）；西文以作者姓名字母排序。如無作者，以書名筆畫或字母排序。同一作者有兩種以上著作時，依出版年排序。

二、每筆資料包含之內容及其排列順序，依次為：①作者，②書名，③出版地，④出版社，⑤出版日期；若為「期刊論文」，則另加標起迄頁碼。

三、參考文獻體例請依以下格式：

《人間佛教研究》第十二期（2024）
Studies in Humanistic Buddhism, Issue 12(2024), 246-251

（一）古籍：（16級標楷）

〔晉〕王弼著，樓宇烈校釋：《老子周易王弼注校釋》，臺北：華正書局，1983
年9月。

〔明〕郝敬：《尚書辨解》，臺北：藝文印書館，1969《百部叢書集成》影印
《湖北叢書》本。

〔明〕釋蕅益：《阿彌陀經要解》，收入釋蕅益編，釋成時審訂：《淨土十
要》，《卍新纂續藏經》（東京：國書刊行會，1975-1989，以下同）第61
冊。

（二）近人論著：（16級標楷體）

1. 中、日、韓文論著（含外文譯作；16級標楷體；加粗）

山本佛骨：〈信行と道綽の交渉〉，載《印度学仏教学研究》第12卷第2号，1958
年3月，頁229-231。

平川彰：《淨土思想と大乘戒》，《平川彰著作集‧第7卷》，東京：春秋社，
1997年7月第2刷。

甘迺斯‧齊思克（Zysk, Kenneth G.）著，陳介甫、許詩淵譯：《印度傳統醫
學——古印度佛教教團之醫學：苦行與治病》（*Asceticism and Healing in
Ancient India: Medicine in the Buddhist Monastery*），臺北：國立中國醫藥
研究所，2001年12月。

林妙貞：〈天台圓教之淨土義與人間淨土之修證實踐〉，桃園：國立中央大學哲
學研究所博士論文，2011年7月。

陳劍鍠：〈道綽、善導的懺悔觀——以末法觀念及念佛三昧為核心〉，收入李豐
楙、廖肇亨主編：《沈淪、懺悔與救度》（《文學與宗教研究叢刊3》），
臺北：中央研究院中國文哲研究所，2013年5月，頁253-293。

曾其海：〈山家派知禮的佛教哲學思想〉，《哲學與文化》第22卷第5期，1999
年5月，頁438-447。

2. 西文論著（16級標楷體；加粗；與前段間隔1行）

Akira Hirakawa. *A History of Indian Buddhism: From Śākyamuni to Early Mahāyā-
na.* Paul Groner Trans., Honolulu: University of Hawaii Press, 1990.

Hurvitz, Leon: "Chu-hung's One Mind of Pure Land and Ch'an Buddhism", in *Self
and Society in Ming Thought,* William Theodore deBary ed., New York: Columbia
University, 1970, pp.451-482.

Ku, Cheng-mei, "The Mahayanic View of Women: A Doctrinal Study," Ph.D. diss., Madison: University of Wisconsin-Madison, 1984.

Patel, C. Kartikeya, "The Paradox of Negation in Nāgārjuna's Philosophy," *Asia Philosophy 4/1*(1994), pp. 17-32.

3. 網絡資料（16級標楷體；加粗；與前段間隔1行）

陳劍鍠：〈近代確立蓮宗十三位祖師的經過及其釋疑〉，網站名稱：*Confucius2000*，網址:http://www.confucius2000.com/scholar/chenjh2.htm，2001年4月3日發表，檢索日期：2013年12月13日。

《人間佛教研究》第十二期（2024）
Studies in Humanistic Buddhism, Issue 12(2024)，252-257

香港中文大學
文學院人間佛教研究中心

【歷史背景】

　　香港中文大學以「結合傳統與現代，融合中國與西方」為創校精神，重視人文與生命教育；星雲大師弘傳人間佛教，以「佛說的、人要的、淨化的、善美的」為核心理念，是未來世界的一道光明，更是全人類的財富。因此，香港中文大學與佛光山文教基金會簽訂合作協議，共同推動人間佛教理念，以及推展佛教文化思想之研究。

- 2005年，香港中文大學與佛光山文教基金會合作，在香港中文大學文化及宗教研究系成立人間佛教研究中心，致力於人間佛教相關學術研究、交流及推廣。
- 2010年，佛光山文教基金會與中大簽訂「人間佛教研究中心第二期合作協議」，在過去佛學研究與文化推廣並重的基礎上，繼續深入人間佛教的相關研究，推動中外學術界交流與互動，加強佛學人才培養和文化推廣。
- 2014年8月，中心升格隸屬文學院，繼續推動人間佛教研究、文化教育等事務，以及推廣佛教中外學術交流，培養佛教研究人才。
- 2015年，佛光山文教基金會與中大繼續攜手，為「人間佛教研究中心」第三期合作開啟新局。
- 第四期（2020-2025年）之合作，中心將本著創立宗旨，延續第三期之業績，擴大發展方向，為叵持續發展累積因緣條件，發揮實際影響力，使人間佛教的理念得以積極獲得落實。

【工作方針】

　　香港中文大學文學院人間佛教研究中心致力於推廣佛教教育、人間佛教研究及佛學研究人才之培育。歷年來舉辦國際學術會議與出版學術期刊，均獲學術界和佛教界的高度評價。

　　為繼續深化人間佛教理論，培養佛教研究人才，推動佛教研究學術團體之間的合作與交流，中心未來五年之工作方針如下：

1. 每年舉辦世界性佛教學術研討會，加強國際佛教學界之交流，促進人間佛教理念之推廣。每年舉辦東亞、東南亞人間佛教發展與佈教相關的學術研討會、人間佛教管理文化論壇。

2. 接受各大學或學術單位之學者申請訪問，進行長短期跨領域學術交流，提供研究平台，分享研究成果。

3. 每年舉辦各類學術講座、論壇、交流會，定期出版通訊、學報、專著、學術年刊、學術叢刊、有聲書、電子書等出版品，以宣揚人間佛教理念。

4. 設立人間佛教資料中心，收集及彙整人間佛教相關文獻、圖像及電子資料，使之成為人間佛教資料完整而齊全之資料中心。

5. 設立研究基金，提供長期（三年）、短期（一年）之人間佛教研究計畫，聘請國內外學者擔任副研究員或研究員，擬定研究項目，針對人間佛教之理念，進行研究並提供堅實的理論基礎。

6. 設立博士後研究計畫，積極培養人間佛教研究之青年學者。

7. 接受學術單位、佛教寺院的委託，承擔專題研究項目。

8. 透過文學院向中大研究生院申請設立「人間佛教研究專業」之博士課程（Ph. D），提供專業的佛學研究課程，培養佛教研究人才。

9. 籌辦及推廣人間佛教管理文憑課程予中高階層管理人士進修，從佛法的思維建立東方式管理範式。

10. 推廣研修實務課程，配合香港佛光道場舉辦修持性課程，於積極推展學術研究之餘，亦鼓勵各項宗教修持活動，體現淨化社會人心之意義。

《人間佛教研究》第十二期（2024）
Studies in Humanistic Buddhism, Issue 12(2024) · 252-257

Centre for the Study of Humanistic Buddhism,
The Chinese University of Hong Kong

Background

The Chinese University of Hong Kong (CUHK) emphasizes humanity and life education with the theme of "combining tradition and modernity, integrating China and the West". The concept of Humanistic Buddhism is "taught by the Buddha, needed by humankind, purified, virtuous and beautiful". It is the light to the future, the wealth of all humankind. The Chinese University of Hong Kong and the Fo Guang Shan Foundation for Buddhist Culture and Education signed a cooperation agreement to promote the concept of Humanistic Buddhism and to promote the study of Buddhist cultural thoughts.

- In 2005, the Chinese University of Hong Kong cooperated with the Fo Guang Shan Foundation for Buddhist Culture and Education to establish The Centre for the Study of Humanistic Buddhism (the Centre) at the Department of Cultural and Religious Studies of the Chinese University of Hong Kong, dedicated to academic research, exchange and promotion of Humanistic Buddhism.

- In 2010, Fo Guang Shan Foundation for Buddhist Culture and Education and CUHK signed the "Second Cooperation Agreement for The Centre for the Study of Humanistic Buddhism". On the basis of the emphasis on Buddhist studies and cultural promotion in the past, it continued to deepen the research on Humanistic Buddhism and promote the exchanges between Chinese and foreign academic circles. Interaction, strengthen the cultivation of Buddhist talents and cultural promotion.

- Since August 2014, the Centre has been promoted to The Faculty of Arts in CUHK, continuing to promote the study of Humanistic Buddhism, cultural education and other matters, as well as promoting Buddhism Chinese and foreign academic exchanges, and cultivating Buddhist research talents. In 2015, Fo Guang Shan Foundation for Buddhist Culture and Education and CUHK continued to work together to open a new situation for the third phase of The Centre for the Study of Humanistic Buddhism.
- In the fourth phase of cooperation (2020-2025), the Centre will follow the founding tenet, extend the performance of the third phase, expand the development direction, accumulate the karma for sustainable development, exert practical influence, and enable the concept of Humanistic Buddhism to be actively implemented.

Mission

The Centre is dedicated to promoting Buddhist education and academic researches of Humanistic Buddhism and nourishing Buddhist scholars. Over the years, the Centre has organized several international academic conferences and several volumes academic journals have been published over the years. These contributions win a good reputation by academics and Buddhist circles.

In order to continue to deepen the theory of Humanistic Buddhism, cultivate Buddhist research talents,, and facilitate the cooperation and exchanges between Buddhist research academic groups, the work guidelines of the Centre for the next five years are as follows:

《人間佛教研究》第十二 期（2024）
Studies in Humanistic Buddhism, Issue 12(2024)，252-257

The Centre is dedicated to promoting Buddhist education and academic researches of Humanistic Buddhism and to nourishing Buddhist scholars. Over the years, the Centre has organized several international academic conferences and has published several volumes academic journals. These contributions win a good reputation by academics and Buddhist circles.

In order to continue to deepen the theory of Humanistic Buddhism, cultivate Buddhist research talents, and facilitate the cooperation and exchanges between Buddhist research academic groups, the work guidelines of the Centre for the next five years are as follows:

1. Organize international conferences on Buddhist Studies every year to strengthen the connection with overseas academia, and to spread the thoughts of Humanistic Buddhism. Organize conferences on development and preach about Humanistic Buddhist in East Asia and Southeast Asia and forums on Buddhism and Business.
2. Accept both long-term and short-term visiting scholar applications. The Centre will encourage visiting scholars to study in an interdisciplinary way and share their researches.
3. Organize a wide variety of lectures, symposia, exchange meetings every year and periodically publish newsletters, academic journals, books, academic annuals, collections, audio-books, and e-books, etc. to facilitate the worldwide academic exchanges, and to spread the thoughts of Humanistic Buddhism.

4. Set up Information Centre of Humanistic Buddhism to thoroughly collect and sort out the sources and images of Humanistic Buddhism from the publications and databases.
5. Start a foundation. This foundation will support both the long-term (three years) and short-term (one year) research projects on Humanistic Buddhist studies. Supported by the foundation, the Centre will invite experts from Greater China, Asia, and western countries to systematize and theorize the thoughts of Humanistic Buddhism.
6. Provide several postdoctoral positions to encourage and cultivate young scholars.
7. Collaborate on monographic projects together with other institutions and Buddhist monasteries.
8. Apply for Graduate School's approval via the Faculty of Arts to establish Ph.D program in Humanistic Buddhist studies which nourishes more Buddhist scholars by providing series of professional courses.
9. Offer and promote Diploma in Management of Humanistic Buddhism to assist middle to senior management to establish an Eastern mode of management.
10. Provide practice and meditation courses together with Hong Kong Fo Guang Vihara. These practical courses aim at purifying the mind and balancing the interpersonal relationship.

《人間佛教研究》第十二期（2024）
Studies in Humanistic Buddhism, Issue 12(2024)，258-261

《人間佛教研究》稿約

一、本刊刊載研究「人間佛教」及其他佛學領域之學術論文。

二、本刊每年出版一期。截稿日期為八月三十一日。自第九期起，預定於一月出刊。

三、除經本刊同意外，不接受任何已正式發表之稿件（含紙本及網路稿件），會議論文之稿件須未經出版。

四、本刊設匿名外審制度，請勿於來稿中出現足以辨識作者身分之資訊。

五、本刊接受中文（繁體字）稿件。每篇以不少於壹萬字不超過兩萬五千字為宜（特約稿不在此限）。英文稿件，每篇以不超過一萬五千字為原則。書評不超過五千字。

六、稿件必須包含：中英文題目、中英文提要、中英文關鍵詞、正文及引用文獻等幾個部分。格式請參考「撰稿體例」（請於本中心網頁自行下載）。並請填妥「投稿資料表」，與稿件一併惠寄。

七、稿件中涉及版權部分，引用前請預先徵得原作者或出版者之正式同意。文稿如發生抄襲侵犯他人著作權或引起糾紛等情事，責任由作者自負。

八、經決定採用之稿件，本刊有權更改格式。若有其他必須修改之處，請作者依編輯委員會之建議處理。未獲採用者則致函奉告。來稿不退。

九、本刊有權將已刊登之論文，彙集出版相關論叢。

十、本刊不設稿酬，來稿若經採用，將致贈該期《人間佛教研究》五冊。

惠賜稿件請寄：

郵　　寄：香港新界沙田 香港中文大學馮景禧樓201室「人間佛教研究中心」
　　　　　《人間佛教研究》編輯委員會 收

電子郵件：cshb@cuhk.edu.hk（郵件「主旨」請註明「投稿」字樣）

聯絡電話：(852) 3943 0646

傳　　真：(852) 2603 5621

Call for Papers
Studies in Humanistic Buddhism

1. The *Studies in Humanistic Buddhism* (*SHB*) publishes scholarly papers and book reviews on a wide range of topics in the fields of Buddhist studies. One issue will be edited and produced per year. The submission deadline is August 31st. From Issue 9 onwards, printed copies will be completed in January.

2. Submitted papers will be evaluated in the normal double-blind process and peer-reviewed by experts in relevant research field. The author should avoid including in the paper any information that might reveal his/her identity, and will be informed if the paper is deemed either acceptable or unsuitable. All submitted manuscripts will not be returned to authors.

3. *SHB* will not accept any published work regardless on papers or on the internet unless with the editorial board's permission. Conference papers are accepted only if they have not been published before.

4. *SHB* accepts papers written in traditional Chinese character within 25,000 characters, and in English within 15,000 words. Book review should normally be no more than 5,000 characters/words. All papers in Chinese should be written in the *SHB* style. Submissions in English must follow *The Chicago Manual of Style*. An abstract and keywords should be written in both Chinese and English, and reference is necessary. Papers should be emailed as an attachment in Word as well as in PDF format to the email address given below.

5. Plagiarism is forbidden. All quotation from both firsthand and secondhand references should be given sources in details. *SHB* disclaims responsibility for any dispute caused by author's plagiarization.

6. Please fill in the form found on the Centre's website with your Chinese and English name, institution, professional title, address, telephone, fax and email address and send it to us together with your paper.

7. *SHB* entitles to change the style of accepted papers. Submitting authors should revise their papers according to editorial board's suggestion.

8. The decisions of the editorial board are final.

《人間佛教研究》第十二期（2024）
Studies in Humanistic Buddhism, Issue 12(2024) · 258-261

9. *SHB* proclaims the right to compile and publish the papers from *SHB* in a relevant collection.

10. No fee will be charged or provided for publishing your paper in *SHB*. All authors whose papers are accepted will be presented five copies of *SHB* on publication.

By Post: "*Studies in Humanistic Buddhism*" Editorial Board,
Centre for the Study of Humanistic Buddhism, Room 201,
Fung King Hey Building, The Chinese University of Hong Kong, Shatin, Hong Kong
Email:cshb@cuhk.edu.hk (Please title "Paper Submission")
Tel: (852) 3943 0646
Fax: (852) 2603 5621

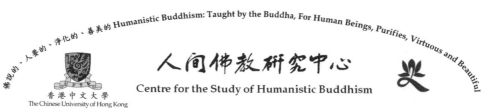

佛視的、人要的、淨化的、善美的 Humanistic Buddhism: Taught by the Buddha, For Human Beings, Purifies, Virtuous and Beautiful

人間佛教研究中心
Centre for the Study of Humanistic Buddhism

香港中文大學
The Chinese University of Hong Kong

《人間佛教研究》 第十二期 （2024）

Studies in Humanistic Buddhism Issue 12 (2024)

本學刊以年刊形式出版，出版日期為每年的一月。本期出版日期:2024年1月。
The Journal is published on an annual basis in January. Issue11 is published in January 2024.

香港中文大學人間佛教研究中心主辦
Sponsored by Centre for the Study of Humanistic Buddhism, The Chinese University of Hong Kong
香港中文大學人間佛教研究中心編著
Edited by Centre for the Study of Humanistic Buddhism, The Chinese University of Hong Kong

主　編 Chief Editor	陳劍鍠 Chen, Chien-huang	（香港中文大學 The Chinese University of Hong Kong）
執行編輯 Executive Editor	蕭愛蓉 Hsiao, Ai-jung	（高雄大學 National University of Kaosiung）
編輯顧問 Advisory Board （以筆畫序）	John Kieschnick	(Stanford University)
	Robert Buswell	(University of California)
	林鎮國 Lin, Chen-kuo	（國立政治大學 National Chengchi University）
	麻天祥 Ma, Tian-xiang	（武漢大學 Wuhan University）
	黃夏年 Huang, Xia-nian	（中國社會科學院 Chinese Academy of Social Sciences）
	董平 Dong, Ping	（浙江大學 Zhejiang University）
	鄧子美 Deng, Zi-mei	（江南大學 Jiangnan University）
	藍吉富 Lan, Chi-fu	（中華佛學研究所 Chung-Hwa Institute of Buddhist Studies）
	廖明活 Liu, Ming-wood	（香港大學 The University of Hong Kong）
	藤本淨彥 Fujimoto Kiyohiko	（淨土宗綜合研究所 Jodo Shu Research Institute）

出版Publisher　　　香海文化事業有限公司
　　　　　　　　　Gandha Samudra Culture Co. Ltd.
　　　　　　　　　台灣新北市三重區三和路三段117號6樓
　　　　　　　　　6F No.117, Section 3, Sanhe Road, Sanchong District, Taiwan
　　　　　　　　　電話 Tel: +886 -2-2971-6868
　　　　　　　　　電郵 Email: gandha@ecp.fgs.org.tw
　　　　　　　　　網址 Website: http://gandhabook.com

　　　　　　　　　© 香港中文大學人間佛教研究中心
　　　　　　　　　Centre for the Study of Humanistic Buddhism, The Chinese University of Hong Kong
　　　　　　　　　ISBN 978-626-96782-4-2
　　　　　　　　　定價 新台幣380元/港幣130元

秘書處Secretariat　香港新界沙田香港中文大學馮景禧樓201室
　　　　　　　　　Rm201, Fung King Hey Building, The Chinese University of Hong Kong, Shatin, N.T., Hong Kong
　　　　　　　　　電話 Tel: +852 3943 0646
　　　　　　　　　電郵 Email: cshb@cuhk.edu.hk
　　　　　　　　　網址 Website: www.arts.cuhk.edu.hk/cshb/

總經銷　　　　　　時報文化出版企業股份有限公司
　　　　　　　　　333桃園縣龜山鄉萬壽路二段351號
　　　　　　　　　電話 Tel: +886 -2- 2306 6842

　　　　　　　　　法律顧問　舒建中、毛英富
　　　　　　　　　登 記 證　局版北市業字第1107號

國家圖書館出版品預行編目(CIP)資料

人間佛教研究. 2024第12期 / 香港中文大學人間佛教研究中心
　　編著. -- 新北市：香海文化事業有限公司,2024.01
　　264面；17x23公分
　　ISBN 978-626-96782-4-2(平裝)

佛教｜論文集

220.7　　　　　　　　　　　　　　　　　112015828

贊助出版
財團法人佛光山文教基金會、香港佛光道場、國際佛光會香港協會